U0748658

书山有路勤为径，优质资源伴你行
注册世纪波学院会员，享精品图书增值服务

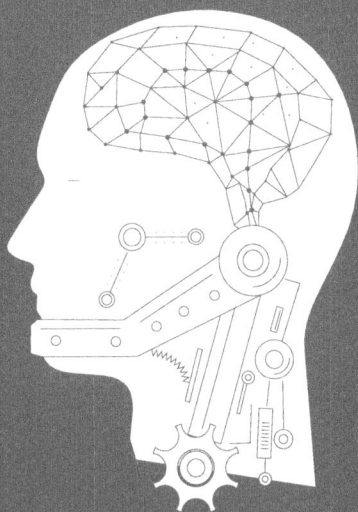

AIGC
培训师课程开发全攻略

◀MAP模型让课程开发更高效▶

刘宁　许海星　赵明星　著

电子工业出版社

Publishing House of Electronics Industry

北京 · BEIJING

图书在版编目（CIP）数据

AIGC培训师课程开发全攻略 ：MAP模型让课程开发更
高效 / 刘宁，许海星，赵明星著. -- 北京 ：电子工业
出版社，2025. 3. -- ISBN 978-7-121-49542-7

Ⅰ. F272.92-39

中国国家版本馆CIP数据核字第2025F5W181号

责任编辑：吴亚芬
印　　刷：北京七彩京通数码快印有限公司
装　　订：北京七彩京通数码快印有限公司
出版发行：电子工业出版社
　　　　　北京市海淀区万寿路173信箱　　邮编100036
开　　本：720×1000　1/16　　印张：16.75　　字数：294.8千字
版　　次：2025年3月第1版
印　　次：2025年9月第4次印刷
定　　价：69.00元

凡所购买电子工业出版社图书有缺损问题，请向购买书店调换。若书店售缺，请与本
社发行部联系，联系及邮购电话：（010）88254888，88258888。

质量投诉请发邮件至zlts@phei.com.cn，盗版侵权举报请发邮件至dbqq@phei.com.cn。

本书咨询联系方式：（010）88254199，sjb@phei.com.cn。

好评如潮

有人说，未来所有领域都可以通过AI重新塑造，其中包括课程开发，而刘妈（刘宁，本书作者之一）正是这一领域的先行者。作为专注于组织绩效改进的研究者，我与刘妈相识已有十余年，她始终致力于研究如何利用科技手段提高教学效率。从中国人民大学的网络教育运营到培训经理认证，从引领中国微课事业到AIGC技术的应用，她的探索和研究能够帮助中国培训从业者用技术武装自己。培训的终极目标是绩效改进，而绩效改进同样依赖于培训对关键岗位人才的培养，这些过程都需要借助AI的力量。

——上海改进管理咨询有限公司联合创始人、CEO　丁晖

AI已经全面进入课程设计领域！本书深入解析如何运用AIGC技术进行课程设计与开发。基于ADDIE模型，从培训需求分析到课堂互动游戏设计，再到多媒体教学素材的生成，各环节连贯有序，层层深入。此外，本书还提供了丰富的实用案例与方法，不仅为培训从业者提供了全新的视角，更提供了切实可行的解决方案。正如我常说的，"培训是科学，授课是艺术"。本书正是对课程设计这一科学与艺术的大胆创新与前沿探索。

——国际绩效改进协会（ISPI）主席、上海改进管理咨询有限公司联合创始人　顾立民

AI的发展速度远远超出了大家的想象，我总感觉自己跟不上时代的步伐，每次与他人交流，都能听到新鲜的术语，但又发现其发展仍处于大模型阶段的超速发展中，可应用层面似乎并不尽如人意。尤其在培训及课程开发方向，讨论的人多但深入和实操的讨论不够。特别感谢刘妈及其团队的研究与努力，我经常被刘妈超越年龄的学习力与创新力所折服，并受到影响。本书在出版前，我有幸听过刘妈团队的讲解和应用。相信这一利器一定能对培训行业产生新的推动力，真正助力组织升级和业绩达成！

——爱空间科技合伙人、畅销书《将人才转化为战略影响力》作者、

组织效能模型开创者　李海燕

这是一本将AI与培训相结合，阐释AI如何提升培训管理的佳作！它让我领悟到三个重要观点：首先，AI不仅是工具，更是我们大脑的延伸；其次，AI并非取代我们，而是让我们变得更强大；最后，人类在情感方面胜过AI，情感中的焦虑由多巴胺引发，战胜焦虑后的认知升级将带来自信与满足，而学习正是实现这一认知升级的途径。

——宁波企业大学校长联盟总顾问　何焰

作为一名长期为企业员工提供思维训练的培训师，我欣喜地发现，本书将传统培训课程开发方法与AIGC技术完美结合，形成了一套更高效、更有效且更具扩展性的全新课程开发流程。每位教师都应学习AIGC技术，每门课程都值得用AIGC技术进行升级。在升级课程的过程中，将AI思维融入更广泛的工作领域，将引发工作效率的颠覆性提升。

——结构思考力研究中心创始人、50万册畅销书《结构思考力》作者

李忠秋

磨课学院在培训师课程的打磨过程中一直运用AIGC技术，许多传统培训师借此成功转型。他们利用AIGC进行课程定位和框架构建，在课程内容设计上打造具有震撼力的开场、中场和收场，并最终通过AIGC技术打磨出跌宕起伏的故事。传统培训师应拥抱AIGC技术，提升工作效率和价值，以在数字化智能时代开启培训的新篇章。

——黑鲨名师&磨课学院创始人　张彦

序

2022年11月，人工智能的发展迎来了一个重要的转折点。以ChatGPT为代表的大型语言模型的出现，在全球范围内引发了一场AI风暴，国内众多头部厂商也纷纷推出了自己的大型语言模型，瞬间形成了"百模大战"的局面。AIGC也在突然之间进入了每个人的生活。

AIGC是英文"Artificial Intelligence Generated Content"的缩写，中文译为"人工智能生成内容"。这是AI与我们每个普通人发生最直接联系的方式，包括与大型语言模型的对话、文本生成，以及通过文字生成图片、视频，还有制作PPT、作曲、智能搜索等各种各样的应用。

AIGC的出现与数十年前Windows操作系统的出现非常相似。在Windows操作系统出现之前，计算机技术乃至个人计算机技术已经历了漫长的发展道路，但仅停留在专业人士的圈子内。普通人想要理解那些复杂又枯燥的操作指令是非常困难的。直到Windows操作系统的出现，使得每个人只需使用键盘和鼠标就能操作计算机，完成以往难以实现的任务，从而使使用计算机成为职场必备技能，也由此引发了互联网时代的到来。

回顾AI的发展，自1956年达特茅斯会议提出AI概念至今，已过去了近七十年。在这段时间里，AI主要停留在专业人士的领域，在普通人眼中，AI更多出现在科幻电影中，或仅停留在概念层面。偶尔出现的所谓AI，更多表现为"人工智障"。然而，ChatGPT仅用两个月时间就在全球范围内达到了1亿个用户，AIGC的概念迅速进入了每个人的生活。"会说话就会用AI"，借助互联网，网红们在收割一波"韭菜"的同时，也引发了人们对AIGC的种种思考。

AIGC 是加勒比海盗还是田螺姑娘?

有人担心AI将会替代人类的工作，视其为抢夺我们"饭碗"的加勒比海盗。这种担忧并非毫无根据，因为如果我们今天仍将AI视为一种工具，那么这个工具与人类以往创造的工具最大的不同在于它具有自行进化的能力。

我们不妨对比一下人类与AI的能力（见图0-1）。

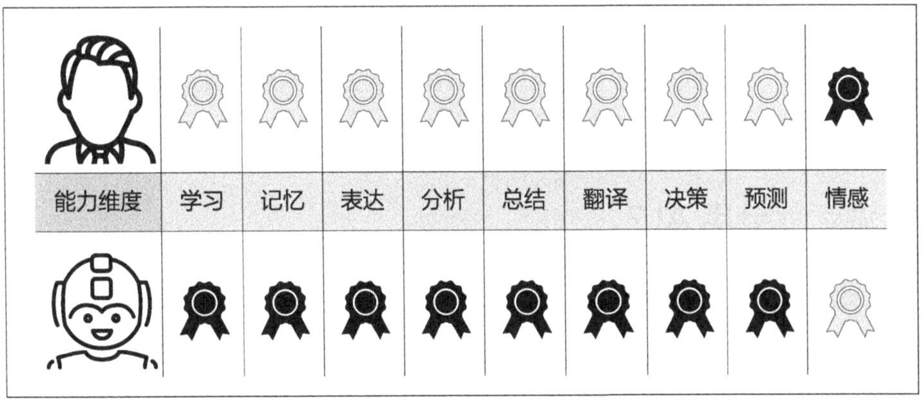

图0-1　人类与AI能力对比

不难发现，在很多方面AI已经全面超越了人类。面对AI，我们时常感到无力，AI就像一个超级学霸，它向全人类学习知识，不会遗忘，不需要休息，经过训练具备超强的逻辑思维能力……重要的是，每个人每一次与AI的互动，都在无形中促进了它的成长。

如果沿着这个思路继续思考，AI似乎是一个人类无法抗衡的"加勒比海盗"，终将有一天会夺走人类所有的"饭碗"。然而，正如蒸汽机的出现，它并没有让农民失业，而是让他们离开土地进入工厂；让马车夫变成了火车司机。我们相信,人类每一次的技术进步,在"夺走"一些"饭碗"的同时,也会创造出更多的"饭碗"。

所有已经开始应用AIGC的伙伴,都已经体验到了AIGC带来的效率和能力提升。这种提升类似于我们小时候听过的"田螺姑娘"的故事。在越来越多的工作和生活场景中,AIGC正默默且"顺从"地扮演着执行者的角色。

AIGC结合实际需求场景的应用,已经成为众多AI创业公司试图攻克的产品高地。在客服、设计、文案、编程等领域,AIGC的应用已经展现了它的魅力,AIGC的出现,为具身机器人的能力提升带来了突破性的飞跃。

因此,与其担心未来是否会被AI替代,不如我们自己主动拥抱AI,因为——

> 替代你的不是AI,而是那些会用AI的人。

会说话就会用AI?

这是网红们宣称的口号。不得不承认,借助短视频和互联网,AIGC的普及速度快得令人震惊。同时,在商业利益的驱动下,这一过程也充斥着各种诱导与误导。这也导致一部分人会认为AI无所不能,而另一部分人认为AI一无是处,简直就是个"骗子"。

当我们抛开那些令人眼花缭乱的AIGC的神奇表现,认真思考AIGC的出现对人的能力提出了哪些新的要求时,就会发现,AI既不是无所不能,也不是一无是处。"会说话就会用AI",这句话没错,但只说对了一半,隐含的问题是:会用AI并不是目的,关键是要用AI来做什么。

我们会发现,向不同的AIGC应用提出同样的问题,它们的表现都是不同的。我们曾经尝试给一些国内主流的大模型贴上"性格标签",如"理工男""文艺青年""玩伴""学究"等，这是因为每个大模型的训练方法和训练数据都是不同的。而用于作图、做视频、作曲的AI，更是被戏称为"炼丹"，因为，我们根本不知道我们给出的提示词会产出什么样的成果。

这些大模型，像极了企业中的校招新员工。这些"毕业"于各大高校的"学生们"，学习、储备了大量人类的知识和技能，接受了逻辑思维的训练，或者如作图、作曲等特殊能力的训练，但这并不代表他们可以自行完成工作。他们仍然需要有"领导"为他们安排工作，需要有"师傅"教会他们如何工作。因此，AI的表现，不仅取决于它所接受的训练，更取决于人类对它提出的问题和要求。

因此，AIGC的出现，不仅是一种新的工具应用，更是对每个人的工作方式，甚至思维方式的改变。这对每个人的能力也提出了新的要求，在本书中，会有专门的内容进行阐述。与AI对话，某种程度上，是需要我们学习和掌握一种"新的语言"和与新的沟通对象的交流方式。你提出需求的能力，决定了AI输出的结果。

AIGC 为企业培训带来的机会

有人说：现在做AI的公司中，只有培训赚钱。这就像当年Windows普及时，教五笔字型打字的人先赚到了第一桶金的道理一样。要进入AIGC的世界，第一件事，当然要先把AIGC用起来，个人如此，企业更是如此。

AIGC带来的工作效率提升是令人瞠目结舌的。我曾经参与一个名为"PULOT"的计划，该计划的目的是构建一家"无人电商"公司。通过分析现有电商公司的每个工作流程节点，利用AI技术逐一进行替代，直至用AI替代所有岗位的人的工作。其中有一个"店铺筛选"的环节，这个环节原本由两名具有熟练筛选能力的员工操作，他们每周能完成200个店铺的筛选。而应用AI，我们见证了它只用5分钟，就完成了1000家店铺的筛选。

当然，并非所有工作都能获得这样的提升，也并非所有工作都可以被AI替代。但毫无疑问，AI是帮助企业提升人效的有效方式。在本书中，将揭示在企业中，应用AIGC提升人效的三大类场景，即：

教你做

通过建立企业专属知识库，AIGC能够精准赋能企业的每一位员工。这一方面能够加速员工成长，另一方面将大幅度降低工作难度，使企业可以降低用人标准和加速员工胜任。

帮你做

在一些特定场景下，利用AIGC可以扩展人的能力，使原来不可能完成的工作任务变得可能。这一点在医疗领域的表现最为突出，医疗大模型极大程度地缓解了偏远地区和基层医生缺乏的状况。

替你做

利用机器人流程自动化（Robotic Process Automation，RPA）等技术，AIGC从替代简单、重复性的工作，直到承担一些复杂的工作。这将为企业人效提升带来颠覆性的改变。

PULOT计划所追求的是一种"极致人效"，研发团队自称要打造一家"毫无人性"的公司。最新的进展，AI已经替代了工作流中30%的节点，同时，也实现了一些流程的优化。这为公司带来的直接经济价值就是员工人数的减少。

在参与这个项目的过程中，我发现，与以往企业实施信息化、数字化的过程不同，在企业引入AIGC的过程中，业务专家的隐性经验发挥着至关重要的作用。而我在企业培训体系建设和经验萃取方面的能力，成为连接业务专家与AI技术团队之间重要的桥梁。

通过提供AIGC相关的培训，以及在培训中融入AIGC应用，培训部门将有机会成为企业数智化进程的推动者。

通过梳理企业中的知识、萃取业务专家的经验以及挖掘数据与人才发展之间的关联，培训部门将成为企业"智慧"的构建者，从而彻底改变以往的培训工作模式，重塑培训价值。

在未来的数智化企业中，不仅要培养人，还要培养"机器人"，还要让人和"机器人"能够协同工作——这是AIGC为培训工作带来了史无前例的价值创造机会。

历史总是惊人地相似。就像当年的Windows刚刚出现时一样，那些率先应用个人计算机、拥抱互联网的人，无疑获得了比其他人更多的时代红利。今天的AIGC就是我们每个人进入新时代的钥匙，让我们一起开启新时代的探索之旅吧。

关于本书

写作本书的目的有两个。第一，基于企业培训，尤其是内部课程开发和内训师培养的应用场景，融入AIGC的应用。本书不仅介绍实用的AIGC工具及其使用技巧，更强调提升使用者的个人能力，以及提高实际工作效率和效果。第二，通过在课程开发中萃取经验的环节，与业务专家共同探索AIGC在企业实际工作中可能落地的应用需求，而不仅仅是完成课程的开发。

相信通过阅读本书，能够帮助许多仍在探索甚至尚未起步的伙伴节省大量时间和精力，避免走弯路和陷入陷阱——这些我们已经替大家完成了。根据本书内容开展内训师培养项目，可以让学员一举两得：既完成课程开发，又学习AIGC工具的应用。而且，在他们未来的课程开发中，还能大幅度降低难度，提高效率。

本书的主要读者对象是将要承担企业内部课程开发和培训的内训师，

以及企业的培训管理者和人力资源管理者。同时，对于职业培训师和职业院校教师也具有很强的实用价值。

本书第一章将从未来视角描述企业"人机协同"的工作场景，并分析要实现这样的场景，企业将面临哪些变化，以及如何培养应对这些变化的人才。

第二章描述了使用AIGC开发课程时对开发者的各项能力要求，并提出了AIGC课程开发者的MAP模型，意味着即将开始探索"新地图"。

从第三章到第八章，结合企业课程开发中的各个应用场景，包括培训需求分析、培训课程设计、培训资料开发、教学互动设计、培训评估与转化以及培训课程宣发等。每一章都将包含课程设计与开发的经典理论和方法（M）、适用的AIGC工具（A）以及如何运用AIGC工具的操作要点（P）。这使得不同基础的课程设计与开发人员都能找到有帮助的内容。

第九章完整呈现了三个应用AIGC在企业中实施课程开发项目的案例，并提示了一些需要避开的陷阱。

本书附录提供了应用AIGC升级企业内训师培养、课程开发的项目计划，这些计划我们已经实践验证并实施过，读者可以根据需要在自己的企业中快速落地。

本书还配有一套"AIGC内训师课程开发全攻略"的在线课程，这是我们在2024年7月与量子教育共同录制的，共有十个小节，供读者在线学习。读者可以扫描二维码，或者下载"量见云课堂"App，搜索"AIGC内训师课程开发全攻略"来获取这套课程。

如何使用本书

1. 如果你是企业中的培训管理者或人力资源管理者，建议认真阅读第一章的内容，这将帮助你拓宽视野，从更高的维度思考和推进你的项目。

2. 本书中介绍了多个经典的教学设计模型，以及这些模型在课程设计与开发中的应用场景，如果你在这方面没有进行过系统学习，请不要忽视这些内容。

3. 本书中介绍了多种实用的AIGC工具，这些工具的选择基于可以免费或低成本使用的原则，以便你能够无障碍地开始学习。

4. 本书中不仅介绍了提示词的编写原则，还提供了大量提示词模板，你只需筛选出所需内容，直接应用即可。

我衷心期待这本书能够帮助你实现AIGC应用从入门到精通的跨越，同时提升课程开发的效率和效果。更希望通过本书，找到致力于在企业中推动AIGC应用落地的探索者，共同推进AIGC的应用创新。

目 录

AIGC时代的企业培训

第一章

不得不承认，在最初接触AIGC时，作为一名培训行业的从业者，我的第一个感受是焦虑。因为，经过训练的大语言模型几乎能够无所不知地回答各种问题，而且无论从语言的流畅性、逻辑的清晰性还是结构的完整性等各个角度来看，大语言模型给出的回答都超过了许多人，更不用说大语言模型知识面的广阔了。

而且，大语言模型的回答不再是简单地罗列知识，它能够根据提问者的问题提供指导，帮助提问者完成工作或解决问题。这完全颠覆了之前的"搜索"模式，在搜索模式下，人们虽然能够获得"答案"，但前提是这些"答案"必须曾经有人整理出来，形成文字。人们在获得这些"答案"后再经过自己的思维进行整理，才能得出自己的答案。大语言模型的进步在于它替人们完成了这个思维过程，这不由得让人焦虑自己是否会被AI替代。

随着对AIGC的深入了解和更多应用，这种焦虑便会逐步消退。反而，AIGC的出现弥补了人类在很多方面的不足，更带来了工作效率上的提升。最直接的是AI带来的办公效率提升，在报告撰写、数据分析甚至制作PPT等方面，AIGC的表现节省了很多"加班时间"。AIGC的应用培训，也像当年的"五笔字型"培训一样，为培训从业者带来了很多新的需求机会，甚至有很多原本的IT从业者加入培训师的行列。

但是，如果我们对AIGC的认知仅停留在工具应用的层面，未免过于肤浅。事实上，大部分的AIGC应用界面设计都是非常友好的，上手就能使用。难点则在于如何通过AIGC的应用获得我们想要的结果。深入体验后，我们发现，影响AIGC输出结果的至少有三个重要因素。

一是AIGC本身的能力。由于算法、训练方式、训练语料的不同，同一类型的AIGC应用表现不尽相同。资深使用者常用的方法是将同一个问题抛给多个AIGC应用，从而比对它们输出的不同结果，再选择其中更符合预期的回答，进一步追问或者将不同的输出结果整合为自己想要的答案。

二是提出问题的能力。至少，到目前为止，AIGC仍然只是一种工具。那么，同样的工具，不同的人使用的效果当然不同。就像一个普通人可以用锤子钉钉子，但肯定不如木工钉得好，提问就是我们应用AIGC这把"锤子"的能力。AIGC时代的到来，让我们豁然发现，原来提问的能力如此重要。

三是提问人在提问领域的专业度。在向AIGC提问或发出指令时，要控制输出结果，对提问人自身的专业度，仍然是有很高要求的。没有专业基础，首先是很难提出好的问题，同时，对于AIGC给出的答案，也难以判断。毕竟AIGC是靠算法和数据驱动的，所以，对于领域专家来说，期望AIGC具有深刻的洞见就有点"强人所难"了。

总体来说，配合AIGC的能力，大多数人可以在自己原有的能力基础上获得扩展和提升。有人说，我们可以把AIGC看作一个"能力放大器"，这个描述很贴切，但如果本身的能力是零，当然也就无从谈放大了。

既然AIGC能够放大人的能力，自然而然地，也就成为能够帮助企业实现"人效提升"的一种有效方式。我对企业人效的理解，简单说就是"用更少的人，做更多的事""用更便宜的人，做更贵的事"。这最终成为我和团队在深入探索AIGC应用时聚焦的方向。

第一节

企业人机协同的未来画面

在本书的"序"中，已经提到AIGC在企业中有三大类应用场景，分别是教你做、帮你做和替你做。

教你做

对于成年人来说，学习的主动权是由他们自己掌握的。在当年推动企业进行"微课"开发时，我们就提出了微课选题的两个原则：一是要来源于实际的工作任务，二是要符合成年人的学习特征。我们总结了成年人学习的三个"刚需时刻"，简称"新用卡"（与"信用卡"谐音）。

1. 新，是指在工作中任何新的内容都会触发学习动机。例如，企业中新招募的员工，升职或调动到新岗位的人员，公司的新政策、新制度、新产品等。

2. 用，"书到用时方恨少"，这是说个人知识储备的不足，更重要的是，我们知道"遗忘"是学习中一个最大的障碍。尤其是随着年龄的增长，人类的短期记忆会迅速退化。学习的知识或技能如果从未被使用过，或只是偶尔被使用，是无法形成长期记忆的。那么，在真正需要"用"到某些知识和技能时，即使曾经"学"过的内容，也需要重新学习。

3. 卡，指当我们遇到问题时，寻找答案就是刚需的学习时刻。

在AIGC出现之前，我们是通过制作大量"微课"来应对这三个"刚需时刻"的。微课在某种程度上解决了"新用卡"的问题，但对企业来说，要想全面覆盖工作的方方面面，现有的微课数量远远不够，也就难以体现出这样的效果。

AIGC的出现，为我们解决"新用卡"的学习问题带来了新的可能。在前期的尝试中，我们把开发微课时完成的经验萃取文档或脚本稍做处理后，借助RAG（Retrieval-Augmented Generation，检索增强生成）技术，就可以训练出基于特定岗位的"助手"。这使得微课开发变得更加简单，很多时候，只需完成经验萃取和脚本创作的环节，而较为费时费力的课件制作环节可以被省略。当然，也可以做到微课开发一举两得，既开发了课程，也沉淀了AIGC的内容资源。

帮你做

既然是"帮"，通常是指通过运用AIGC来弥补人类的一些能力缺失。例如，我有个朋友做动画片的策划、编剧和导演。他说之前要把他头脑中设想的画面传递给动画师，是一项特别困难的工作，一个创意总是要反复修改才能勉强达到要求。而应用AIGC以后，他会先用AIGC工具帮他出一些草图甚至视频片段，再以此与动画师沟通，几乎一两次就能达到要求。这种效率提升，让他欣喜若狂。

再如，医疗大模型，在极大程度上突破了医生的"记忆力"限制。而多种语言间的"翻译"，更是能让AIGC大显身手的应用场景。

今天，大多数人应用AIGC，都是在"帮你做"的场景下，帮你写文案，帮你做PPT，帮你作图、作曲、做视频，AIGC发挥的辅助作用在很长时间里，仍然会占据主导。

替你做

完全由AI替代人类的工作，并不容易。我们可以借鉴制造业的发展来进行对比。制造业由于其工作流程相对高标准化、外显化，在数十年前就已开始由机器人替代人类的工作。制造业的发展经历了自动化、信息化、数字化，再到智能化的几个阶段。

我在2024年7月有幸参与了深圳市工信局的"智能制造成熟度诊断"项目，近距离观察了制造业当前的智能化现状，同时也深刻意识到企业发展现状与实现智能化之间的差距。

相对于制造业的工作场景，其他行业的挑战可能更为巨大。首先，对于脑力劳动或知识工作者来说，其工作过程更多的是思维过程，既难以外显，更难以标准化。尤其是对于很多专家级员工，他们基于丰富的经验，大多数时候都是"凭直觉"做决策，要将这个过程中的经验提取出来，异常困难。

在实现"替你做"的过程中，目前主流的方法是应用RPA（Robotic Process Automation，机器人流程自动化）技术，在局部应用场景中，已经取得了一些进展。当然，在实现过程中，除了要用到AIGC，还需要用到其他信息技术。

但不管怎样，我们坚信"要让机器人能够像人类一样工作，首先需要它能够理解人类的工作"。

我们尝试描绘了一幅"企业人机协作的未来画面"（见图1-1）。

在这幅画面中，描绘了三种人机协作的工作链路。第一种被称为"机器人辅助人类链路"，通过为每个岗位配置若干个机器人助手，也就是现在常说的Agent，扩展和提升人类的能力，从而使工作链路整体提效。这也能实现"用更便宜的人，做更贵的事"。

第二种被称为"人机串联链路"，在这个链路中，我们会发现有些节点已经被机器人替代，而有些仍需由人类完成。这将减少企业中工作人员的数量，实现"用更少的人，做更多的事"。

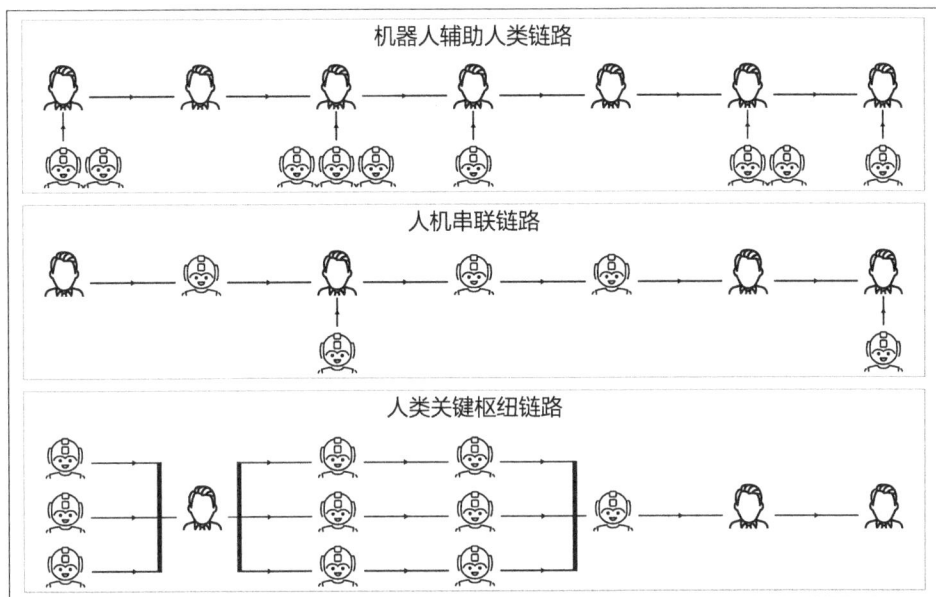

图1-1　企业人机协作的未来画面

第三种被称为"人类关键枢纽链路"，在这个链路中，大量的人类工作节点将被机器人替代，人类的工作更像"领导"的角色，发出指令、控制过程、纠正偏差。有人预言，随着AIGC的普及，未来将出现大量"超级个体"，真正实现"一个人活成一支军队"的梦想；而未来即使是"大"公司中，人类员工的数量也不会很多。

人类与机器人协作完成工作的场景，已经在很多领域中得以实现，例如，特斯拉的"黑灯工厂"、亚马逊的由机器人充当主要"员工"的仓库，以及瑞士一家名为Yokoy的金融科技公司研发的支出管理自动化平台等。

在目前能够见到的案例中，任何一个成功落地的项目，其对"人效"的提升都是超乎想象的。AI带来的是人类生产力的颠覆性变革，这一点尤其要引起企业家和管理者的注意。孙正义曾预言"10年内接触AI的人与不接触AI的人，会有人和猴子的差距"，我们有理由相信，未来那些没有跟上AI时代脚步的企业，将会面临消失的危机。

第二节

构建企业智慧大脑

记得在2017年，我就曾描述过在企业中实现"智慧学习"的场景。当时是基于GPS导航的思考逻辑。我想，如果我们把一家企业中所有的知识内容看作一张导航系统的地图，并且在所有业务流程、岗位、工作流程之间建立有机的关联，就像在地图中划分了区域、街道、门牌，员工进入相应的门牌，就能获得该"门牌"代表完成某项工作任务的知识点。这样，企业中的员工只需要说明他的目的地，系统就能够自动地为他指出从他的起点到终点的学习路径。这个场景曾经得到很多人的认可，而且，基于这个场景设定，我提出了通过"微课众创"方式，由企业全体员工参与，完成"地图"标注——为每个知识点开发对应的学习内容。

为此，针对企业的微课开发，我们提出了"点—线—面—体—态"的进化路径。自2015年，《培训》杂志主办的"中国企业微课大赛"推出了"企业专属微课"这一概念，主要以3~5分钟的视频内容形式呈现。迄今为止，这种企业微课已成为众多企业必备的学习资源。这就是我们所说的"点"，每一门微课对应一个工作任务，解决一个具体的问题。

遗憾的是，由于借助了"大赛"这种形式推动众创，可谓"成也大赛，败也大赛"，举办大赛使很多企业将关注点聚焦于"获奖"，但多数情况下，大赛的评委并不是微课真正的学员，这就导致往往那些制作精良的微课更容易获奖，反而一些内容扎实有效的微课名落孙山。将近10年过去，很多企业的微课，虽然数量众多，但仍然停留在"点"的阶段，这不免令人心痛。

"线"，则是指由一系列微课构成的相互关联的内容。可以对应导航地图中的"街道"，这能够使学员在解决"点"的问题的同时，扩展学习的内容；"面"是指以岗位为单位或以企业中某一知识体系，如安全、合规等构成的知识体系，这能够使学员完整且全面地学习某一类知识；"体"指的是由多个面交叉而成的企业学习"智慧体"，这个智慧体涵盖了企业所有的知识、技能，由企业中所有岗位的员工共同构建，同时赋能给所有企业成员。

最后，"态"指的是"智慧体"的动态更新，这能够让企业及时补充新的内容，淘汰过时的内容，去除冗余，纠正错误，等等。

自2017年起，我和我的团队就一直在不遗余力地按照这个设想推动企业"智慧体"的进程，先后帮助数十家企业完成了"线"和"面"的微课体系构建。在这个过程中，我们遇到了两个较大的瓶颈。

第一，我们和企业都低估了这项工作的推进难度。与举办一场微课大赛相比，构建微课体系需要更高的科学性和严谨性，对业务部门的投入要求也更高，需要开发的微课数量也更多。根据经验，一个岗位通常需要大约百门微课。这意味着企业可能需要投入大量人力，并且需要数年时间才能完成这些内容的开发。

第二，几乎所有的学习平台都无法支持"智慧导航"的设想。因此，即使我们制作了大量的微课，也难以通过学习平台达到理想的呈现效果。

这导致我们在将微课体系建设推进到"面"的阶段时，就停滞不前了。

讲述这一段经历并非离题，而是与我们接下来要讨论的"构建企业智慧大脑"密切相关。AIGC的出现，在某种程度上推翻了我们通过"GPS导航"方式实现"智慧学习"的设想，同时，也让我们更加坚信，我们更有资格提出新的企业实现"智慧学习"的规划，甚至这一次，不仅仅是"智慧学习"。

众所周知，企业的核心竞争力在很大程度上取决于企业拥有的独特知识和经验。这些知识和经验不可能依靠大模型来实现。我们同样知道，构成AI的三个核心要素是算力、算法和数据。在这三个要素中，我们认为数据是构成企业竞争力的核心。

在这里，我们首先要重新认识一下数据。

关于数据的定义很多，如果我们以"数据的定义"为关键词搜索搜索引擎，会出现很多结果。这里就不再一一列举了，仅以图1-2所示为例。

图1-2 搜索引擎解释"数据的定义"

再问一下Kimi，它给出了这样的答案（见图1-3）。

按照这些内容，我们很难继续关于"数据"的讨论。看起来，似乎只是关于数据的定义，就可以写一本书了。所幸，在探究"数据定义"的过程中，我发现了一条令人非常兴奋的消息，这就是由中国人民大学交叉学院的杨翰方教授提出的对"数据"的定义——

"数据是可计算的记录。"

就这么简单的一句话,打开了我对"数据"思考的新世界。此处,我特别想按下"暂停"键,与各位读者一起感受这一极简定义之美。

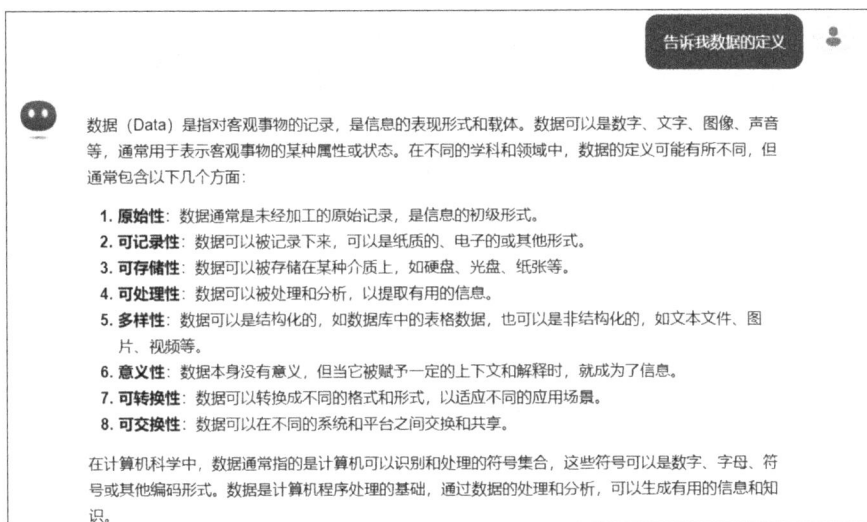

图1-3　Kimi解释数据的定义

由此,我们开始重新思考,要构建企业智慧大脑,需要哪些数据呢?于是,我们得到了下面这张图(见图1-4)。

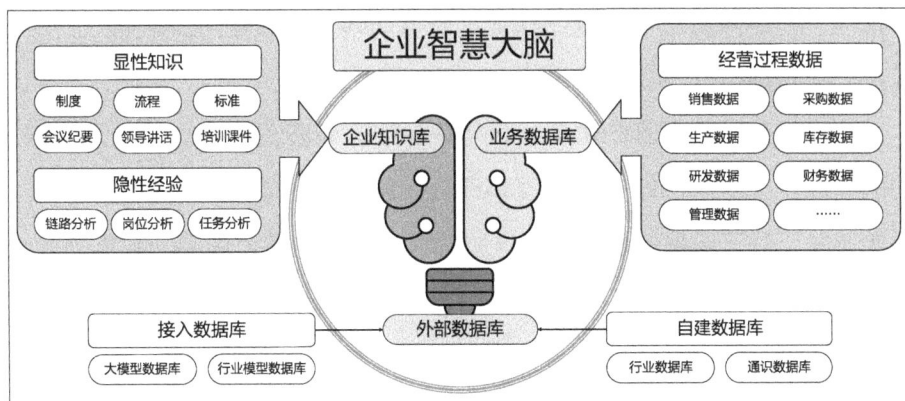

图1-4　企业智慧大脑概念图

企业知识库

企业知识库包含显性知识和隐性经验两个部分。显性知识是指那些已经被"记录"下来的数据，包括静态的如企业的制度、流程、标准等，以及动态的如会议纪要、领导讲话、培训课件等。要让这些记录能够被AI"计算"，需要进行"数据治理"。因为这些记录可能以文档、表格、图片、视频、音频等各种形式存在，并不一定能被AI方便地读取。

显性知识的治理现在可以由AI来完成。过去一年中，我们和技术团队在这个方面进行了很多探索，但由于这不是本书讨论的重点，这里就不详细展开了。

组成企业知识库的另一个重要部分，也是与培训部门关系最密切的部分，就是隐性经验的萃取。所谓隐性经验，指的是那些被封装在人类头脑中的知识和思维模式。关于隐性经验的价值，有一个非常有名的故事：

有一艘船的发动机出现了故障，很多人来维修都没有修好。后来，他们请来了一位非常有经验的技师。这位技师拿着一把锤子，这里敲敲，那里敲敲，然后仔细地倾听，直到他指着一个地方说："就是这里！"他用锤子以特殊的手法在那个地方敲了几下，发动机就神奇地恢复了运转。

几天后，船公司收到了技师寄来的账单，1000美元。管理人员疑惑地问技师："你只是用锤子敲了几下，就值1000美元吗？"技师说："不，敲几下我收2美元，而知道敲哪里，值998美元。"

这，就是隐性经验的价值。近年来，越来越多的企业开始关注隐性经验的萃取。企业内部做知识管理和课程开发，就是隐性经验显性化的一种重要方式。对于未来的AI时代，这些隐性经验更是最为重要的数据来源。

我们曾经用在微课开发时完成的一个项目数据，用RGA的方式训练了一名"个险营服经理助手"，这个助手的数据，主要就来源于我们为该岗位开发的超过100门微课的脚本。在对脚本数据进行简单的清洗、标注后，AI助理的回答可以达到很高的满意度。

业务数据库

企业的数字化转型已经开始很久了，在培训领域却并未受到太多关注。直到我们开始探索AIGC在企业中的应用时，才发现企业的数字化程度对实现"智能化"有着极为重要的影响。

借助AIGC的优势，企业在数据采集、数据分析、数据应用等方面都将迎来突破性的进展。

外部数据库

外部数据库指的是企业可以利用大模型、行业大模型以及智能搜索、行业数据库等大量外部资源，丰富企业智慧大脑。这些数据不需要企业投入更多精力进行研发，例如不同行业的政策要求，合规要求，对应的国际、国家和团体标准等。同时，很多公司开始专注于这个领域的研发，这将大幅度降低企业获取数据的成本，也使数据的应用价值得以提升。

我们不妨设想，未来每家企业都将拥有一个这样的"智慧大脑"，大脑中存储的内容来自企业经营管理中沉淀的数据，并且能够持续不断地"学习"新的数据。这些数据将赋能企业中的所有员工，不仅是人类员工，也包括"机器人"员工。随着"脑机接口"等技术的发展，也许企业未来的"新员工"只需要花数秒钟读取"智慧大脑"中的数据，便能够瞬间拥有企业过往所有的知识和经验，并且能够指导"新员工"完成工作。

在我心中，一直有一个执念。未来，企业培训部门的核心工作，并不是如现在这样不断地组织培训课程或培训项目，培训部门至少要花一半，甚至更多的精力，建设企业的学习资源。因为我们服务的是成年人，成年人的学习是非常"功利"的，换句话说，他们的学习多数时候不会由组织者决定，而是由他们自己决定。不管是基于"GPS导航"模式还是借助AI构建数据库的模式，培训部门要做的，就是满足员工在他们想要学习的时候，为他们提供精准的学习内容。

"机器人"的学习更是如此。备受关注的AGI（Artificial General Intelligence，通用人工智能）最多也就是为企业提供了更多优质的"人才"，就像今天即使毕业于985/211的优秀毕业生，无法直接成为企业中某个岗位胜任的员工一样，企业仍然需要为他们提供工作的标准和要求，这些当然也来源于企业智慧大脑。

因此，我要说，AIGC的出现，为企业培训工作带来了一个前所未有的转折。理论上说，在构建企业智慧大脑所需的各类数据中，培训部门有可能是企业中积累最多或者最具有整合这些数据优势的。培训部门要么积极投身其中，拥抱AI，甚至首先"干掉"自己，让AI替代自己的工作；要么被别人训练的AI替代。

这一段，迄今为止还都是我们基于自身认知的思考，正像2017年关于"智慧学习"的设想一样，我不能确保这些思考一定能够实现，但这些思考能够指导我们尽量将更多的精力投入对未来更有价值的工作中。

第三节

推动AIGC在企业中的应用

回到当下，让我们探讨如何通过培训推动AIGC在企业中的应用。通过与众多企业培训管理者的交流，我们重新定义了培训管理者未来的职业角色——数智人才官。

推动AIGC在企业中的落地应用与实现"数智人才官"的职业角色转型相辅相成，我们把这个过程分为四个阶段。

第一阶段：识 AI 能力，转数智思维

我们相信，培训从业者通常是人群中最善于学习的群体，也是企业中最先开始应用AIGC的人群。AIGC作为一种新的工具，其第一轮推广离不开培训的参与。

作为培训从业者，首先要在自己的工作中养成应用AIGC的习惯。这一点并不难，因为AIGC带来的工作提效如此明显，我们没有理由不使用。需要注意的是，精通工具的应用并不是目的，通过应用AIGC，要实现的是数智思维的转变，这种转变不需要刻意为之，用得多了便会自然而然地发生。

难点在于，我们能否"容忍"AIGC初级阶段的各种不完美，以及能否刻意地提升自身的能力。

但仅自己使用是远远不够的,这一阶段要实现的是从"自己用"到"全员用"。培训场景无疑是我们在企业中推动AIGC应用的最佳舞台。从2023年开始,围绕AIGC应用的企业内训大幅度增长,这说明很多企业已经走在了前面。

但培训部门能做的,并不仅限于开展这类培训。事实上,在任何培训项目中,都可以植入AIGC的应用。相信通过阅读本书后续的章节,会为大家带来很多启发。

除此之外,我们也可以在企业内部建立AIGC的学习社群。在我们接触AIGC的过程中,我认为这一点非常重要,因为相关的资讯和应用推出的速度和数量太过惊人,靠一个人的力量完全无法承受,而通过社群的方式则可以分散这种压力。

"以赛促训",当然也是很好的方式。通过比赛的方式,不仅能在短时间、大范围内引发企业全员对AIGC的关注,还能发现企业中AIGC应用方面的人才。

本书聚焦的企业内训课程开发和内训师培养的主题,就是一个典型的应用场景。早在2023年,我们就将原有的微课开发、课程开发、经验萃取等课程,全部完成了AIGC升级。最初,我们认为这可以缩短培训课程的交付时间,但后来发现做不到,因为加入AIGC后,学员要学习的内容反而会增加。课程的提效体现在同样时间中,学员的学习收获翻倍,即他们不仅学会了开发课程,还学会了应用AIGC;另外,课程的提效主要体现在用新的方式,学员在后续的课程开发中,将大幅度提升效率。就拿我们自己来说,原来做一门能够发布的微课,从开始写脚本(这里忽略前期的选题、萃取等环节)到完成微课成品,至少要两三天时间,而借助AIGC,两小时就能完成。

内部课程开发和内训师培养项目,也是很多企业常规的培训项目。在这类项目中切入AIGC的应用,企业既不需要变更项目,也不需要变更预算，更不需要增加任何工作量，无疑是在培训中推动AIGC应用的首选。

总之，第一阶段的重点，就是借助培训的舞台，采用多种方式推动企业全员关注和应用AIGC，实现每个人工作效率的提升，同时转换思维。

第二阶段：识应用场景，炼智慧大脑

从内部课程开发和内训师培养项目切入的另一个优势在于，参加这类项目的学员通常是各个业务部门的专家，他们对AIGC在企业中的应用场景最有发言权。他们也将是企业未来实现数智化的需求提供者。

只有他们先完成了数智化思维的转换，才能更有效地促进第二阶段的进程。第二阶段的重点转向企业应用场景的识别和智慧大脑的构建。现在有些企业已经开始建立自己的"知识库"，但我认为仅考虑如何建立"知识库"是不够的，或者，企业需要结合业务场景建立知识库，才能使之真正发挥作用。

在上一节，我们描述了对"智慧大脑"数据构成的设想。其中，隐性经验的萃取是培训部门当仁不让的职责所在。

尽管隐性经验的萃取近年来备受企业关注，但了解下来，多数企业开展的隐性经验的萃取项目还是基于"面授"这一应用场景的，换句话说，萃取的目标多是针对"点"的。而构建智慧大脑所需的是更为系统化、结构化的经验。

因此，需要通过链路分析、岗位分析和任务分析三种方式完成隐性经验的萃取。通过链路分析和岗位分析，识别在现有工作中AIGC能够发挥的作用，乃至由于AI的应用可能带来的工作流程、组织结构和岗位设置的变化。区分哪些工作任务未来是由人来完成的，哪些是人借助AI完成的，哪些是可以由AI独立完成的。

在这一过程中，需要业务专家、IT/AI技术专家和组织经验萃取专家共同参与完成。培训部门作为链接几个方面专家资源的桥梁，对培训管理者也提出了新的要求。

这是一件"难而正确的事"。构建企业智慧大脑不可能通过一场培训或一个项目来完成，比较好的方式是企业可以从某个局部开始进行试点。例如，东软就在人力资源模块中做了一些有益的尝试，开发了名为"贾维斯"的人力资源助手、名为"菩提"的学习助手和名为"魔镜"的推荐助手（引用）。

以某一岗位或某项具体的工作作为试点是个不错的选择。根据企业的现状和能够投入的资源情况，我们强烈建议具有前瞻性的培训部门，在这方面尽早做出计划，为介入企业数智化转型创造机会。

第三阶段：识数智变革，构人才体系

第二阶段和第三阶段在某种程度上并不存在绝对的先后顺序。第二阶段更强调从数据的角度出发，而第三阶段关注的是组织和人才的角度。这两者之间是相互作用的。

数字化、智能化在今天已经是企业发展的必经之路。企业要么自己主导数智化变革，要么加入那些已经完成数智化变革的企业生态中。否则，将错失数智时代的红利，从而只能凭借低价值生产力获取微薄利润，甚至时刻面临"被替代"的危机。

极端地说，如果今天你所服务的企业完全没有数智化变革的意识，你首先要考虑是否要为自己换一份工作了。至少在我们看来，这一次的数智变革是一场席卷各个行业的风暴，跨界打劫的现象比比皆是。企业所面临的竞争，再不是只来自同行业的竞争者，而是很有可能在不知不觉中"躺枪"。当然，在这一过程中，也会催生很多新的机会和新的企业。

另一种我们观察到的现象是，很多企业在面对数智化转型时，存在

"老板想，员工不想"的状况，同时，也存在企业要完成数智化转型到底需要多少投入，又能带来多大效益的问题。面对这种状况，培训无疑是代价最小的"试错"方式。

企业在实现数智化进程中，必然面临人才的挑战，这并不像之前企业做信息化、数字化时，由IT人员主导即可完成，而是几乎与企业中的每个人密切相关。

企业的高层领导需要扩展视野，找到企业未来的发展方向和发展机会；IT人员需要全面进行技术思维和技术能力的革新；业务人员需要通过了解AI，发现重构应用场景的机会；企业全员需要掌握新的AIGC工具……面对这些现实，企业是培养现有的人员，还是对现有人员进行"大换血"？

以上种种，都是培训部门即将面临的挑战。我们相信，AIGC进入职场，其为培训工作所带来的变化，为企业人才结构带来的变化都将是颠覆性的。

第四阶段：识企业未来，转职业角色

最后，第四阶段，未来的企业中将出现一个新的角色——"数智人才官"。我们认为，在未来的企业中，我们不仅要培养人类员工，还要培养"机器人"员工，还要能够让他们协同工作，这将改变现有的企业人才"选—育—用—留"的方式，从而帮助企业实现"极致人效"。

选

人类：通过数字化和AI的介入，为人员的招聘和晋升提供更为精准的人才画像和更高效的筛选过程，实现有效的人岗匹配。

机器人：选择与企业发展契合的AI产品或应用。

育

人类：建立数智化人才体系，构建和持续优化企业智慧大脑。

机器人：训练机器人，使他们理解人类的工作，辅助人类工作和克隆人的能力。

用

以"人机协作"方式重构工作链路、组织结构和重新设置工作岗位，持续追求"人效"提升。

留

随着AGI（Artificial General Intelligence，通用人工智能）的出现，机器人将越来越多地替代人类的工作，人类将承担更有意义的工作。

在这样一份蓝图中，如果我们还是沿用原有的方式开展培训工作，其结果不会乐观。那么，从现在开始，就要行动起来。至少，在前文描述的第一阶段，是每个培训管理者都可以马上做到的。本书后续的章节，也将聚焦于企业内部课程开发和内训师培养的场景，沿着经典的ADDIE模型的顺序，详细地拆解在每个环节中可以用到的AIGC工具和正确的应用方式，帮助大家迈出推动企业AIGC应用落地的第一步。

构建AIGC课程开发能力

第二章

每次为企业开展内部课程开发工作坊时，我都会首先带领所有学员讨论一个问题：企业内训师与职业培训师相比，各自有哪些优势和劣势？

全班学员以小组为单位，分别聚焦于由企业内训师优势、劣势和职业培训师优势、劣势构成的矩阵中的一个象限进行讨论。参与讨论的学员来自不同业务部门，他们即将成为企业内训师的业务专家。其中，大多数人参加过企业组织的各种培训课程，只有极少数人参加过课程开发的培训课程或具有内部授课经验。

尽管每次讨论的结果并不完全相同，但他们讨论中表现出的关键信息却惊人相似。图2-1是我对他们讨论结果的总结。

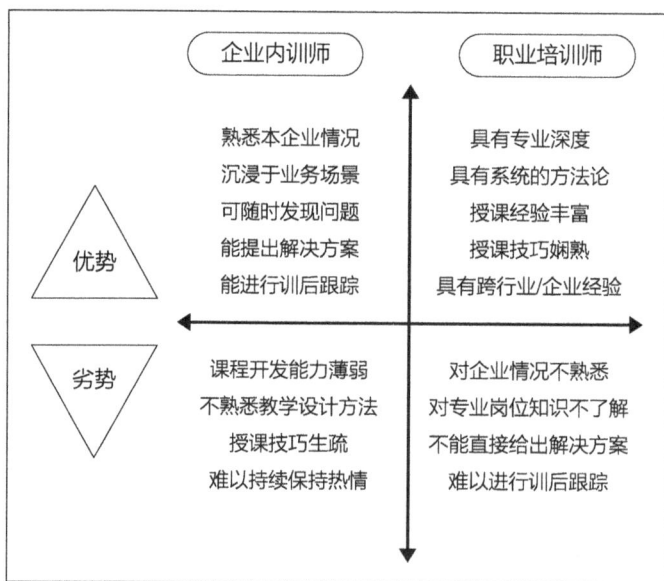

图2-1 企业内训师与职业培训师优劣势对比

从这张图上，不难看出企业内训师和职业培训师的优劣势可谓泾渭分明。这也说明了为什么近年来通用管理类的企业内训需求不断减少，而企业内部课程开发和企业内训师培养项目逐年增加的现状。

"外训给思路，内训给解决方案"，当企业培训越来越关注结果时，企业内部课程和企业内训师需要发挥的作用变得越来越重要。

然而，在2024年，我听到的一个让我印象最深的词是"僵师"。在一次培训行业的论坛上，一位来自某著名央企的培训负责人语出惊人，他说："老师们，你们知道吗？现在很多企业内训师，都被称为'僵师'。"此话一出，在座的培训行业同行纷纷表示认同。

何谓"僵师"？就是指企业中培养的内训师完全没有机会讲课。我们都知道，讲课实际上是一种技能，是需要反复、刻意地练习才能熟练掌握的。如果企业中只是为内训师提供培训，却无法给他们提供足够的讲课（应用）机会，他们所学习的技能很快便会退化，甚至被完全遗忘。另一个难点，则是谁来做"新老师"的陪练？我们都知道，初登讲台的老师首先要克服的往往是紧张和缺乏自信，这很难保证授课效果，对听课的学员也可能是一种伤害，至少浪费了学员宝贵的时间。

很多企业在内部课程开发和内训师培养方面都遭遇了困境。"僵师"是一种困境，由此带来的是业务专家渐渐失去对成为内训师的热情，不愿意再花时间参与课程开发的项目。表现出来的，就是近年来企业采购内部课程开发项目的时长不断被压缩，导致课程开发的质量难以保障，甚至出现很多"烂尾"现象。

既然企业内训师对于企业的发展如此重要，在实际的项目实施中又面临如此多的困扰，那么，要如何破局呢？

第一节

企业课程开发与内训师培养

要破解"僵师"困境，我们需要重新认识企业内部课程开发和企业内训师培养项目的"真实面目"。为此，我们提出了"师·课同建"的培训模式，通过这种模式实现人才培养和知识沉淀两个目标。

我们先来看为什么内训师培养项目可以作为人才培养项目。

选

有些企业在选拔内训师时，采用"自愿报名"或者"部门推荐＋自愿报名"结合的方式，这看起来没什么问题，毕竟"意愿"是内训师一项很重要的指标。但我们不建议采用这种方式来选拔内训师，因为这种"意愿"往往并不可靠，其出发点很可能是出于好奇，而一旦发现要成为一名优秀的内训师需要付出很多精力，且并未获得预期的回报时，这种意愿就会消失；同时，自愿报名的内训师是否具有足够的专业度和经验，也值得思考。

正确的方式是，将担任内训师作为各级管理干部和业务骨干胜任和晋升的必备技能。这是因为，管理者本身就承载着帮助团队成长的职责，而团队成长的结果又会直接作用于管理者的组织绩效，自然形成闭环，可以解决很多培训中的难题。

难题一：培训需求的来源。管理者和业务骨干参加内训师培养项目，能够更了解业务与培训之间的关系，更了解培训的"边界"，从而提出更为精准的培训需求。

难题二：培训内容的保证。业务领导本身就承担着业务指标，他们所提供的培训内容必然与实际工作场景更为契合、有效，能够解决真实的业务问题。

难题三：培训效果的转化。管理者是天然的监督者。如果由他们提供培训，培训后的行为转化顺理成章，下属接受培训后，带来的工作或能力方面的提升，会直接反映在业务结果上。相对于部门绩效提升为管理者带来的收益，对内训师的课酬或其他激励方式都只能算是锦上添花。

这就是我们在管理中常说的"选对人"。人选对了，很多难题就能够迎刃而解。

育

我们曾经将企业内训师的能力模型与领导力模型进行过对比，发现在能力素质层面，两者在大多数情况下具有惊人的相似性。例如，学习力、创造力、洞察力、感召力、人际沟通与表达能力、问题分析与解决能力等。

管理者通过参加内训师培养项目，能够在发现与解决问题的能力、经验萃取能力、结构思考能力、呈现表达能力等多个方面获得提升。而且，这些能力的提升不仅限于管理者本人，通过为团队成员提供培训，这些能力会被赋能给下属，使团队整体能力得到提升。

通过开发内部培训课程的另一个收获是能够"统一管理语言"。一般来说，在培训课程中通常都会包含理论、方法和工具。企业的内部课程更侧重于方法和工具的应用。这些方法和工具来自企业的工作场景，通过萃取经验得来,即使选择成熟的模型和工具,也会结合企业情况进行一些改造,使这些工具更符合企业的应用需求。当每个人都用同一种管理方法和工具沟通时,沟通效率和效果都会得到大幅度提升。

当这些方法和工具是由团队管理者"教"给员工时,我们还需要担心培训效果转化的问题吗?

用

如果选人的环节做对了,我们会发现,在"用"的环节就获得了很大的变化空间。首先是培训时间的安排可以变得非常灵活,1小时、2小时的培训都可以随时开展;其次是培训需求来自业务,培训效果作用于业务,这使得培训真正与业务融合。管理者不仅充当内训师的角色,还同时充当"辅导者"的角色。

当然,这里还会涉及企业要制定相应的内训师管理办法。例如,如何界定和考核内训师的工作量,如何计算课酬,以及如何对内训师进行激励等方面。

留

如果由管理者和业务骨干充当内训师,"留"的问题也会迎刃而解。尤其是当企业能够将内训师的成绩与晋升挂钩时,无疑形成了内训师成长的推动力。

不过,仅有推动力是不够的。每个人的成长都可以看作一个"爬坡"的过程,要让一个人保持持续上行,我们需要来自四个方向的"力"的支撑。

除了拉力,还需要推力、压力和支撑力(见图2-2)。其中,拉力包括愿景、目标、价值、能力成长、职业生涯发展等方面对内训师的吸引;压力是指在企业对内训师的管理中也需要包含考核、竞争和淘汰的机制；支撑力则是需要培训部门为内训师提供更多学习和成长的资源与机会。

在这"四力"的作用下，企业的内训师队伍也将成为由企业中最优秀的管理者和业务骨干组成的群体，这个群体当然也是企业人才培养的重点目标。因此，如果我们将内训师培养项目与人才培养有机地结合起来，就能够达到事半功倍的效果。

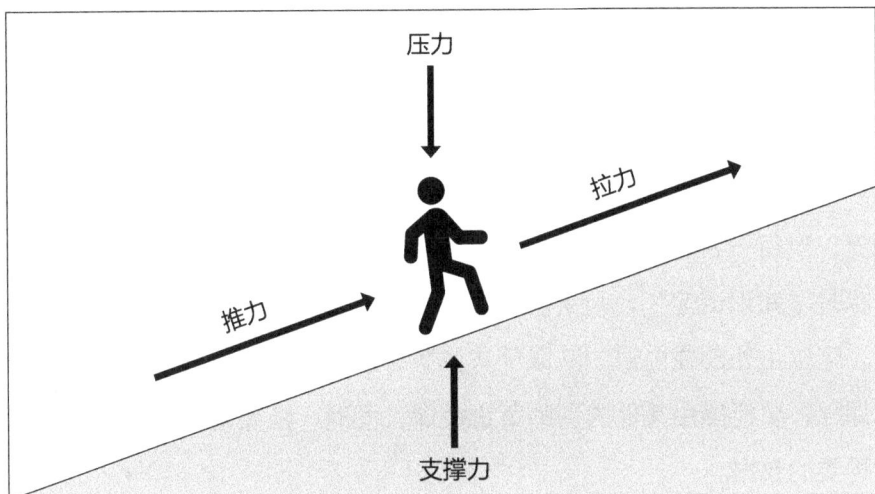

图2-2　组织助力人才成长的"四力"

接下来，我们来看知识沉淀的问题。

在我看来，知识本身就是企业的一种独特资产，这种资产虽然无形，却是保证企业持续竞争力的支柱。而企业内部开发的课程，无论是面授课程、在线课程还是微课，都是企业知识资产的重要组成部分。

在企业内部课程开发时，常常会走入一个误区，即认为内训师和他所开发的课程是相互绑定的。这就造成了，如果开发课程的内训师离开企业，这门课程就"没人讲"了。"没人讲"的课程，渐渐地就会被遗忘，如果此时培训部门再"换人"，很有可能就消失了。在很多企业中，都存在同一课题反复开发的情况，站在企业角度，这无疑是投入上的浪费和损失。

因此，企业内部课程开发和内训师培养的另一个价值，就是要有计划地完成企业的知识沉淀。我们经常听说企业内部课程开发时，要提交"*N*件套"，包括课程大纲、授课PPT、培训师手册、学员手册、配套案例、工具表单、考试题库等。在本书第一章中，我们描述了构建企业智慧大脑的各种数据来源，企业内部课程开发的成果，将成为构成企业智慧大脑的有效组成部分。

如果我们把企业内部课程开发和内训师培养项目，拆分为"人才培养"和"知识沉淀"两个维度的目标，就会发现，在项目设计上是可以采用不同路径的。如果我们的项目目标是"人才培养"，就需要在项目设计时，考虑到内训师的选、育、用、留，配套相应的内部制度和管理办法，同时，对每一名内训师的成长，进行跟踪和持续的陪伴；如果我们的项目目标是"知识沉淀"，则完全可以把关注点聚焦在内容本身，在开发课程时，可以由外部或内部的萃取师与业务专家配合完成经验萃取，开发完成的课程，要能够由其他内训师负责授课，同时，还要能成为企业智慧大脑所需要的数据。

综上所述，要破解企业内训师的"僵师"困境，需要企业的培训部门和内训师重新思考内训师真正的作用和价值。现在，几乎每家企业都在追求"降本增效"，于是很多企业会把培养内训师，作为"降低"培训师资费用的方式，把缩短课程开发的时间，作为"增效"的方式，导致课程开发的质量下降……在我看来，这些都仅仅是在做"降本增效"的表面文章，只有我们找到事情根本的价值所在，才能实现更高维度的"降本增效"。

第二节

培训师的新地图——MAP模型

很多人会问我，既然AIGC能够在很多方面大幅度提高效率，那么课程开发是不是也可以变得很简单了呢？最初，我也是抱着这样的心态开始尝试的。

事实上，我利用AIGC完成的第一项工作就是开发了一门课程。可以说，我自己正是通过利用AIGC开发课程，才渐渐推开了进入AIGC世界的大门。我的经验是，利用AIGC确实能够帮助培训师提高课程开发的能力，但要获得这些提升，需要培训师先提升自己的能力。

在动笔创作这本书之前，我和团队做了很多尝试。我们曾经尝试用AIGC升级我们最为熟悉的微课开发和课程开发项目。最初的尝试中就遇到了挑战。

例如，我们曾经在课堂上让学员用AIGC撰写课程大纲。结果就出现了两种截然不同的反应，有些学员认为，"AI写得比我写得好多啦，直接就可以用"，直接"拿来主义"，对AI给出的内容既不做验证，也不愿意修改；有些学员则表示，AI给出的结果完全是驴唇不对马嘴，根本不能用！AI就是个骗子！

问题出在哪里呢？

我们发现，只是简单地把AIGC应用嵌入课程开发流程中是不行的。我们团队自己能顺利地把AIGC工具用起来，有以下几个前提：

1. 我们在课程设计与开发领域中具有丰富的经验。这些经验在我们向AIGC发出指令、提出问题时，会自然地发挥作用，让我们能够提出"对"的问题。而我们的学员，在课程设计与开发领域中都是初学者，他们自己并不具有提出"对"的问题的能力。

2. 在交付项目时，我们已经花了几个月时间对AIGC进行沉浸式的学习。其间接触和应用了各种不同的AIGC工具，也学习了不同形式的AIGC课程、视频，同时通过阅读资料，初步建立了对AIGC的认知框架。而我们的学员，很多可能是第一次接触AIGC，无法对AIGC建立客观的认识。

3. 我们当时虽然还没有接触到"提示词"这一领域，但基于自己的应用实践，是能够写出一些符合"提示词"标准的模板和范例的。我们希望学员可以套用这些模板和范例。但后来发现，大模型在很多方面是存在"盲区"的，特别是一些业务专家擅长的领域。这是导致有些人认为"很好，不需要改"，有些人则认为"胡说八道"的原因。

那段时间，我们只要有机会，就在交付的课程中尝试加入AIGC的应用。每次交付后都会进行复盘和课程的迭代。到了2024年，线下课程的迭代基本完成。起初，我们曾认为运用AIGC开发微课可以大幅度缩短培训时间，但实际发现，因为要在同一场培训中教授微课开发和AIGC工具两项内容，根本无法缩短培训时间。当然，我们同时也发现，如果学员掌握了使用AIGC工具开发微课的技能，他们后续开发课程的速度必然会大幅度提升。

为了提高课程交付的效果，团队中的海星老师制作了几十个AIGC实用工具的教程，每门课虽然只有几分钟，但在我们的课程中使用频率很高，学员的感受也非常好。由此，也激发了我们决定录制一套完整的在线课程的想法。

于是，我们与量子教育一拍即合，在2024年7月完成了一套名为"AIGC内训师培养全攻略"的线上系列课程的发布。这一节讲到的MAP

模型，是在准备录制这套课程时，由量子教育的潘晓波老师提出的课题。当我们决定用MAP作为AIGC时代培训师的能力模型时，他为这个模型做出了非常具有画面感的解释。他说："有一句话说'沿着旧地图，找不到新大陆'，咱们这个就是AIGC时代，企业内训师找到'新大陆'的新地图。"

现在，就让我们来看一看这张新地图。

MAP是一个便于记忆的模型缩写，代表Model、AIGC、Prompt。

我们用Model代表培训师的专业能力，主要指在用AIGC开发课程时，培训师需要对课程开发中的基本概念、原理和常用模型有一定的了解和应用能力，这是设计和开发课程的基础。

在MAP模型中，A代表AIGC，指的是培训师对AIGC各种概念和应用的熟悉与掌握程度。培训师要么广泛涉猎多种AIGC工具，要么专精几个AIGC工具，通过熟练应用工具，建立新的思维方式和工作方式。

P是Prompt（提示词）的缩写，我们用P来指代应用AIGC的能力。Prompt被认为是随着AIGC时代到来而诞生的一种新的"语法"，也是AIGC对人类能力提出的新要求。学习Prompt，有点像当年学习"五笔字型"输入法一样，是我们叩开AIGC世界大门的敲门砖。但应用AIGC的能力不等于会用提示词，这一点我们在后面的章节中会有展开的叙述。

当我们接触到其他一些业务场景时，发现MAP这个模型不仅对内训师如此，对于任何一个管理专业领域都是适合的。例如，最近我们在与一家做用户调研的机构合作，他们希望在用户调研中应用AIGC，我们只需要将MAP中的M聚焦在用户调研领域的模型和专业能力就可以了。

第三节

Model——应用经典模型的能力

我必须承认，我是一个"模型控"。模型是对客观世界极致抽象的思考，在任何一个领域，人类智慧都为我们留下了很多经典的模型，这些模型揭示了客观世界的底层规律，尤其是那些被广泛应用的经典模型，能够让我们在面对复杂问题时，快速找到正确的捷径。

在本书中，我们也希望通过介绍一批经典模型，帮助该领域的学员快速建立在教学设计领域中的思维框架，在这个框架的基础上学习AIGC的应用，会让其事半功倍。我们精选了九个经典的教学设计模型。

ADDIE

本书的整体结构遵循了ADDIE模型，该模型由五个阶段构成，分别是分析（Analysis）、设计（Design）、开发（Development）、实施（Implementation）和评估（Evaluation），如图2-3所示。

这五个英文单词描述了教学设计的流程和系统，起着提纲挈领的作用。在本书的第三章到第七章的标题中，我们特意标注了其与ADDIE模型的对应关系。

- 第三章【Analysis】用AIGC辅助调研培训需求
- 第四章【Design】用AIGC升级课程设计

- 第五章【Development】用AIGC制作课程资料
- 第六章【Implementation】用AIGC提升互动体验
- 第七章【Evaluation】用AIGC评估培训成果

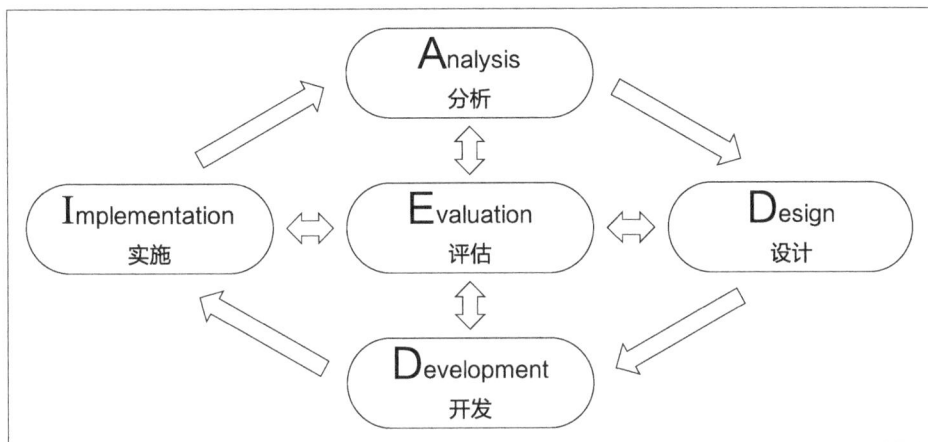

图2-3　ADDIE模型

需要注意的是，在实际应用中，"评估"的环节是贯穿始终的，即在每个环节中都需要进行评估。如果按照顺序，把"评估"作为最后一个环节就大错特错了。

ABCD

ABCD也是四个英文单词的缩写，分别是受众/学员（Audience）、行为（Behavior）、条件（Condition）和程度（Degree）。这是在设计课程时，用于撰写教学目标（或称学习目标）的模型。教学目标决定了授课内容和授课方式，同时，也是检验课程效果的标准。

在开始设计课程前，撰写教学目标是必不可少的环节。套用一句俗话"良好的开端是成功的一半"，写好教学目标就是课程设计成功的一半。简单来说，教学目标就是用一句话来描述"什么样的学员学习了这门课程后，能够在什么条件下，做什么事，做到什么程度"。

很多人会问："我们平常看到的多半是课程大纲，并不是什么教学目标啊。"我们可以把课程大纲和教学目标看作一体两面。对于学员来说，课程大纲更容易理解和接受，而作为课程开发者，教学目标具有更重要的作用。

开发一门课程，需要先完成一个教学目标体系，包含课程的教学目标，每个模块的教学目标，称为一级目标；每个模块中每个小节，甚至每个教学内容的教学目标，称为二级目标、三级目标。

金字塔模型

金字塔模型，也称金字塔原理，是由麦肯锡的顾问芭芭拉·明托在1970年提出的，是涉及思考、表达和解决问题的模型。严格来说，它并非专为教学设计而设的模型，而是职场中广泛应用的经典模型，当然，在教学设计中也同样适用，如图2-4所示。

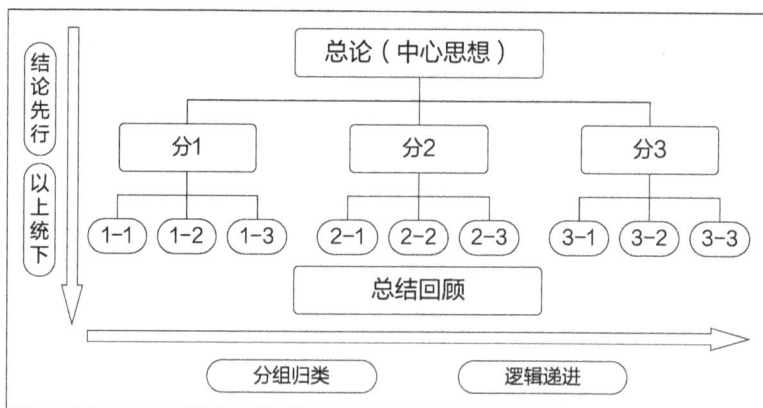

图2-4 金字塔模型

最有意思的是，我们在与大模型对话时，会发现大模型的回答多数也符合金字塔原理，这让我们相信大模型接受了相应的训练。正是这种训练，让大模型的表达能力超越了许多人，也为课程设计大幅度降低了难度。

库伯学习圈

在搭建教学目标体系或组织教学内容时，除了要明确每一个教学目标，还要有合理的结构将这些目标组织起来。这时，我们会用到结构搭建的模型。这里，我们首先推荐"库伯学习圈"模型。

这是由组织行为学和体验式学习专家大卫·库伯建立的模型，描述了四种人类不同的学习风格，同时揭示了人类学习过程中经历的各个阶段，可以用四个英文单词来描述，即Why、What、How、If，如图2-5所示。

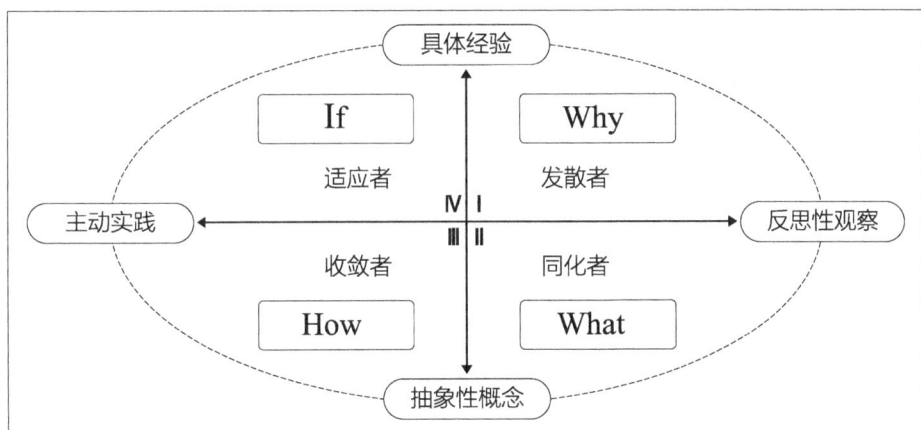

图2-5　库伯学习圈

在搭建课程整体框架时，可以运用这个模型，在展开每个知识点或技能点时，也可以使用这个模型。

加涅教学九步法

加涅教学九步法是教学设计模型中的经典之作。加涅根据学员的学习过程，设计了九个教学事件，包括引起注意、告知目标、激活记忆、呈现内容、提供指导、诱发表现、提供反馈、评价表现、促进转化。

在我们设计课程时，除了要考虑教学内容，还要考虑教学策略，即用什么方式开展教学才能达到最佳效果。

所谓教学，实际上是可以被分解为"教"和"学"两个动作的。有人说世界上最难的事就是"把自己的思想装到别人的脑子里"，教学策略就是通过研究"别人（学员）的脑子"如何接受自己所传递的信息，从而尽可能实现"把自己的思想装到别人脑子里"的目的。

很多新晋培训师为了克服登上讲台的紧张，在最初的"讲课"中很难关注到学员的学习情况，他们的注意力更多地集中在克服自身的紧张上。关注教学策略的设计，也能帮助新晋培训师更好地度过这一阶段，成为合格的培训师。

首要教学原理

首要教学原理是由戴维·梅里尔提出的一套理论，按照他的说法："我们将原理界定为一组关系，不管实施这一原理的方式或者模式如何变化，在适当的条件下这种关系总是确凿的。"

首要教学原理在国内也被称为"五星教学法"。由于其更贴近企业培训课程的应用场景，被广泛应用。在本书中，首要教学原理既可以作为一种课程结构搭建的模型来使用，也可以作为设计教学策略的模型使用，如图2-6所示。

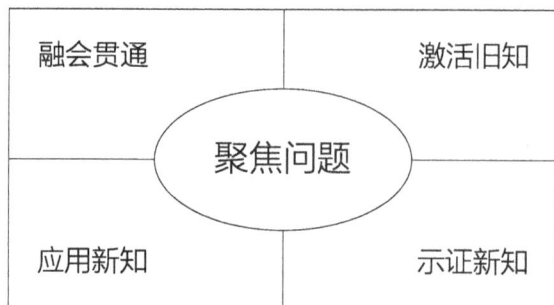

图2-6　首要教学原理/五星教学法

ARCS 模型

ARCS模型是由约翰·凯勒教授于20世纪80年代提出的教学设计模型，分别是注意（Attention）、关联（Relevance）、信心（Confidence）和满意（Satisfaction）四个英文单词首字母的缩写。

这个模型更强调了学员的学习动机以及在学习过程中保持学习动机。在本书中，我们将这个模型用在课程配套文稿的环节。在学员开始学习课程前，通过精心设计的招生文件和课程介绍，能够激发学员的学习兴趣，也能够提高学习的效果。

学习金字塔

学习金字塔据说是由美国缅因州国家训练实验室发布的一个模型，有意思的是，后来有人指出实际上并不存在这个实验室。无论这个实验室是否存在，该模型展示的不同学习方式对学习效果的影响是令人信服的，如图2-7所示。

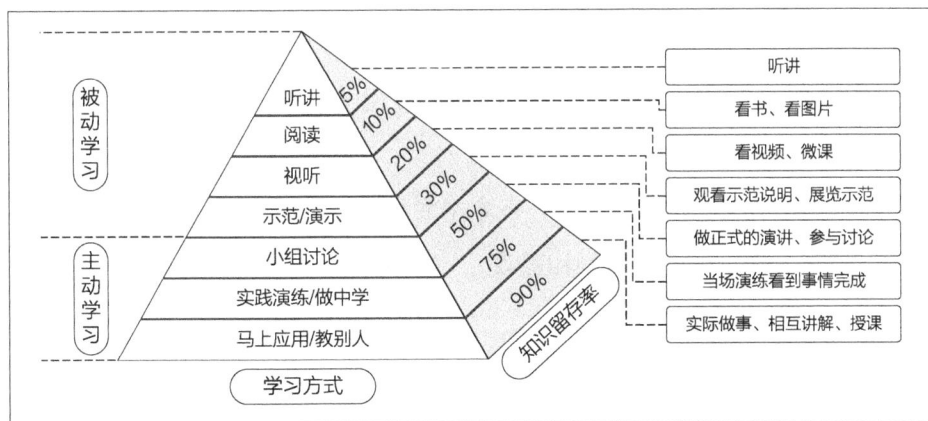

图2-7　学习金字塔

在本书中，这个模型更多地提示培训师在设计教学策略时，应尽可能避免采取那些"知识留存率"低的方式。

柯氏四级评估

柯氏四级评估无疑是国内最为广泛应用的评估模型。柯氏四级评估反映了从"听到"到"做到"的不同层级要求。尽管对于第四级的评估，即对培训"价值"的评估，一直存在争议，但它仍然是企业中培训追求的目标，如图2-8所示。

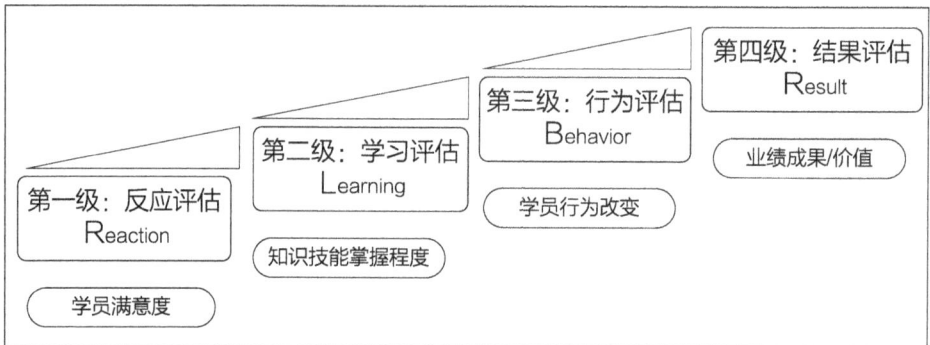

图2-8 柯氏四级评估

大多数企业培训课程至少应实现三级评估，即培训是否使学员发生了行为的改变。我们常说"从知道到做到之间，隔着一个太平洋"，如果培训不能带来行为改变，就不可能带来工作结果的改变。工作结果若不能改变，培训价值便无从谈起。这在某种程度上也是企业内训师应特别关注的目标。

以上提到的九个经典模型，在本书后续的各个章节中将有详细讲解，并结合AIGC的应用给出案例和建议。

第四节
AIGC——对AIGC技术与工具的洞察力

MAP模型中的A，指的是AIGC。或者更确切地说，是对AI领域一些相关常识和工具的持续学习。对于培训师来说，这是一个几乎全新的领域。仅是搞清楚一些常见的名词和术语，都需要花费很长时间。我们尝试用概念图的方式，梳理了非专业人士常用的AI术语之间的关系，如图2-9所示。

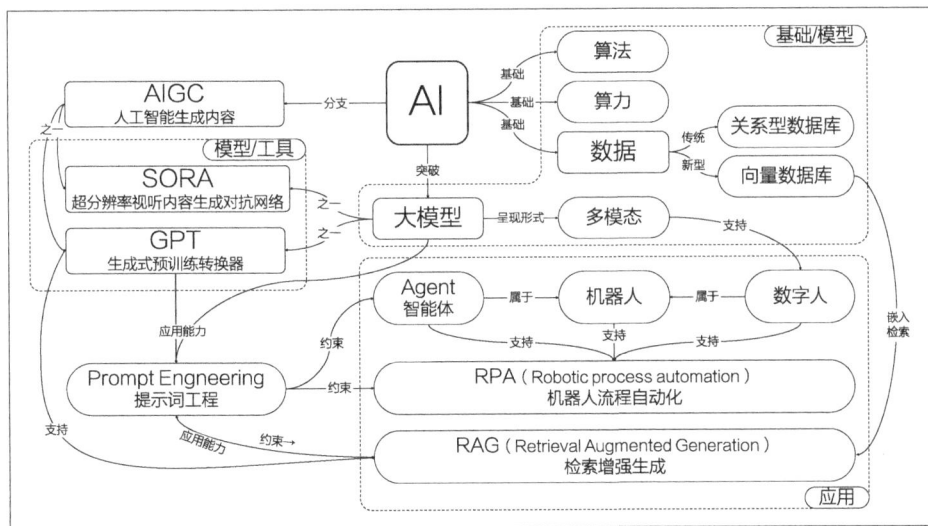

图2-9　常用的AI术语

搭建知识框架图，是我们接触一个陌生知识领域时非常有效的方法。当然，每个人可能有自己的学习习惯，有些人喜欢用思维导图，有些人喜欢用词条，有些人喜欢用知识图谱等，都是可以的。有了这张基础的框架图，我们还可以持续将新的内容补充进去。

有了知识框架图，我们可以通过对AIGC的应用工具进行分类，加速学习的进度。按照AIGC的输入/输出方式，可以分为：

1.文字类：主要是文生文，即我们输入文字，AIGC也反馈给我们文字。例如，我们可以跟它对话，也可以让它给我们写一篇文章、做一个问卷、分析一些资料等，总之它的输出都是文字形式的。这类应用中，还衍生出语音转文字、智能搜索等应用。

2.图片类：包括文生图，即我们输入文字，AIGC反馈图像；图生图，即我们输入图片，通过AI使图片变清晰或对图片进行加工等。

3.视频类：包括文生视频，即输入文字，AIGC反馈一段视频；图片生视频等。我们目前直接能用的视频生成工具，主要还是AI帮我们拼接素材和配音的AI剪辑视频模式。真正能够"生成"视频的工具，还处于初级阶段，但已经可以通过输入文字，生成数秒的视频内容，还是非常值得期待的。

4.综合应用类：例如，用AIGC写歌、作曲、做海报、做PPT等。

除了以上的分类，AIGC工具还有集成化、整合化的趋势。目前的大语言模型基本上都融入了"多模态"的特性，它们不仅能够理解和生成自然语言文本，还能跨越到图像、视频、音频等多种媒介，实现跨模态的交互与理解。例如，现在很多大模型都可以生成图片，也可以识别图片进行解释；再如，Kimi整合了AIPPT的功能，豆包整合了海绵音乐的写歌功能；等等。在未来的AIGC发展中，我们很有希望"一站式"完成大量工作。

那么，接下来有人可能会问，哪个AI工具更好用呢？我们可以想象我们现在见到的大模型，是毕业于不同大学的毕业生，每所大学都有自己独特的风格，教出来的毕业生也就不太一样。

例如，我们曾经形容某个大模型是个"理工男"，另外一个可能是个"女文青"。使用者可以根据不同的需求选择大模型，也可以同一个问题，多问几个"同学"，将他们给出的结果进行比对和选择。

还有一些基于特定场景训练的大模型，在某一方面具有能力特长，这种就可以被称为"专科生"。例如，"新华妙笔"在公文写作方面就具有特别的优势，因为训练这个模型的语料来自新华社的数据库；"妙鸭相机"则把自己定义为一家专门"拍摄"写真照的应用，相比动辄花费数百元、上千元去拍一套形象照或者艺术照，妙鸭9块9的入门收费就变得超值。

如果更关注工具带来的结果，那也可以在自己常用的AIGC工具中，精通几款应用。我相信，随着对工具的熟悉程度的提升和使用者能力的提升，运用同一款工具，也能实现不同的效果。

如果想获得更新更全的AIGC工具信息，现在是一件非常轻松的事情，已经有多个AIGC工具集成的网站出现，如AI工具集、发现AI，这些网站都分门别类地列出了很多AIGC工具，并且可以直接访问到其官网。另外，各类自媒体AI博主，也经常会分享和推荐一些好用的AIGC工具，特别是一些海外的开源免费软件，往往只需加入一些博主的粉丝群就能够获得源文件或整合包。而如果想更深入更专业地学习，那么像CSDN博客、阿里云开发者社区等专业技术网站是不错的选择，这些网站经常发布关于AIGC工具的最新资讯、评测和教程，而且内容通常由行业专家撰写，具有较高的权威性和专业性。

第五节

Prompt——与AIGC对话与交互的能力

在MAP模型中，P是提示词的英文Prompt的缩写。但P并不仅仅指撰写提示词的能力，而是指全面应用AIGC的能力。

实际上，AIGC的应用已经覆盖了职场的方方面面。本书虽然聚焦于企业课程开发的应用场景中应用AIGC，但其中的方法完全可以复用于任何其他相似的工作场景。例如，撰写课程大纲与撰写发言稿大纲，本质上并没有什么不同。

如此，在MAP模型中，P代表的反而是更为通用的职场能力。那么，如何评估自身对AIGC应用的能力水平，从而进行有针对性的学习、训练和提升呢？

我们结合自身的经验和大量在教学过程中积累的案例，总结了这份"AIGC应用能力发展模型"。该模型从最初"随兴随机"地开始应用AIGC，到能够创建自动运行的AI智能体，描述了非专业人员应用AIGC的不同能力阶段，如图2-10所示。

第一级：随兴随机——产生兴趣并乐于尝试，自然对话生成随机结果

兴趣是最好的老师。最初接触AIGC并产生兴趣时，人们往往会以自然、随性的方式与之互动，通过简单的自然语言对话，尝试生成各种随机

结果。这种初体验就像打开了一扇新世界的大门，让人兴奋不已。

图2-10　AIGC应用能力发展模型

在应用能力这一级，使用者能够轻松上手，不需要复杂的设置或专业知识，就能快速体验到AIGC带来的便捷与乐趣。无论是想要快速获取一些信息，还是纯粹为了娱乐消遣，AIGC都能迅速响应，给出相应的回答或生成相应的内容。

然而，由于没有明确的对话框架和规范，这种随性的交流方式也容易导致结果的随机性和不可控性。生成的内容可能时而精准有用，时而偏离主题，甚至可能出现错误或误导性的信息。这对于追求效率和准确性的职场人士来说，无疑是一个挑战。

因此，在应用能力这一级，使用者需要逐渐意识到，要想更好地利用AIGC提升自己的工作效率和创造力，就需要学会如何更有效地与AI沟通。这包括明确自己的需求、设定合理的对话目标以及掌握一些基本的AIGC使用技巧。只有这样，才能让AIGC成为职场中的得力助手，而不是一个随机性强的"黑盒子"。

第二级：规范控制——使用规范的方法来控制输出

AIGC的生成过程并非无中生有，而是基于用户的输入进行复杂的转换与运算得出的结果，因此，输入的质量直接决定了输出的品质。

达到应用能力这一级时，使用者已经开始注重使用规范的方法来引导AIGC的生成过程，已经掌握了如何构建清晰、完整的指令体系。例如，通过提示词框架向大语言模型详细阐述角色定位、背景、目标设定及任务要求，确保AI在创作过程中能够准确把握方向，减少偏离主题的风险。又如，利用提示词公式等技巧，在AI绘画或设计领域精确控制生成内容的风格、色彩、构图等要素，使最终作品更加贴近自己的预期。

在应用能力这一级，需要大量的学习、积累与实践练习，以不断深化对AIGC技术的理解和运用。使用者需要持续研究各种提示词策略、指令构建技巧以及AIGC模型的特性，通过不断尝试和对比，找出最适合当前任务需求的最佳实践。

第三级：评估修正——准确评估判断结果，并进行有效修正

在应用AIGC的过程中，保持独立的思考与准确的判断是一个重要原则。面对AIGC生成的结果，我们应采取一种审慎而客观的态度，既不盲目全盘接受，也不轻易全盘否定。在应用能力这一级，核心能力的提升在于能够细致入微地评估AIGC的输出，精准识别其中的优点与不足，并深入分析错误产生的根源。

在应用能力这一级，使用者需要掌握一套有效的评估方法，能够清晰地辨别出AIGC生成结果中哪些部分是正确的，哪些部分存在偏差或错误，并进一步探究这些错误背后的原因。在此基础上，使用者还需具备修正错误的能力，通过追问澄清的方式引导大语言模型调整输出文体，或者通过精细调整参数、优化提示词，甚至更换更适合的底层模型来优化多媒体AIGC生成的图像、音频文件等。

这一过程不仅要求使用者具备深厚的专业知识与技能，更需要他们保

持敏锐的洞察力和灵活的应变能力。只有这样，才能在AIGC的助力下，不断提升工作效率与成果质量，实现个人与团队的共同成长。

第四级：综合使用——根据需要综合使用多种类型的 AIGC 工具

在应用能力这一级，使用者应具备对多种类型AIGC工具的深度理解与综合驾驭能力。不再局限于使用单一工具，而是能够根据需求灵活选择并融合多种AIGC工具，以实现更高效、更全面的创作或分析过程。

应用能力这一级的核心在于"综合"二字。使用者能够深刻理解每种AIGC工具的核心功能与优势，同时考虑到它们之间的互补性，从而制定出最优化的工具组合方案。无论是文本生成、图像处理、音频合成，还是数据分析、智能推荐等领域，使用者都能根据需求挑选出最适合的工具，并巧妙地将它们组合在一起，形成一个强大的AIGC生态系统。

使用者还会注重工具之间的协同与优化，确保它们能够顺畅地交换数据、共享信息，并共同为最终成果贡献力量。这种跨工具、跨领域的综合能力，不仅提高了工作效率，还拓宽了AIGC的应用边界，让AI的潜力得到了更充分的发挥。

第五级：场景拆解——精准拆解复杂问题，高效协同 AIGC 分步共创

在实际工作中，很少有任务能够仅凭一次对话或生成就完美解决，更多的是需要人与AIGC各展所长，协同作战。

在应用能力这一级，已经不仅仅是掌握了AIGC工具的使用技巧，而是发展出了一种将复杂实际问题拆解并高效利用AIGC分步解决的能力。

使用者已经养成AIGC的应用习惯和意识，面对复杂的问题，会首先

进行细致的剖析，将其拆解为若干个相对独立但又相互关联的子问题。这些子问题往往更加具体、明确，便于逐一解决。在拆解过程中，使用者会充分考虑AIGC的能力边界与优势所在，为每个子问题寻找最合适的解决路径，无论是完全由AIGC承担，还是需要人与AIGC协同完成。

在确定子问题的解决方案后，使用者能够精心规划执行流程，确保人与AIGC之间的无缝衔接。例如，在撰写标书或报告时，会明确哪些部分适合由AIGC自动生成，哪些部分则需要人工润色和完善。在方案制定和PPT制作中，使用者也会利用AIGC从框架构建到内容填充的各个环节提供支持，同时保持对最终成果的把控和调整。

通过这样的场景拆解与协同深化的思维模式，应用能力这一级的使用者能够在保证工作效率的同时，确保输出成果的质量与专业性。他们不仅成为AIGC技术的驾驭者，更成为推动工作创新与效率提升的关键力量。

第六级：自驱免控——创建能够自动运行的 AI 智能体

利用AIGC解决问题，虽然能够大幅提高效率，但仍需要使用者的频繁参与，而能够自主运行、自我优化，甚至具备一定程度创造力的AI智能体才是AIGC的进一步发展目标。

在应用能力这一级，使用者应至少了解RAG（Retrieval-Augmented Generation，检索增强生成）与RPA（Robotic Process Automation，机器人流程自动化）技术的基础原理，并且能够创建出根据专属知识库/数据集进行对话的智能体，或者按照预设的工作流自动运行的智能体。

更进一步，应用能力这一级的使用者能够将这些智能体和Agent集成到智能客服、数据中台或BI系统中，参与到系统的逻辑设计中。他们能够理解业务需求，优化系统流程，使智能体和Agent能够更好地融入现有的IT环境，为用户提供更加智能、便捷的服务。

通过参加企业课程设计与开发的项目，使用者至少能够达到第四级的应用水平。要建立课程体系，通常会用到第五级的应用能力。要达到第六级的应用能力，还需要补充其他很多领域的知识，对于本书的读者，仅了解即可。

【Analysis】用AIGC辅助调研培训需求

第三章

在培训课程的设计与开发中，需求分析是起点。对需求分析的精准程度，是保证课程开发质量的关键。

培训需求分析的价值

在课程设计过程中，培训需求分析扮演着引路人的角色，它引导培训师找到学员现状与期望之间的差距，从而精准定位培训的目标与内容。这一过程涉及对培训对象、组织需求、客观因素及现有资源等多维度的考量，它不仅关乎课程的适用性和针对性，更直接影响到培训效果的转化与学员成长的动力。

具体而言，培训需求分析帮助我们明确以下几个核心问题：

首先，组织需要解决哪些问题或实现哪些目标？这些问题和目标如何转化为具体的学习需求？

其次，学员当前的知识、技能、态度处于何种水平？他们与理想状态之间存在哪些差距？

最后，采用何种培训方式、内容和策略能够最有效地弥补这些差距，促进学员的成长与发展？

通过回答这些问题，我们能够为课程设计绘制出一幅清晰的蓝图，确保每一环节都紧密围绕实际需求展开。

现实中的问题

很多培训师采取的是"会什么讲什么"的方式开发课程。这种开发课题往往来自开发者个人的经验，这会导致一系列问题的出现：

问题一：课程内容与实际需求脱节。由于缺乏深入的需求分析，课程内容可能偏离组织的实际需求和学员的真实诉求，变成"自说自话"的独角戏。

问题二：培训效果难以评估与转化。当培训内容与实际需求不匹配时，学员的参与度和学习动力自然会大打折扣，组织者难以判断培训是否真正达到了预期目标，更无法对后续的培训计划进行有效调整和优化。

问题三：课程资源浪费。由于缺乏对培训需求场景的分析，很多培训师辛苦开发的课程根本没有机会讲授，开发成果被束之高阁。

培训需求分析的方法

为了避免上述问题，我们需要采取一套科学、系统的培训需求分析方法。这些方法包括但不限于访谈法、问卷法、资料法和观察法。

访谈法通过面对面交流，深入了解访谈对象的想法、感受和需求。在培训需求分析中，访谈对象主要包含培训需求的发起方和潜在的目标学员，了解他们对培训的期望和现状。

问卷法是一种高效、经济的收集数据方式。通过设计科学合理的问卷，我们可以快速获取大量关于培训需求的信息，从而通过对数据的分析获得精准的培训需求。

资料法指对现有的文献资料、内部报告、数据统计等信息资源进行，以及对组织的运营状况、发展趋势和学员的学习情况进行全面分析，发现潜在的培训需求和问题点，为课程设计提供有力的支持。

观察法是一种直观、生动的分析方法。通过深入现场观察学员的工作状态、行为表现以及组织的运营流程等细节，我们可以获得更加真实、具体的需求信息。在观察过程中要注意记录关键信息和数据点，以便后续分析和整理。

AIGC 带来的全新局面

通过利用AIGC工具，我们能够以前所未有的速度和精确度捕捉并分析培训需求，极大地减轻了培训师的工作负担。AIGC不仅能够在分析需求的前期帮助我们准备大量的文档和大纲，还能够快速处理海量的数据，提取关键信息，通过智能算法洞察数据背后的深层次需求，为培训师呈现出一幅幅清晰、直观的需求图谱。

AIGC的出现不仅是对传统培训需求分析方式的一次革命性升级，更是推动教育培训行业向智能化、高效化转型的重要力量。同时，它也为我们构建一个更加精准、高效、个性化的培训体系提供了可能。

那么，在本章中，我们将带领读者一起探索AIGC如何助力实施四种培训需求分析方法。

第一节
访谈法与AIGC的应用

访谈法，作为培训需求分析的一种常用方法，能够通过与访谈对象直接建立深入、细致的对话交流，揭示和挖掘他们对于培训的真实需求、期望及潜在问题。这种方法不仅能够触及到问卷调查等间接手段难以触及的深层次信息，还能捕捉到访谈对象对于培训内容的个性化偏好、学习方式的独特见解以及对培训效果的直观预期。

访谈法的具体实施步骤

步骤1：确定访谈对象

根据培训需求的具体目标，精心挑选访谈对象，确保覆盖关键岗位、不同层级及具有代表性的员工群体，如新员工、老员工、绩效卓越者与待提升者。同时，采用分层抽样策略，确保样本在各部门、各年龄段、不同性别等方面具有代表性和多样性。

步骤2：设计访谈大纲

围绕培训需求的核心问题，设计结构化的访谈大纲，涵盖培训目标、内容偏好、学习方式及期望成果等方面。同时，设计开放式问题以鼓励访谈对象自由表达，提供丰富见解。在访谈过程中，根据访谈对象的回答和反应灵活调整问题顺序或深入追问，以捕捉关键信息和意外发现，保持访谈的灵活性和动态性。

步骤3：实施访谈

访谈开始前，通过简短介绍和建立共同语言等方式，营造轻松、信任的交流氛围。在访谈过程中，采用倾听、复述、澄清等技巧，引导访谈对象深入阐述观点，挖掘其背后的原因、动机和感受。同时，注意捕捉非言语信息，如肢体语言、面部表情等，以全面理解访谈对象的真实意图。

步骤4：记录访谈内容

采用录音、录像、笔记等多种方式记录访谈内容，确保信息的完整性和准确性。录音和录像便于后续回顾和深入分析，而笔记有助于及时捕捉关键点和灵感。

步骤5：整理和分析访谈资料

将访谈记录进行系统化整理，包括转录文字、分类编码、标注关键词等步骤，将散乱的信息条理化、结构化。随后，对整理后的访谈资料进行深入分析，提炼出培训需求的重点、趋势和潜在问题。

AIGC 在访谈法中的应用

用AIGC设计访谈大纲

计访谈大纲时，我们需要根据访谈对象确定访谈的目标、主题、方式，以及问题的内容、形式、顺序等多个要素。AIGC中的大语言模型工具的工作过程是通过理解用户输入的内容并进行相应的计算，续写出相应的输出。因此，我们首先要考虑的是以上几个要素中，哪些应该作为输入，哪些是我们希望AIGC输出的。

一般来说，建议由培训师确定访谈的目标、主题、方式和问题的形式这些要素，通过这些输入，让AIGC输出一份包含问题的内容和顺序的访谈大纲。

我们先简单地输入一段包括几个要素的提示词：

我要对理财总经理进行访谈，目标是得出针对理财经理在面对年度开门红项目时所需提升的培训需求，访谈的形式是现场访谈，请帮我写一份访谈大纲。

我们选择了两个中文大模型：文心一言和Kimi。它们的答案分别如图3-1和图3-2所示。

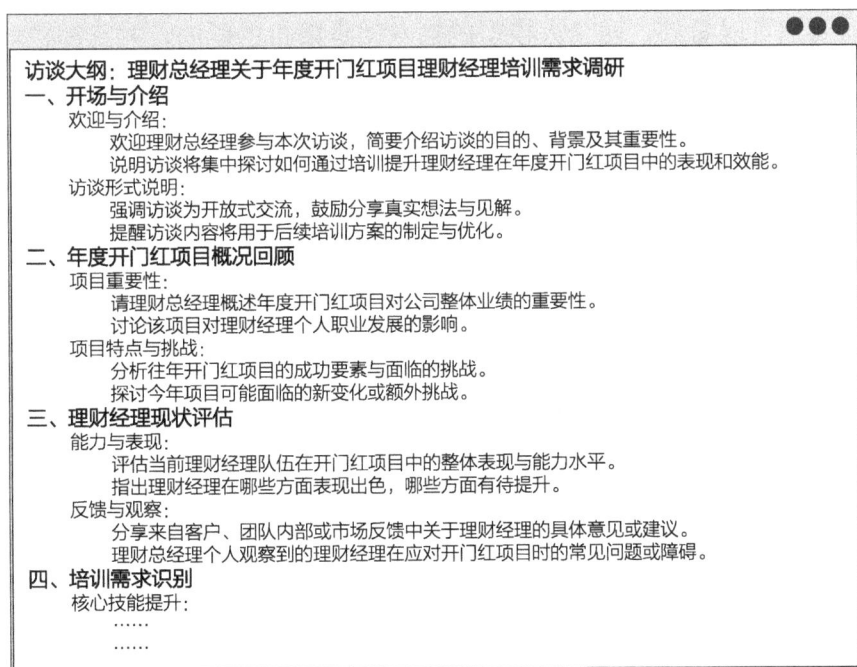

访谈大纲：理财总经理关于年度开门红项目理财经理培训需求调研
一、开场与介绍：
欢迎与介绍：
欢迎理财总经理参与本次访谈，简要介绍访谈的目的、背景及其重要性。
说明访谈将集中探讨如何通过培训提升理财经理在年度开门红项目中的表现和效能。
访谈形式说明：
强调访谈为开放式交流，鼓励分享真实想法与见解。
提醒访谈内容将用于后续培训方案的制定与优化。
二、年度开门红项目概况回顾
项目重要性：
请理财总经理概述年度开门红项目对公司整体业绩的重要性。
讨论该项目对理财经理个人职业发展的影响。
项目特点与挑战：
分析往年开门红项目的成功要素与面临的挑战。
探讨今年项目可能面临的新变化或额外挑战。
三、理财经理现状评估
能力与表现：
评估当前理财经理队伍在开门红项目中的整体表现与能力水平。
指出理财经理在哪些方面表现出色，哪些方面有待提升。
反馈与观察：
分享来自客户、团队内部或市场反馈中关于理财经理的具体意见或建议。
理财总经理个人观察到的理财经理在应对开门红项目时的常见问题或障碍。
四、培训需求识别
核心技能提升：
……
……

图3-1　文心一言生成的访谈大纲（1）

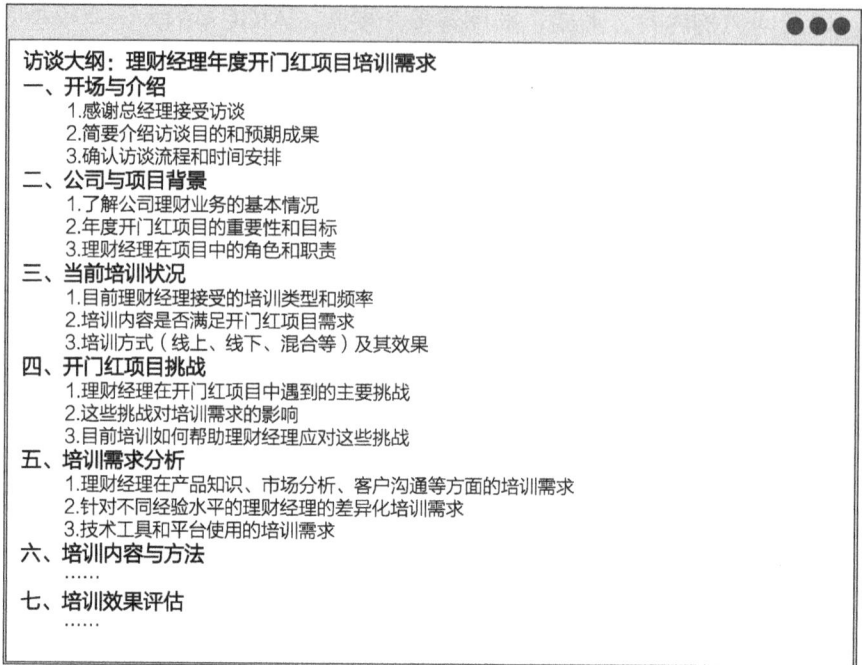

图3-2　Kimi生成的访谈大纲（1）

我们可以看到，两个大模型的输入都是紧扣主题的，并且都针对受众，但是它们的输出都是"主题大纲"而非"问题大纲"。拿着这样的大纲，我们还需要针对每个主题去设计具体的问题，而不能直接应用在访谈实施过程中。

那么，要如何直接让AIGC给我们做出一份拿来就用的访谈大纲呢？我们可以通过结构化的提示词，明确我们的目标和要求，并且提供足够的背景信息。

这里介绍一个比较常用的结构化提示词框架公式：CHAT，由四个英文单词组成。

角色（Character）：明确自己的身份，或指定AIGC假设的身份，便于AIGC根据这个角色来调整回答的风格和内容。

背景（History）：告知AIGC必要情境、环境、前提条件或一些背景信息，这样AIGC能够根据背景来选择回答的范围和深度。

目标（Ambition）：说明自己的目标和期望，希望得到什么样的结果或怎样的效果，这样AIGC可以根据目标来评估回答的质量和效果，并尽量让回答结果符合目标。

任务（Task）：告诉AIGC要执行的具体任务和步骤，希望它输出的标准和格式，便于其最终输出与自己所预期的格式和标准相匹配。

我们根据CHAT公式，重新编写一遍前面那个访谈的提示词：

角色：我是一个银行的内训师。

背景：我所在的银行在为明年的"开门红"项目做准备，需要我为理财经理准备一门课程，我准备进行培训需求调研。

目标：我希望通过访谈调研理财总经理，获得理财经理在工作中的痛点，为达成"开门红"目标所需要提升的方向，以及一些优秀理财经理的工作妙招。

任务：请帮我设计一份访谈大纲，具体要求如下：

1.访谈大纲包括访谈对象、访谈目标、分模块的访谈问题；

2.大纲要包含完整而详细的访谈全流程，每个流程包含的问题要足够；

3.访谈问题的设计要有技巧，开放式问题和封闭式问题交替进行，要预设一些追问的问题；

4.大纲的格式要规范，内容要可实施。

*读者可以将提示词中带有下画线的文字替换成自己的实际情况，后续示例同此。

对于这次的提示词，两个模型的回答分别如图3-3和图3-4所示。

我们观察到，经过CHAT模型补充了一些具体的背景信息和明确的要求之后，AIGC输出的答案有所变化，针对我们想要了解的模块，设计了具体的问题和话术，而这些问题，读者可以根据自己和所在企业的实际情况进行调整。

访谈大纲

一、访谈基本信息

访谈对象/访谈时间/访谈地点/访谈者/记录人……

二、访谈目标

明确痛点：深入了解理财经理在日常工作中的主要挑战与痛点。

确定提升方向：基于"开门红"目标，识别理财经理需增强的关键能力与技能。

收集成功案例：获取优秀理财经理的实践经验与成功妙招，作为教学素材。

三、访谈流程与问题设计

1.开场与介绍（5分钟）

开场白："您好，感谢您抽出宝贵时间参与本次访谈。我是银行内训师[您的姓名]，我们正在为明年的'开门红'项目准备培训课程。希望通过这次访谈，了解理财经理的工作现状，以便更好地设计课程内容。"

2.工作痛点分析（15~20分钟）

开放式问题："在当前市场环境下，您认为理财经理面临的最大挑战是什么？"

封闭式问题："是否可以说，客户维护与产品推广是两大主要痛点？"

追问（开放式）："针对客户维护，具体有哪些难题让理财经理感到困扰？比如，客户信任度下降、需求难以把握等。"

追问（封闭式+开放式）："产品推广方面，是否觉得产品知识掌握不够深入或营销手段单一？能否举例说明？"

3.提升方向探讨（20~25分钟）

开放式问题："为了实现'开门红'目标，您认为理财经理最需要在哪些方面进行提升？"

封闭式问题："在客户服务、专业知识、销售技巧等方面，是否有优先级排序？"

追问（开放式）："客户服务方面，您认为哪些细节或环节需要特别加强？如何提升客户满意度和忠诚度？"

预设情境：……

四、访谈后工作……

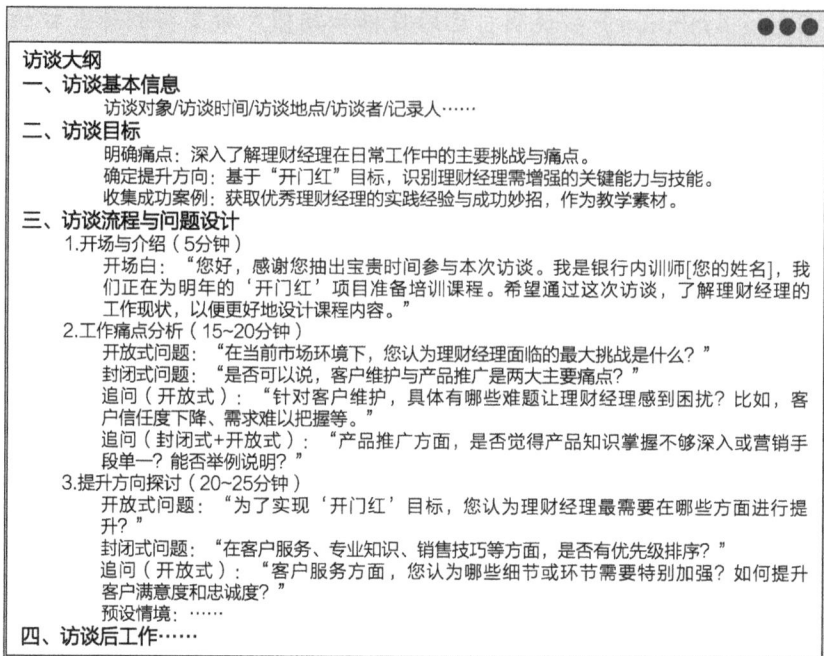

图3-3 文心一言生成的访谈大纲（2）

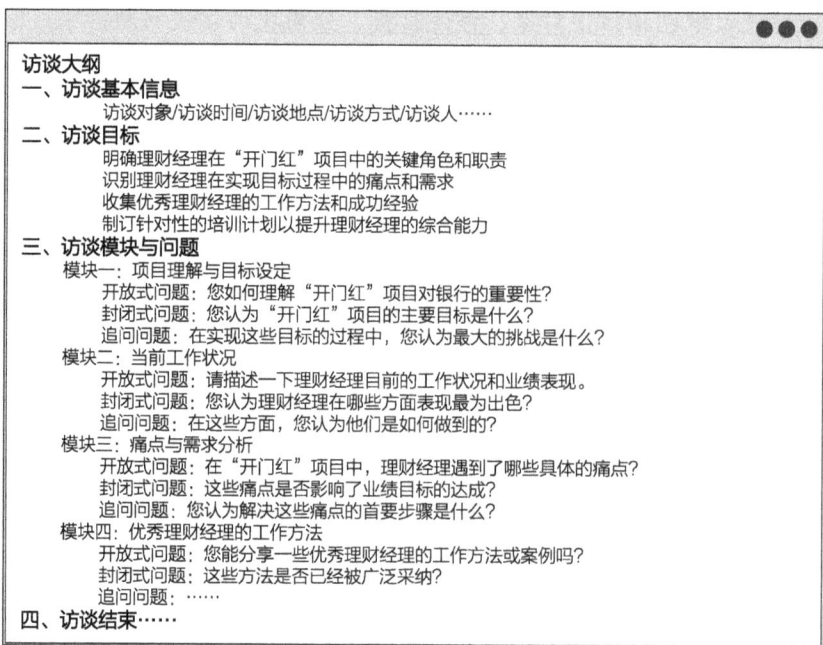

访谈大纲

一、访谈基本信息

访谈对象/访谈时间/访谈地点/访谈方式/访谈人……

二、访谈目标

明确理财经理在"开门红"项目中的关键角色和职责

识别理财经理在实现目标过程中的痛点和需求

收集优秀理财经理的工作方法和成功经验

制订针对性的培训计划以提升理财经理的综合能力

三、访谈模块与问题

模块一：项目理解与目标设定

开放式问题：您如何理解"开门红"项目对银行的重要性？

封闭式问题：您认为"开门红"项目的主要目标是什么？

追问问题：在实现这些目标的过程中，您认为最大的挑战是什么？

模块二：当前工作状况

开放式问题：请描述一下理财经理目前的工作状况和业绩表现。

封闭式问题：您认为理财经理在哪些方面表现最为出色？

追问问题：在这些方面，您认为他们是如何做到的？

模块三：痛点与需求分析

开放式问题：在"开门红"项目中，理财经理遇到了哪些具体的痛点？

封闭式问题：这些痛点是否影响了业绩目标的达成？

追问问题：您认为解决这些痛点的首要步骤是什么？

模块四：优秀理财经理的工作方法

开放式问题：您能分享一些优秀理财经理的工作方法或案例吗？

封闭式问题：这些方法是否已经被广泛采纳？

追问问题：……

四、访谈结束……

图3-4 Kimi生成的访谈大纲（2）

用AIGC记录访谈内容

在访谈过程中，需要使用录音、录像、笔记等形式进行记录。在这个过程中，我们可以使用AIGC工具中的ASR（Automatic Speech Recognition，自动语音识别）工具来实现对话语音的实时识别与转写。

目前可以使用的ASR工具有很多，如"通义听悟"（微信小程序名为"通义效率"）、讯飞听见、飞书妙记等。市面上有大量的ASR工具，有些是单独的软件应用，有些则集成在其他工具软件中，包括我们常用的腾讯会议，都带有对会议过程的录制、撰写、提炼等功能。

我们只需要根据自己的实际情况，选择一款识别效果好、提炼总结功能满足要求，并且符合自己使用习惯或集成在自己常用的软件中的工具，就可以在访谈的过程中借助这些工具减少手动书写的笔记量，把更多的精力用在和访谈对象的沟通交流，以及对重点要点的手工记录上。

用AIGC分析访谈资料

尽管ASR工具已经可以对录音转写的文字进行提炼和总结，但其总结的结果还是通用的会议纪要类型，无法有针对性地提炼出培训需求。因此，一般我们完成访谈后，还要对访谈记录进行整理和分析，最终确定培训需求。

在这个过程中，可以先将访谈记录以及一些笔记整理成文档，然后选择带有文档上传分析功能的AIGC大语言模型来进行分析。

● 使用OCR工具识别手写笔记

使用ASR工具转写的记录可以直接导出文档，但如果我们在访谈过程中以手写形式记录了一些要点或灵感，可以先使用OCR（Optical Character Recognition，光学字符识别）工具来快速识别并转化成计算机字符文档。

OCR工具严格来说并不属于AIGC，但它是很多AIGC系统生态下的重要输入来源。市面上的OCR工具非常多，但在这里推荐读者使用最为熟悉的微信来进行识别。只需要把手写的笔记拍照发送到微信对话框里，就可以直接选择其中的文字进行复制粘贴操作。

- **用AIGC分析文档**

在准备好所有的访谈记录文档之后，只需要把文档上传给AIGC工具，并配合一段提示词，即可完成培训需求的分析工作。

下面是一个具体的案例。我们首先要把这份针对某个银行理财总经理的访谈记录上传给AIGC。现在基本上主流的大模型都能够上传文档，这里首先推荐Kimi或智谱清言，这两个工具能够上传的文档数量更多，而且可以上传较大的文档。

以Kimi为例，点击对话窗口右下角的回形针图标，即可上传多个100MB大小的文件，如图3-5所示。

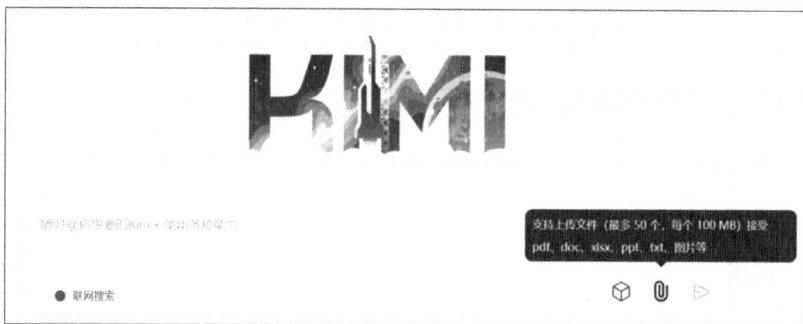

图3-5　Kimi上传文档

我们把访谈记录上传之后，可以继续使用CHAT公式，输入这样一段提示词：

角色：你是一个资深的培训师。

背景：上传的文档是一份针对银行理财经理"开门红"项目准备的访谈记录，包括理财总经理对理财经理的痛点、技能提升方向、培训建议等方面的内容。

目标：你需要分析这份访谈记录，得出培训需求分析结论。

任务：请撰写一份能够指导课程开发的培训需求分析报告，具体要求如下：

1.提炼出培训需求的重点、趋势和潜在问题。

2.给出课程开发的具体目标。

3.对课程包含的内容、结构、形式等提出建议。

很快，Kimi根据上传的文档和提示词的要求，提供了针对这份访谈记录的培训需求分析报告，如图3-6所示。

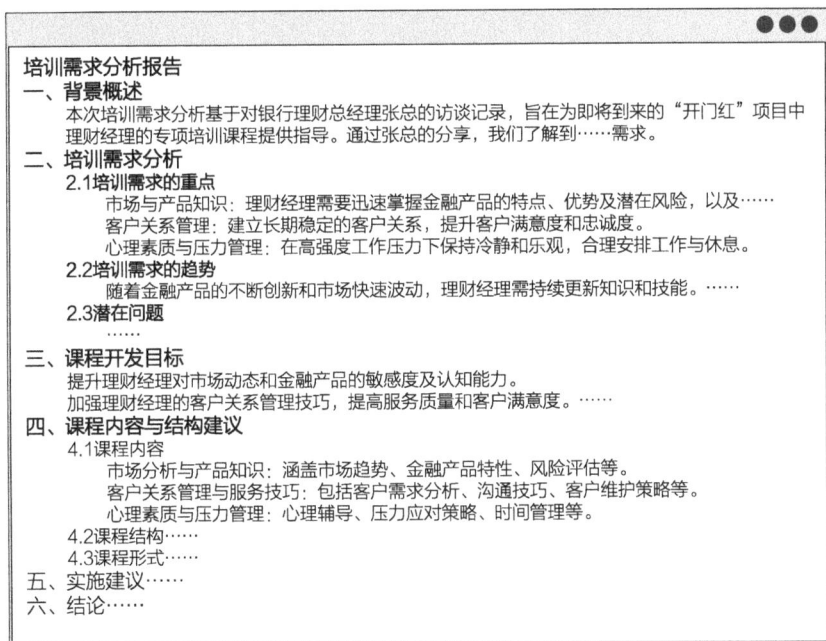

```
培训需求分析报告
一、背景概述
    本次培训需求分析基于对银行理财总经理张总的访谈记录，旨在为即将到来的"开门红"项目中
理财经理的专项培训课程提供指导。通过张总的分享，我们了解到……需求。
二、培训需求分析
    2.1培训需求的重点
        市场与产品知识：理财经理需要迅速掌握金融产品的特点、优势及潜在风险，以及……
        客户关系管理：建立长期稳定的客户关系，提升客户满意度和忠诚度。
        心理素质与压力管理：在高强度工作压力下保持冷静和乐观，合理安排工作与休息。
    2.2培训需求的趋势
        随着金融产品的不断创新和市场快速波动，理财经理需持续更新知识和技能。……
    2.3潜在问题
        ……
三、课程开发目标
    提升理财经理对市场动态和金融产品的敏感度及认知能力。
    加强理财经理的客户关系管理技巧，提高服务质量和客户满意度。……
四、课程内容与结构建议
    4.1课程内容
        市场分析与产品知识：涵盖市场趋势、金融产品特性、风险评估等。
        客户关系管理与服务技巧：包括客户需求分析、沟通技巧、客户维护策略等。
        心理素质与压力管理：心理辅导、压力应对策略、时间管理等。
    4.2课程结构……
    4.3课程形式……
五、实施建议……
六、结论……
```

图3-6　Kimi生成的培训需求分析报告

示例中，只是针对一份访谈记录进行分析得出的结论，而在实际操作中，我们还可以按照确定访谈对象的策略性选择和分层抽样原则，就同一主题，访谈覆盖关键岗位、不同层级及具有代表性的员工群体，以及各层级、各部门、各年龄段、不同性别等特征的访谈对象，并将所有访谈记录一起上传，让AIGC更为系统地分析培训需求。分析多份访谈记录时，我们只需修改提示词中的背景信息，说明上传的访谈记录包含的对象和主题范围，AIGC便能在同样的时间内生成详细的培训需求分析报告。

第二节

问卷法与AIGC的应用

问卷法是培训需求分析的另一种重要工具，它通过设计一系列针对性的问题，以书面形式广泛收集访谈对象的意见和信息。这种方法的优势在于能够覆盖大量访谈对象，快速获取数据，并进行量化分析。问卷法允许访谈对象在不受时间限制的情况下，根据自己的节奏思考和回答，从而提供更为细致和深入的反馈。

与访谈法相比，问卷法虽然可能无法达到同样深度的交流，但能够揭示访谈对象对培训需求的普遍看法和趋势。在问卷设计时可以包含开放式问题，以鼓励访谈对象表达个性化的观点和偏好，同时通过封闭式问题收集可比较和统计的数据。此外，问卷法便于匿名填写，有时能够减少社会期望偏差，使访谈对象更愿意表达真实想法。

问卷法的具体实施步骤

步骤1：设计问卷

确保问卷全面覆盖培训需求分析的关键领域，包括基本信息、学习需求、目标、偏好、期望及障碍。问题设计需清晰简洁，避免引导性，结合封闭式与开放式问题来收集数据。

步骤2：发放问卷

根据目标群体的特性，选择适合的发放方式（纸质、邮件、在线平台）。通过分层或随机抽样，确保问卷覆盖广泛且具有代表性。

步骤3：收集与分析数据

对封闭式问题进行统计分析，找出趋势；深入阅读开放式回答，提取意见。综合两者结果，全面评估培训需求。

步骤4：制定分析报告

概述学习需求、目标与偏好，提炼重点趋势。分析潜在问题，如时间管理、技术障碍等。基于分析结果，提出针对性的教学建议与改进措施。

设计问卷时应注意目标与题型的灵活搭配

不同的培训主题和调研目标需要不同的题型来实现最佳的信息收集效果。例如，技能提升常用量表题和多选题评估掌握程度与需求；管理类培训则通过排序题和案例分析题了解领导风格与团队管理需求；新员工入职关注公司文化反馈，适合用判断题与开放式问题；客户服务培训利用情景模拟题和多选题评估服务技能；技术类培训则依赖单选题和填空题掌握技术熟悉度与学习需求；个性化学习需求调研采用开放式问题与偏好排序题；跨文化交流培训结合案例分析题与多选题探讨沟通能力；健康与安全培训使用是非题与填空题确保安全知识掌握；而创新与创造力培训则通过开放式问题与头脑风暴题激发创新思维。

在设计问卷时，应综合考虑，灵活组合题型，以达到最佳调研效果。同时，在一个培训项目或一门课程中，可能会涉及多个主题领域与多项培训目标，因此在设计问卷时，可以将各种题型进行组合使用。

AIGC 在问卷法中的应用

在使用问卷法调研培训需求时，我们可以使用AIGC根据背景信息和题型要求设计调研问卷，在汇总了问卷统计数据结果后，通过分析文档的方式来分析问卷数据。

用AIGC设计调研问卷

我们继续使用CHAT公式来设计输入AIGC的提示词：

角色：我是一个企业内训师。

背景：我的企业是一家制造业企业，正在面临智能化升级，需要更多员工掌握能够用于实际工作的AIGC工具，但他们目前并不了解AIGC。

目标：我希望通过问卷的形式收集员工实际工作中适合使用AIGC工具的各种工作场景，并且明确各种场景对应的输出类型以匹配工具类型。

任务：请帮我设计一份调研问卷，具体要求如下：

1.以选择题（含单选、多选）、判断题为主，配合少量填空题。

2.选择题可以增加补充填空项。

3.题目要尽可能覆盖到职场工作的各种类型岗位。

4.题目总数在20~30道之间。

5.注意员工本身并不了解AIGC能做什么，所以题目中不要让对方选择AI能帮他做的事，而是在答案中列出一些你知道的AI能帮他完成的典型工作场景让对方选择。

在这段提示词中，我们可以根据自己企业的实际情况、课程的主题、调研的目标，以及根据课程类型而匹配的题型要求，来修改带有下画线的文字。

按照这段提示词，我们这次换成讯飞星火。它生成的调研问卷如图3-7所示。

问卷标题：企业智能化升级员工需求调研问卷
尊敬的员工，您好！
为了更好地帮助我们的企业实现智能化升级，我们希望通过这份问卷了解您在日常工作中可能需要AIGC工具支持的场景。请根据您的实际工作情况，选择或填写相应的答案。感谢您的参与和支持！
1.您的岗位类型是什么？
 □生产操作
 □技术研发
 ……
 □其他，请说明：＿＿＿＿＿＿＿
2.您在日常工作中最常使用的文档类型是什么？
 □文字处理（如Word文档）
 □电子表格（如Excel表格）
 ……
 □其他，请说明：＿＿＿＿＿＿＿
3.您是否需要在报告中快速生成数据图表？
 □是
 □否
 ……
29.如果需要，您认为应该通过哪些途径来获取这些技能或知识？
 □内部培训
 ……
30.您对企业智能化升级有什么建议或期望？
 □请填写您的建议或期望：＿＿＿＿＿＿＿
结语：
感谢您花时间完成这份问卷。您的反馈对我们至关重要，将帮助我们更好地规划和实施智能化升级计划。我们将认真考虑每一份问卷反馈，在未来的工作中加以应用。

图3-7 讯飞星火生成的调研问卷

可以看到，讯飞星火很好地按照要求，生成了符合主题和目标的问卷，并且题型、数量也都和具体要求相一致，同时，它还生成了"引言"和"结语"两段文字，让问卷变得更有温度。

利用AIGC可以大幅度提高问卷的"生产"效率，在这份问卷的基础上，只需稍做调整和修改，就可以开展问卷调研了。

在谈及此处，我想顺便补充几句。我们在书中提供示例时，会采用多个大型模型来生成内容，并从中挑选出较优的答案来展示。这样做，一方面有助于我们培养一种多方对比并择优选择的思维模式；另一方面通过展示不同大型模型的答案，我们能够尝试归纳它们各自的优势和特性，以便为不同的场景选择最合适的模型。

用AIGC分析问卷统计数据

和访谈法的资料分析操作类似，我们使用问卷法来调研培训需求时，同样可以让AIGC来阅读汇总的问卷数据，从而生成培训需求分析结论。但由于不同的问卷发布和收集类型，我们收到的数据汇总可能是Excel表格，也可能是Word或文本文档，还可能是发布问卷的平台直接生成的图表信息。

关于文件类型，首先建议排除图表，至少目前，AIGC对图表的识别效果不如文字。其次，在表格和文档之间，建议首选文档，其次是表格，因为能识别表格的AIGC工具并不多，而且识别过程可能会出现错误。如果要用表格，那么建议使用Kimi或智谱清言，而文档的话，常见的大模型如文心一言、讯飞星火、豆包等，都是可以识别分析的。

角色：你是一个资深的培训师。

背景：上传的文档是一份针对制造业员工实际工作中各种适合使用AIGC工具的工作场景，以及各种场景对应的输出类型以匹配工具类型的调研问卷数据汇总结果。

目标：你需要对这问卷数据汇总进行分析，得出对培训需求分析结论。

任务：请撰写一份能够指导课程开发的培训需求分析报告，具体要求如下：

1.提炼总结学员的学习需求、学习目标和教学偏好。

2.识别学员在学习过程中可能遇到的问题和障碍。

3.基于分析结果，提出针对性的教学措施建议。

4.得出的各项结论中，要根据数据说明理由。

而这一次，Kimi给出的培训需求分析报告如图3-8所示。

在AIGC的帮助下，我们在使用问卷法进行培训需求调研和分析时，能够节省大量设计问卷、汇总数据和整理数据的工作。但需要提醒的是，对于数据结果的分析，我们不能完全盲目依赖AI。有些问题的答案比例高低，可能反映出培训需求的真实性和必要性，或者这个问题背后的更深层次问题。这些分析仍然需要我们依靠自身的经验、对企业的了解，以及对课程主题发展趋势的把握，来进行洞察和分析。

培训需求分析报告
一、引言
　　本报告基于对制造业员工进行的AIGC工具使用情况调研问卷数据汇总的分析，旨在提炼学习需求、教学目标和教学偏好，识别学习过程中的问题和障碍，并提出针对性的教学措施建议。
二、学员学习需求分析
　　学习需求提炼
　　　　技术技能提升：多数员工（59.4%）日常使用文字处理软件，显示对文档自动化工具的需求。
　　　　数据分析能力：约三分之一员工（36.6%）需要对大量数据进行整理和分析，表明……需求。
　　　　信息检索与处理：超过半数员工（53.2%）需要快速获取信息或数据支持，突显……需求。
　　　　客户服务与反馈处理：约三成员工（30.2%）需要快速响应客户反馈，表明……需求。
　　　　项目管理与协调：项目管理和任务协调是员工常见的工作挑战，需要相关工具和方法论支持。
　　教学目标总结
　　　　员工的教学目标主要集中在提高工作效率、增强数据分析能力、优化客户服务体验和提升项目管理能力。
　　教学偏好识别
　　　　……
三、学习过程中可能遇到的问题和障碍
　　　　技术接受度：由于大多数员工（94%）未使用过AIGC工具，可能导致接受新技术的障碍。
　　　　技能缺乏：员工普遍认为使用AIGC工具需要特定技能，可能成为学习中的障碍（61.1%）。
　　　　……
四、教学措施建议
　　　　基础与进阶并行：开发基础课程以提高员工对AIGC工具的基本了解，同时提供进阶课程以满足不同技能水平的需求。
　　　　实践与案例结合：通过实际案例和模拟项目，让员工在实践中学习和应用新工具。
　　　　……
五、结论……

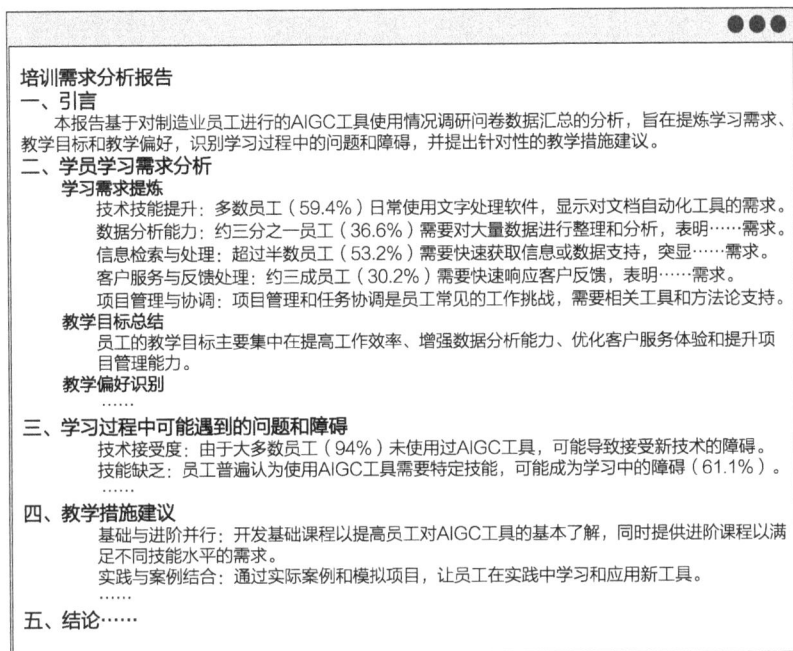

图3-8　Kimi从问卷数据中分析的培训需求

第三节

资料法与AIGC的应用

　　资料法，是一种通过利用企业现有的文件和记录来综合分析培训需求的方法。这种方法具有耗时少、成本低等优点。

　　具体来说，资料法的核心逻辑是对比分析一些标准或目标性的文件资料，如企业战略文件、政策制度文件、行业趋势报告、绩效目标要求、职位工作描述等，以及一些能表现对应现状的记录资料，如企业现状分析报告、政策合规分析报告、业务现状、绩效评估记录、员工档案或简历等。通过分析现状记录与标准目标之间的差异，我们可以分析出培训需求。

绩效评估记录以及过往的培训资料等，这些资料可以为培训需求提供详尽的历史背景和现实依据，帮助培训开发者更准确地识别出培训需求和潜在问题。

使用资料法进行培训需求调研时，需要对收集到的资料进行全面分析，以确定哪些方面需要改进或新增培训内容。例如，通过分析员工的工作表现数据，可以发现某些技能或知识的不足；通过研究企业的战略目标和业务需求，可以明确培训的方向和重点。

此外，资料法还可以与其他调研方法结合使用，以增强调研结果的全面性和准确性。例如，在使用访谈法或问卷法之前，先通过资料法了解一些基本情况，这样可以为后续的调研工作提供有力的支持和参考。

资料法的具体实施步骤

步骤1：明确调研目的

在开始进行资料调研之前，必须清晰地界定调研的具体目标和范围。要深入探讨调研目的，了解哪些方面的培训需求与哪些资料存在直接联系，确保调研活动的针对性和实用性。

步骤2：收集整理资料

广泛收集培训需求相关资料，涵盖多样来源如数据库、互联网等。精细筛选并整理资料，去除无关信息，分类归档以支持深入分析。

步骤3：对比分析资料

深入剖析筛选后的资料，通过对比数据与趋势，识别培训需求的关键点，如技能差距、行业趋势等，为培训定位提供依据。

步骤4：总结与提炼

综合分析结果，提炼出培训目标、内容等关键要素，为培训项目的设计与开发提供明确指导。

AIGC 在资料法中的应用

由于AIGC具有超快的文档阅读速度、超强的文档分析能力，以及越来越长的对话文本字数，我们完全可以在进行资料法培训需求分析时，让AIGC帮助我们对比分析标准文档和现状记录。如果要分析的标准资料属于行业趋势、技术文献等网络公开的资料，还可以利用AI搜索工具来快速整理筛选。

用AIGC搜索整理标准资料

当我们需要对标某个行业标杆或深入研究某个课题领域时，传统资料收集方式通常是通过搜索引擎或学科专业网站进行关键词搜索，然后我们会得到大量链接，需要逐条点击进入，再进行阅读和筛选整理，这样的效率非常低。

现在，我们可以使用AI搜索工具，让AI迅速搜索到强关联的资料，并进行整理和输出，直接提供一份完整的资料分析报告。

推荐的AI搜索工具有两款：秘塔AI搜索和天工AI。它们在功能和界面上都非常相似，允许用户在对话框中输入要搜索的主题，并在下方选择详细程度和搜索范围。

这两个AI搜索工具的操作都非常简单。以秘塔AI搜索为例，我们录制了一门微课，读者可以通过扫描二维码观看学习。

秘塔AI搜索整合了多个链接数据源，能够生成一份研究报告，并提供脑图、大纲、生成PPT、扩展阅读等多项附加功能。

天工AI的操作和效果与秘塔AI搜索相似，且这两款工具目前均免费提供。这样的AI搜索工具不仅在采用资料法分析培训需求时可用于整理参考资料，在准备课程内容以及其他许多工作场景中，也能有效地替代传统搜索引擎，帮助我们高效地完成主题搜索与资料整合。

用AIGC对比分析资料

在整理完成所需的标准资料与现状记录资料后，我们可以使用分步投喂的方式，让AIGC对比现状与标准之间的差异，从而生成培训需求。

在这里，我们以一份岗位说明书作为标准，通过对比新员工的简历资料来寻找差距的案例，来讲解"投喂"操作方式。采用的工具是支持多个文件的Kimi。

第一步，将整理好的AI可识别的岗位说明书上传给Kimi，并配合这样一段提示词（见图3-9）：

角色：我是一个企业内训师。

背景：我给你上传的这份文档是<u>我们这个医药企业的销售代表岗位说明书</u>，我还会在下一条指令中给你上传刚入职的<u>医药代表简历</u>。

目标：我希望得到一份<u>针对这批员工情况的，能将他们培养成合格的初级销售代表</u>的培训需求分析报告。

任务：请先阅读这份文档中的要求，并在我下次上传<u>简历</u>后，给我形成一份<u>共性</u>的培训需求分析报告。

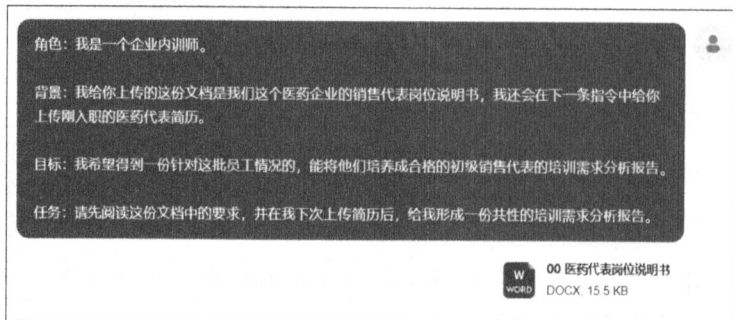

图3-9 给AIGC"投喂"资料

这一步就叫作"投喂"，即给AIGC上传或输入一些资料文件，让它先学习，后面的对话会根据这些资料的学习结果继续展开。投喂的方式适合于具有"上下文"和"多轮对话"能力的AIGC，目前主流的大模型都是具备的，但上下文的长度各有不同。我们相信这个长度也会随着技术的不断进步，在各个大模型上都得到增加。

在投喂了标准文档后，Kimi给出了这样的回应，如图3-10所示。

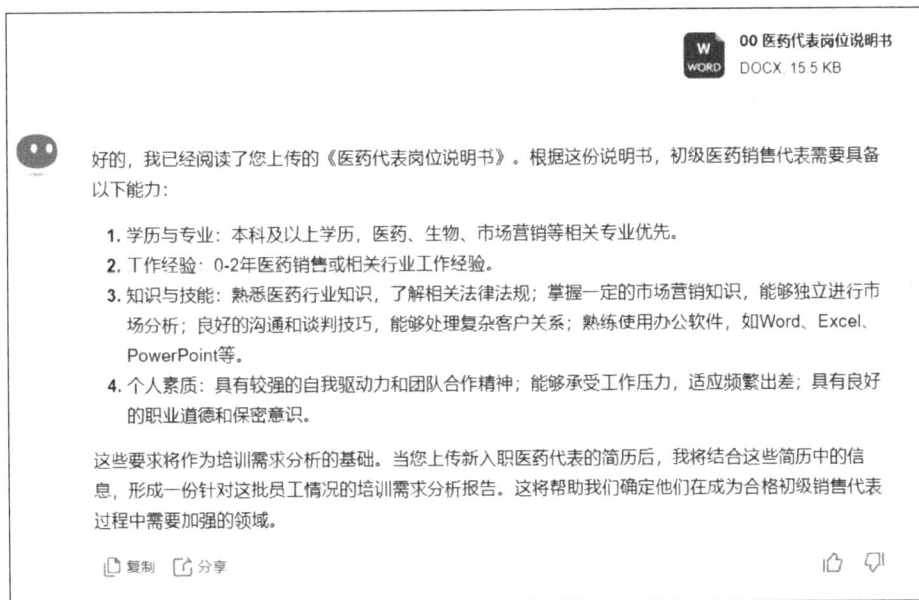

图3-10　Kimi对投喂结果的回应

第二步，就可以直接把要评估的所有新员工简历一起上传给Kimi，并给出一句简单的指令让它分析。

这些就是这批员工的简历，请帮我形成一份共性的培训需求分析报告。

我们看到这批简历主要都是以Word和PDF格式上传的，并且体积都停留在KB级别，如图3-11所示。这里有一个小提示：如果文档体积过大，可以通过删除文档中的图片来减小体积，以便能给AIGC上传更多的文件。

图3-11 基于投喂追加分析对象

经过以上两步，最终Kimi对比分析得出的培训需求分析报告如图3-12所示。

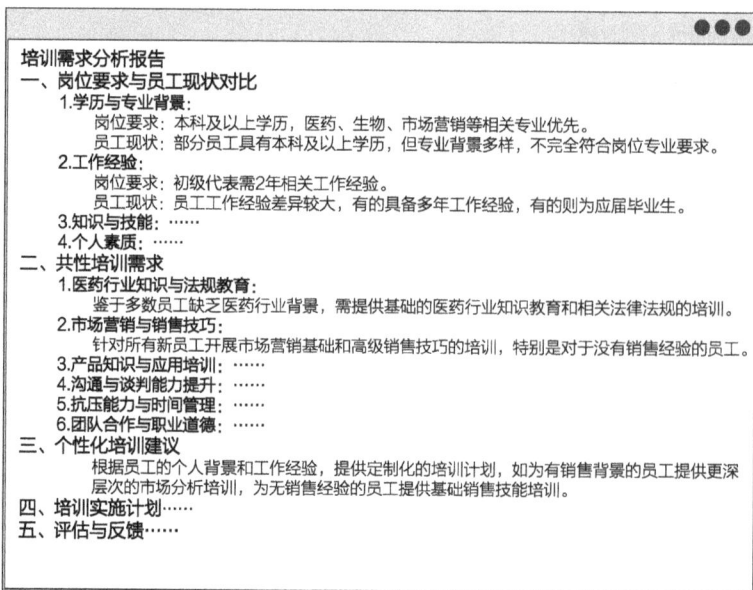

图3-12 Kimi对比分析生成培训需求分析报告

示例的结果中，无论是现状与标准的差异，还是共性的培训方向，都非常明确，并且给出了建议培训的主题。我们可以根据这些差异和主题建议，开发合适的课程，来帮助这些员工尽快达到岗位标准。

将资料法与AIGC技术结合，通过AIGC的辅助，我们能够快速地从大量标准文档和现状记录中提取关键信息，进行深入的对比分析，从而更准确地识别出培训需求。这一过程不仅提高了分析的效率，也增强了结果的准确性和实用性。

AIGC技术的应用，尤其是在资料法中，为我们提供了一种全新的视角和方法。它使得我们能够在短时间内处理和分析大量数据，为培训需求的精准定位提供了有力的支持。同时，AIGC的搜索和整理功能，也极大地简化了资料收集的过程，让我们能够更加专注于分析和决策。

然而，我们也必须认识到，尽管AIGC提供了强大的分析工具，但在实际应用中，我们仍需结合自身的专业知识和经验，对AIGC的分析结果进行审慎的评估和判断。这是因为，培训需求分析不仅是数据和信息的简单对比，更涉及到对组织文化、员工特性以及业务环境的深刻理解。

第四节

观察法与AIGC的应用

如果我们想分析的培训需求是相对外显的行为或表现，那么也可以使用观察法来进行分析。观察法通过直接观察目标群体（如学员、员工等）在特定环境（如工作场所、学习环境）中的行为、表现及问题，发现目标群体在现有知识、技能、态度等方面存在的差距，以及这些差距如何影响他们的工作表现或学习成效，从而确定培训的具体内容和目标。

观察法的优势在于直观性强，能够直接观察到目标群体的实际行为，获取第一手资料；客观性好，减少了主观臆断和偏见的影响，提高了调研结果的客观性；针对性强，能够针对具体问题进行深入观察和分析，为培训提供精准的需求信息。而其局限包括耗时较长、受观察者主观影响，以及难以观察复杂行为或心理过程等。

观察法的具体实施步骤

步骤1：明确观察目的与范围

在启动观察法之前，首要任务是清晰界定观察的具体目的与范围。这要求根据组织或项目的实际需求分析，明确需要解决的具体问题或达成的目标。同时，需详细规划观察的范围，包括明确观察的时间段、具体地点以及观察对象。

步骤2：制订详细观察计划

制订一份详尽的观察计划是确保观察过程有序进行的关键。在制订计划时，应设计或选用合适的观察工具，如观察表、记录本等，并选择适合的观察方式（直接、隐蔽或参与式）。确定观察频次，并安排具备专业知识与技巧的观察人员，必要时进行前期培训。计划中还需明确数据收集与记录的方法。

步骤3：实施观察并记录

按照计划进行实地观察，细致记录观察到的现象、问题、关键事件及目标群体的行为表现与环境特征。记录应保持客观、详细，避免主观臆断，并注意保护观察对象的隐私。

步骤4：整理与分析观察数据

对收集到的观察数据进行系统整理与分类，通过归纳、编码等方式转化为易于分析的形式。运用统计分析、案例研究等方法深入分析数据，识别出目标群体在知识、技能、态度等方面的具体问题、优势与不足，提炼出有价值的洞察。

步骤5：撰写观察报告

基于分析结果，撰写详尽的观察报告。报告应包括观察目的与背景、观察方法与过程、观察结果的客观呈现、问题识别与需求分析，以及针对问题提出的培训建议、改进措施或进一步研究建议。报告应结构清晰、逻辑严密、数据翔实，为决策者提供有力的参考依据。

AIGC 在观察法中的应用

在实施观察法的过程中，AIGC也可以帮助我们编制观察计划、设计观察清单，以及分析观察数据。

用AIGC编制观察计划

一份详细的观察计划应根据明确的观察目标和范围，制定出包括观察工具、观察方式、观察频次和观察人员在内的具体内容。因此，我们可以通过向AIGC输入观察目标和范围，并提出对观察计划的要求，来生成一份观察计划。可以参考的提示词如下：

角色：我是一个企业内训师。

背景：我的企业是酒店，今年打算重点提升前台的服务态度和技能，需要我准备一门有针对性的课程。

目标：我想在两周时间内，通过观察法，分别在白班、夜班观察当值的酒店前台员工，来获得针对他们的培训需求。

任务：请帮我编制一份详细的观察计划，计划需要完整详细，要包含观察目标和范围、观察工具、观察方法、观察频次、观察人员要求等内容。

这次用智谱清言，它给我们了这样一份观察计划，如图3-13所示。

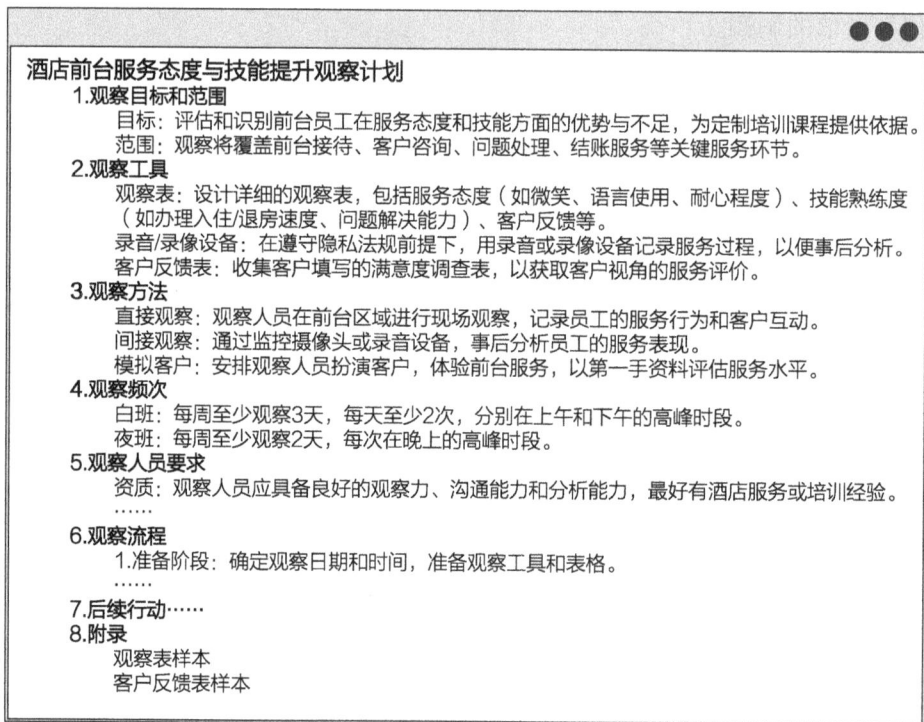

图3-13　智谱清言生成观察计划

计划比较完整，但其中提到的附录、观察表样本和客户反馈样本却没有给出。因此，我们还可以进一步追问，让AIGC继续完善资料。这里以AIGC生成的观察表样本，也就是我们常说的观察清单为例。

用AIGC设计观察清单

在设计观察清单时，可以单独新开一个对话来输入要求，也可以直接在生成观察计划的对话里继续追问，只需要明确清单的内容构成即可。例如，通过追问的方式生成时，直接输入下面的提示词：

请帮继续我设计附录中的观察表，要包含观察项目、行为标准、观察要点、评估方法、评估标准等内容，以表格的形式帮我输出。

智谱清言根据要求，生成了这样一份观察清单以及相应的说明，如图3-14所示。

观察项目	行为标准	观察要点	评估方法	评估标准
仪表仪容	着装整洁、仪容得体	员工是否穿着规定的制服，是否佩戴名牌，个人卫生是否良好	直接观察	完全符合标准：5分 基本符合，偶尔有小瑕疵：4分 部分符合，有明显瑕疵：3分 不符合标准：1分
微笑服务	面对客户时保持微笑	员工在与客户交流时是否保持微笑	直接观察	始终微笑：5分 大部分时间微笑：4分 ......
语言使用	使用礼貌用语，语言清晰	......	......	......
耐心程度	......	......	......	......
办理速度	......	......	......	......
问题解决	......	......	......	......
客户反馈	......	......	......	......

使用说明：
观察项目：列出需要观察的关键服务行为。
行为标准：明确每项服务行为的标准要求。
观察要点：指出在观察过程中需要特别关注的点。
评估方法：说明是通过直接观察、录音、录像还是客户反馈来进行评估。
评估标准：设定评估等级，以便观察人员根据员工的表现进行打分。
......

图3-14　智谱清言生成的观察清单

在实际使用观察法时，就可以把这个观察清单导入Excel文档里，并且在后方增加若干列，用于记录对多个员工的观察结果评分。

用AIGC分析观察数据

完成观察工作后，可以将观察记录整理在一个表格中，让AIGC对记录中的数据进行分析，以得出培训需求分析报告。

我们以观察了85名酒店前台员工的数据作为示例，得到的观察记录表格如表3-1所示。

表3-1　用AIGC生成的观察记录表格

观察项目	行为标准	观察要点	评估方法	评估标准	1	2	3	……	85
仪表仪容	……	……	……	……	5	4	5	……	5
微笑服务	……	……	……	……	5	5	4	……	4
语言使用	……	……	……	……	3	3	1	……	3
耐心程度	……	……	……	……	4	4	3	……	4
办理速度	……	……	……	……	4	4	3	……	4
问题解决	……	……	……	……	3	4	3	……	3
客户反馈	……	……	……	……	4	4	3	……	4

在上传记录给AIGC之前，需要注意表格文件应尽可能结构化，并且避免过多的合并单元格，尤其是跨列合并的单元格，因为它们在分析时经常会导致错误。此外，记录观察分值的单元格格式也应保证是常规数字或数值格式，避免出现文本格式。

整理好表格后，便可以使用AIGC进行分析。我们将表格上传给智谱清言，如图3-15所示。

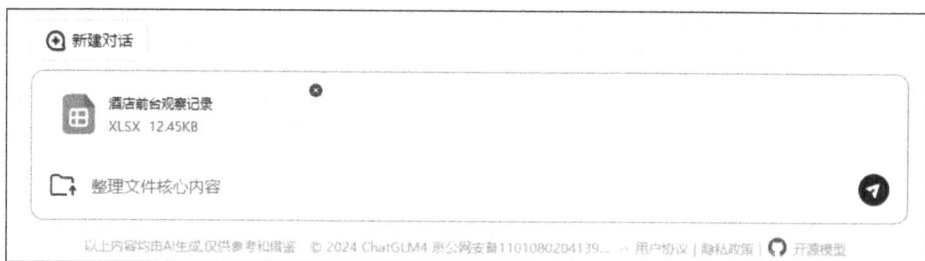

图3-15　智谱清言上传表格操作

然后输入下面这段提示词：

角色：你是一个内训师。

背景：上传的表格中包含对85名酒店前台员工进行服务态度和技能的观察结果评分记录。

目标：你需要针对这些数据进行分析，得出对应的培训需求。

任务：请根据数据表现，撰写一份培训需求分析报告，具体要求如下：

1.报告要根据数据详细分析员工在各个方面的表现，找到相应的短板和不足，得出重点突出又兼顾全局的培训需求。

2.报告结构要完整，符合培训需求分析报告的常见格式并包含主要内容。

3.报告要给出有针对性并且可行的培训建议。

智谱清言会在收到提示词和表格后，首先生成一些代码对表格数据进行提取和分析，如图3-16所示。

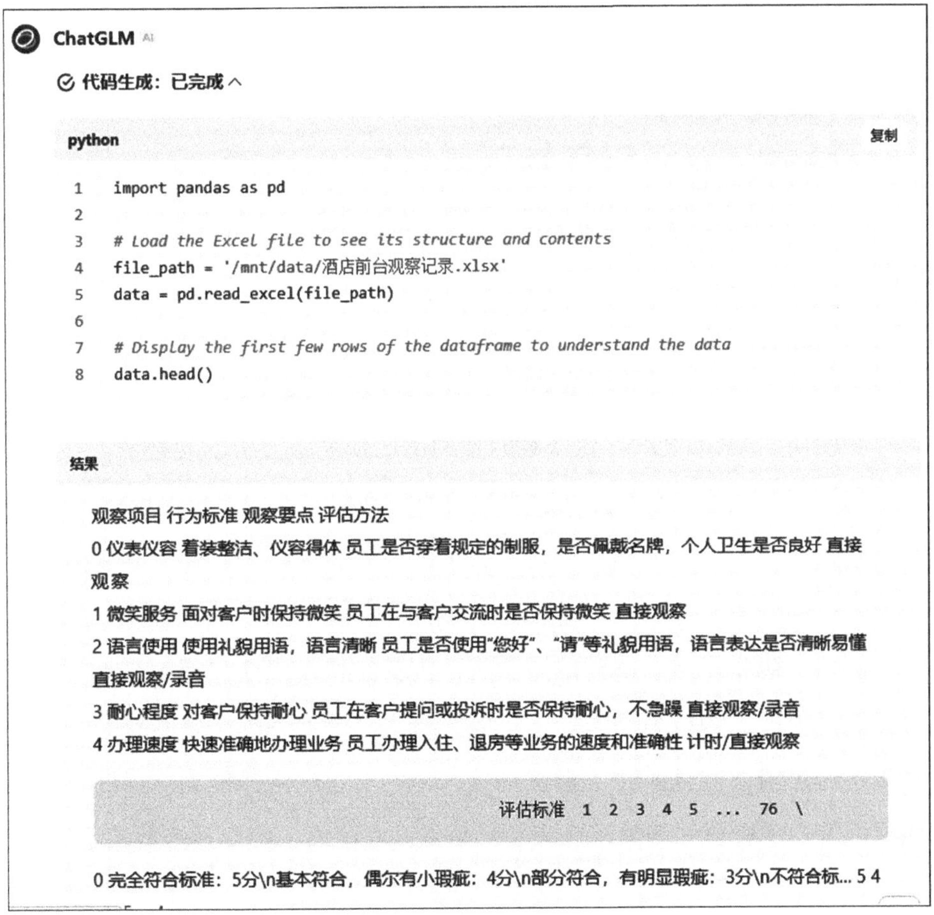

图3-16　智谱清言分析表格过程

然后，根据它提取和分析的数据，写出了这样一份培训需求分析报告，如图3-17所示。

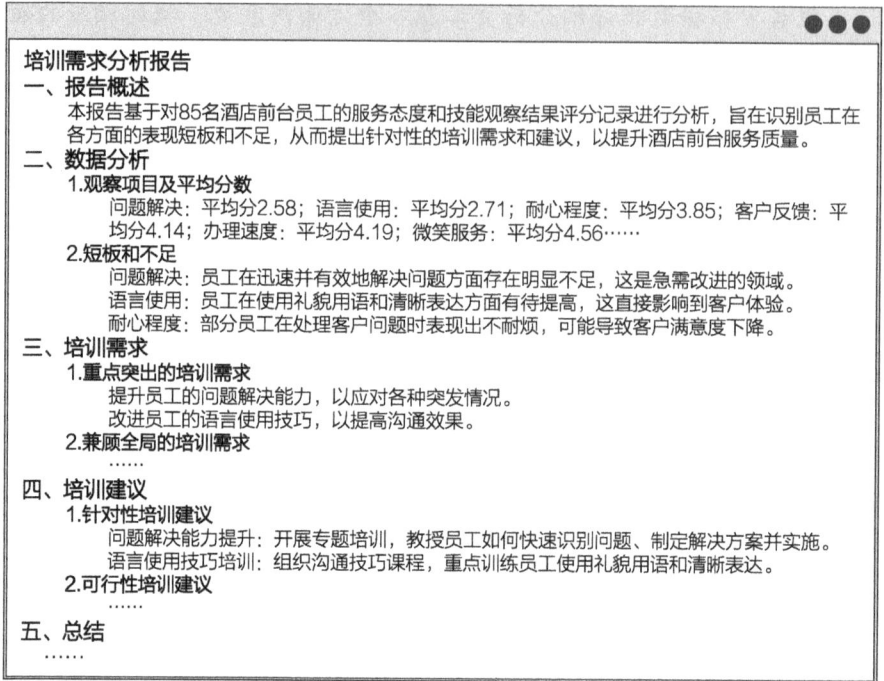

```
培训需求分析报告
一、报告概述
    本报告基于对85名酒店前台员工的服务态度和技能观察结果评分记录进行分析，旨在识别员工在
    各方面的表现短板和不足，从而提出针对性的培训需求和建议，以提升酒店前台服务质量。
二、数据分析
    1.观察项目及平均分数
        问题解决：平均分2.58；语言使用：平均分2.71；耐心程度：平均分3.85；客户反馈：平
        均分4.14；办理速度：平均分4.19；微笑服务：平均分4.56……
    2.短板和不足
        问题解决：员工在迅速并有效地解决问题方面存在明显不足，这是急需改进的领域。
        语言使用：员工在使用礼貌用语和清晰表达方面有待提高，这直接影响到客户体验。
        耐心程度：部分员工在处理客户问题时表现出不耐烦，可能导致客户满意度下降。
三、培训需求
    1.重点突出的培训需求
        提升员工的问题解决能力，以应对各种突发情况。
        改进员工的语言使用技巧，以提高沟通效果。
    2.兼顾全局的培训需求
        ……
四、培训建议
    1.针对性培训建议
        问题解决能力提升：开展专题培训，教授员工如何快速识别问题、制定解决方案并实施。
        语言使用技巧培训：组织沟通技巧课程，重点训练员工使用礼貌用语和清晰表达。
    2.可行性培训建议
        ……
五、总结
    ……
```

图3-17　智谱清言生成培训需求分析报告

在使用了AIGC之后，过去耗时费力的培训需求分析的观察法，在首尾两端均可获得效率的提升。而过程中使用的观察法，如果仅仅依靠AIGC是难以有太大作为的。但是，结合广义上的人工智能技术，特别是视觉识别与AI分析的方法，可以大大增强观察法的深度和广度。

例如，智能巡店系统利用摄像头、传感器和AI算法，能够自动拍摄并分析店铺内员工的行为动作。它可以分析员工的商品陈列是否整齐、服务态度是否热情，甚至通过语音识别技术评估员工的沟通能力。同时，它还能根据客户流量自动调整巡店频次和重点观察区域，提高巡店效率。

类似这些AIGC搭配视觉识别、AI分析技术的组合，不仅让观察法变得更加简单高效，还为我们提供了前所未有的数据洞察能力。无论是单纯的培训需求分析，还是进一步贴近业务的提升服务质量，AI都在发挥着越来越重要的作用。

【Design】用AIGC
升级课程设计

第四章

在第三章中，我们已经深入探讨了培训需求分析的重要性和实施细节。正如我们所见，精准的需求分析是培训课程成功的基石，确保了培训内容与组织目标和学员需求的紧密对接。

而在我们已经明确了培训的方向和目标之后，接下来的关键步骤便是将这些需求转化为具体的课程设计。所以在第四章，我们将一起探讨教学设计的意义、价值、规范流程，以及如何利用AIGC技术来升级和优化这一过程。

教学设计在课程开发过程中的价值

教学设计，这一将学习需求转化为实际教学活动的过程，不仅是一种技术过程，更是一种创造性的实践艺术。它是连接学习需求与教学实践的桥梁。通过有效的教学设计，我们能将抽象的教学目标具体化，将复杂的学习内容结构化，并将多样的教学策略系统化。

一次优秀的教学设计过程应该能够：

明确教学目标，提升教学针对性

教学设计首先要求明确学员的具体学习需求与预期成果，即教学目标。明确的教学目标不仅为教学提供了清晰的方向，也帮助学员在学习过程中保持聚焦，从而提高学习效率与效果。

优化内容组织，促进知识建构

教学设计强调对学习内容的系统规划与结构化处理。通过将复杂的知识体系分解成易于理解、相互关联的学习单元，教学设计帮助学员逐步构建知识体系，形成结构化的记忆与理解。

多样化教学策略，增强学习动力

采用多样化的教学策略与方法，以适应不同学员的学习风格与需求。

通过结合讲授、讨论、案例分析、实践操作等多种教学手段，教学设计能够激发学员的兴趣与好奇心，增强学习动力。

教学设计的主要工作内容

在ADDIE模型中，教学设计是一个复杂而细致的系统环节，也是整个模型最为核心的部分。一般来说，进行教学设计的主要工作包括：

设定教学目标

根据培训需求分析的结果，为课程设定符合需求且遵循SMART原则（具体、可衡量、可实现、相关、有时限）的多级教学目标。

梳理课程结构

根据教学目标，将课程主题进行模块化拆解，并通过结构化梳理，形成逻辑清晰、层次分明，且匹配教学目标的课程大纲。

收集课程内容

为课程所涉及的每一个模块准备适当的知识内容，确保内容能够支持教学目标的实现。

设计教学策略

根据教学目标、教学内容，为课程设计合理的教学策略，让内容能够以恰当的方式有效传达，从而实现教学目标。

以上四项教学设计的主要工作，都可以通过AIGC进行辅助。在本章展开的论述中，我们会逐一讲解每项工作的具体要求，以及AIGC的相关应用。

第一节

目标先行——用AIGC辅助
设定课程教学目标

回想一下,在你过去的教学过程中或者工作、生活的场景中,是否遇到过或听说过下面这样的对话:

在你或其他人讲解完一个知识点之后,满怀期待地问对方:"会了吗?"

对方一脸沉思和犹豫,然后缓慢地回答:"会了。"

在这种对话场景中,学员真的理解了吗?这个问题的正确答案是:不知道。因为"会"与"不会"都没有一个明确的评估和衡量标准。因此,在设计课程时,我们需要预设一个对方"学会了"所对应的标准状态,通过对方可观测的行为表现及其具体程度,来判断对方是否真正学会。

在第二章中,我们介绍了一个经典的ABCD教学目标模型,通过受众、行为、条件、程度四个要素来设定"学会"的标准。具体来说,这四个要素的内容如下:

A(Audience),受众

受众是课程的学员,即教学对象。在教学目标中,应明确地写出受众的身份。只有明确了受众,才能在后续的教学设计与课程开发中,以其具体状态、工作环境、技能基础为依据,提供有针对性的教学。

B（Behavior），行为

行为是整个教学目标的核心，要描述受众在学习后能够做出的具体行为。使用动词来描述这些行为，并且为了易于观察和测量，描述行为的动词必须是可观测的外显性动词，如"复述""解释""说明"等。如果写成"理解""感受""知道""了解"这类动词，是不合适的，因为这些无法被观察和测量。

C（Condition），条件

条件是对学员发生和展示具体行为所处的环境和条件的描述。一般可以描述行为所处的环境、使用的方法工具、面对的人、面临的问题明确程度等。在不同的条件下，行为可能会有所不同。

D（Degree），程度

程度是对行为本身的程度或成果的量化描述，用于判断行为是否达标。一般可以用数量、时间、距离、速度、准确度等维度进行描述。在教学目标中，程度必须是可以被衡量或测算的。

设定课程教学目标的注意事项

在为课程设定教学目标时，首先要保证教学目标四个要素的正确性，除此之外，还要注意教学目标的现实性、与培训需求的关联性以及多级教学目标的层次性。

教学目标四要素的正确性

设定课程教学目标时，四个要素必须准确而规范地进行撰写，确保受众是明确而聚焦的一个群体，行为用显性的动词来描述，条件不能缺失和错误，以及程度必须可以测量。

教学目标的现实性

在设定教学目标时，切忌将目标设定得过高过大而无法实现，要充分考虑课程的内容量及其可实现的效果。

教学目标与培训需求的关联性

课程设计开发的依据是培训需求分析的结果，开发一门课程就是为了满足培训需求，让受众能够弥补现状与理想状态之间的差距，因此，课程的教学目标必须与培训需求相匹配。

多级教学目标的层次性

一门课程需要有一个总的教学目标，而课程的每一个模块，也都需要有模块对应的教学目标，我们称之为二级教学目标，而在模块或章节之下，每个小节也可以设定三级的教学目标。这三个级别的教学目标要自上而下、自下而上，形成彼此关联的层级结构。

三个级别的教学目标数量，及其对应的课时并不是固定不变的。它取决于多种因素，如课程的性质、教学目标的设计原则、学员的年龄和认知水平、教学内容的复杂程度等。但为了方便记忆，可以参考这个范围：一门课程的二级教学目标在3~7个之间，平均1课时可以设定一个二级教学目标，而一个二级教学目标下，一般可以设计2~5个三级教学目标。这样既能保证教学目标的具体性和可操作性，又能避免因目标过于繁多而导致的教学混乱。

AIGC 在设定教学目标中的应用

经过我们的测试，在大多数大语言模型的数据库里，是存在关于ABCD教学目标相关内容数据的。但如果直接让AIGC来撰写教学目标，经常会出现一些不规范的情况，例如，采用的动词不是外显性的动词，或者受众不明确、条件缺失、程度不可衡量等问题。

所以，如果希望通过AIGC来辅助设定教学目标，可以采取分步投喂的方式来进行。首先，把撰写教学目标的标准要求及正确示例上传投喂给AIGC，让它进行学习。其次，上传培训需求分析报告并告知它相应的要求，让它来生成教学目标。最后，生成完毕之后，还要记得对AIGC给出的结果进行仔细的评估和修订。

整理标准资料投喂AIGC

在这一步，可以首先整理一份关于ABCD教学目标撰写标准的本地文档，上传文档，并配合下面一段提示词让AIGC来学习：

我上传的文档是一份教学设计中撰写教学目标的ABCD模型资料，请你先阅读并学习一下，我会在下一条指令中给你一份培训需求分析报告，需要你根据教学目标的撰写标准，帮我撰写出针对培训需求的分级教学目标。

文档上传后，AIGC会给出简短的回应，到这里，投喂工作就完成了。

上传培训需求，生成教学目标

接下来的工作，就是让AIGC根据培训需求分析的结果，以及我们对课程的具体要求，来生成分级的教学目标。

我们以第三章中，通过问卷法获得的制造业员工对AIGC工具应用的培训需求分析报告为例，上传给Kimi并配合这样一段提示词：

角色：你是一个资深企业内训师。

背景：上传的文档是刚才提到的培训需求分析报告，我要根据这个培训需求，设计3小时的面授内训课程。

目标：你需要帮我明确一下这门课程的各级教学目标。

任务：请帮我分层次撰写细化到三级的教学目标，具体要求如下：

1.第一级目标是课程的总目标，第二级目标是每一章的目标，第三级目标对应章节中的每一小节。

2.每一级教学目标都要符合教学设计中的ABCD模型原则，特别注意行为描述要使用可观测的外显动词，条件是对行为发生所处条件的描述。

Kimi给出的结果是这样的，如图4-1所示。

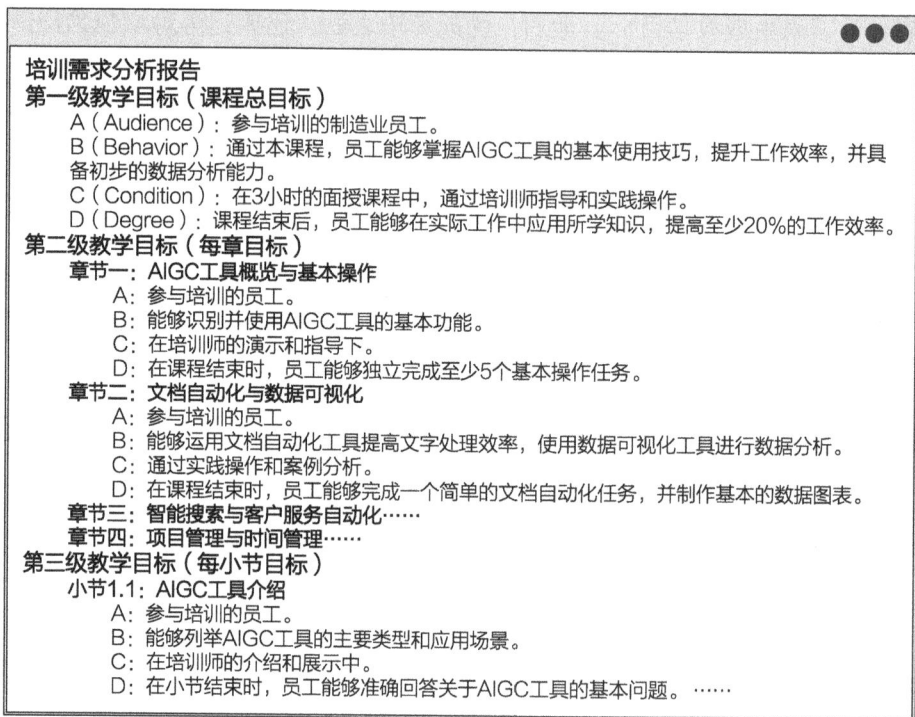

培训需求分析报告
第一级教学目标（课程总目标）
　A（Audience）：参与培训的制造业员工。
　B（Behavior）：通过本课程，员工能够掌握AIGC工具的基本使用技巧，提升工作效率，并具备初步的数据分析能力。
　C（Condition）：在3小时的面授课程中，通过培训师指导和实践操作。
　D（Degree）：课程结束后，员工能够在实际工作中应用所学知识，提高至少20%的工作效率。
第二级教学目标（每章目标）
　章节一：AIGC工具概览与基本操作
　　A：参与培训的员工。
　　B：能够识别并使用AIGC工具的基本功能。
　　C：在培训师的演示和指导下。
　　D：在课程结束时，员工能够独立完成至少5个基本操作任务。
　章节二：文档自动化与数据可视化
　　A：参与培训的员工。
　　B：能够运用文档自动化工具提高文字处理效率，使用数据可视化工具进行数据分析。
　　C：通过实践操作和案例分析。
　　D：在课程结束时，员工能够完成一个简单的文档自动化任务，并制作基本的数据图表。
　章节三：智能搜索与客户服务自动化……
　章节四：项目管理与时间管理……
第三级教学目标（每小节目标）
　小节1.1：AIGC工具介绍
　　A：参与培训的员工。
　　B：能够列举AIGC工具的主要类型和应用场景。
　　C：在培训师的介绍和展示中。
　　D：在小节结束时，员工能够准确回答关于AIGC工具的基本问题。……

图4-1　Kimi生成的分级教学目标

生成结果评估与修订

在AIGC完成生产后，我们需要根据实际的需求和情况，对结果进行评估。实际上，在本案例中，这份分级教学目标的生成结果，存在一些问题：

第一，出现无关内容。这份目标最主要的问题是"混进了奇怪的东西"，第四章的项目管理和时间管理相关内容，与课程的主题关联性较弱。

第二，排序不合习惯。生成的大纲顺序并没有采用我们习惯的线性结构，即没有把每一个二级目标所包含的三级目标紧跟着展开，而是所有二级目标列完之后再列三级目标。

第三，目标撰写有误。所有的目标都是分开四个要素来写的，并没有整合成一句完整的描述，而且部分目标的四个要素还存在错误，彼此之间也有关联不强或重复的情况。

之所以在此展示一个不完全正确的生成结果，目的是展示一种常态，也就是AIGC生成的结果，往往无法完美满足我们的需求，这种有对有错的情况是最常出现的。

所以再次提醒，在AIGC应用能力的第三级，我们要能够准确评估判断结果，并进行有效修正。我们既不能全盘接受AIGC的答案，也不宜完全否定AIGC的结果，要能够准确判断正误的部分，并根据错误反推和修正输入，或者通过追问澄清来调整输出。

例如本例中，出现项目管理和时间管理相关内容的原因，是上传的培训需求分析报告中有对应的描述。而要解决这个问题，可以修改报告，也可以修改提示词。当然，如果不打算在课程中讲解这些内容，那无视多余的教学目标也没问题。

如果要解决生成结果非线性的问题，只需要在提示词里增加一句对生成顺序的要求即可。

而针对目标撰写不完全正确的问题，一方面可以进一步优化投喂的基础资料，给它更多正确的参考，另一方面需要对教学目标的撰写规范有着正确的认知，在AIGC生成结果的基础上，能够准确判断不正确的部分并进行修订。

第二节
结构清晰——用AIGC辅助梳理课程大纲

在使用AIGC生成了课程对应的各级教学目标，并经过人工的评估和修订之后，我们就有了一份关于课程脉络的大致框架。但这并不等同于课程大纲，而只是对课程内容主题的分级罗列。我们还需要在此基础之上，进一步细化拆解出一份能有效实现教学目标的课程大纲。

所以在梳理课程大纲时，我们可以依据第二章中提到的两个基础模型来梳理：

金字塔原理：这是课程大纲从整体到局部都要符合的基础模型。遵循这个模型的课程大纲，会结构非常清晰。

库伯学习圈：在符合金字塔原理的基础上，这是一个能够更符合学员学习习惯的模型。课程内容顺序按照库伯学习圈来组织，会让学习体验更加完整。

接下来，我们了解一下这两个基础模型。

金字塔原理

我们在进行课程开发时，可以利用金字塔原理来梳理课程大纲，从而显著提升大纲的逻辑性、条理性和清晰度，这有助于培训师和学员更好地理解和把握课程内容。

要让课程做到逻辑清晰，应当遵循金字塔原理的四大原则：

结论先行

在课程设计的初始阶段，应当明确并突出课程的核心结论或主要观点。这样学员能够迅速抓住课程的重点，形成对整体内容的初步认知框架，为后续的学习提供方向。

以上统下

在构建课程内容时，应确保每一个子论点或知识点都是对上一层论点或主题的支撑和解释。通过这样的组织方式，学员可以清晰地看到各部分内容之间的联系。

分组归类

为了避免课程内容的杂乱无章，需要将相似或相关的知识点进行分组归类。分组归类不仅有助于简化课程内容，使其更加易于理解和记忆，还能够帮助学员构建完整的知识体系，形成对课程内容的全面把握。

逻辑递进

在课程内容的安排上，应遵循逻辑递进的原则，可以按照流程顺序、重要度顺序、难度顺序等逐步展开。充分考虑学员的认知规律和学习特点，合理安排教学顺序和难度梯度，这可以帮助学员逐步建立对知识的理解和应用能力。

结合课程开发的实际，我们可以在补充一些课程环节后，绘制出这样的课程金字塔结构图，如图4-2所示。

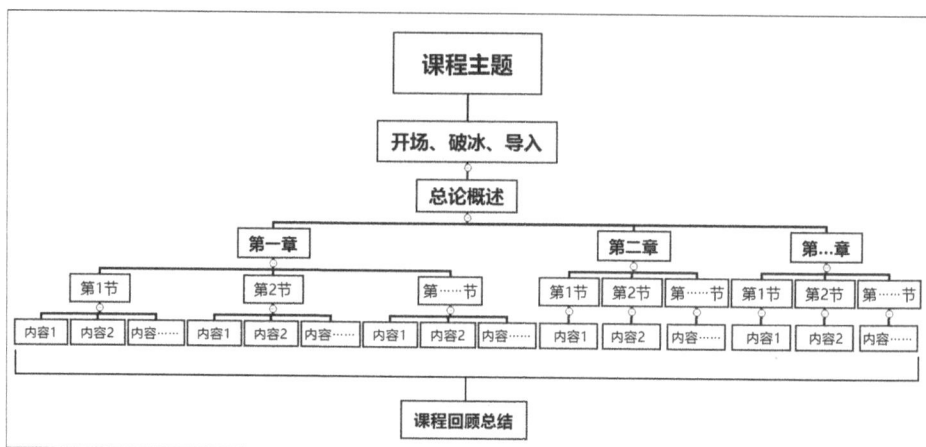

图4-2　课程金字塔结构图

对比这张结构图我们发现，之前梳理的教学目标和图中的结构是有对应关系的，三级教学目标分别对应了总论概述、章标题、节标题，而没有涉及每节的具体内容，并且缺少了开场、破冰、导入环节，以及课程回顾总结环节。

所以在梳理结构时，需要在教学目标的基础上，进一步展开三级目标，补充必要环节，以及把目标转化为课程结构的标题。

库伯学习圈

在按照金字塔原理梳理课程大纲前，我们还需要思考如何让课程更适合学员的学习习惯，这就涉及第二个模型——库伯学习圈，如图4-3所示。

库伯学习圈理论认为，学习过程是一个循环的、适应性的过程，由四个阶段构成：具体经验、反思性观察、抽象性概念和主动实践。

具体经验

具体经验是指个体通过直接或间接的体验获得原始素材。例如，学员通过实际操作、观察或参与某个活动，获得具体的感知和体验。

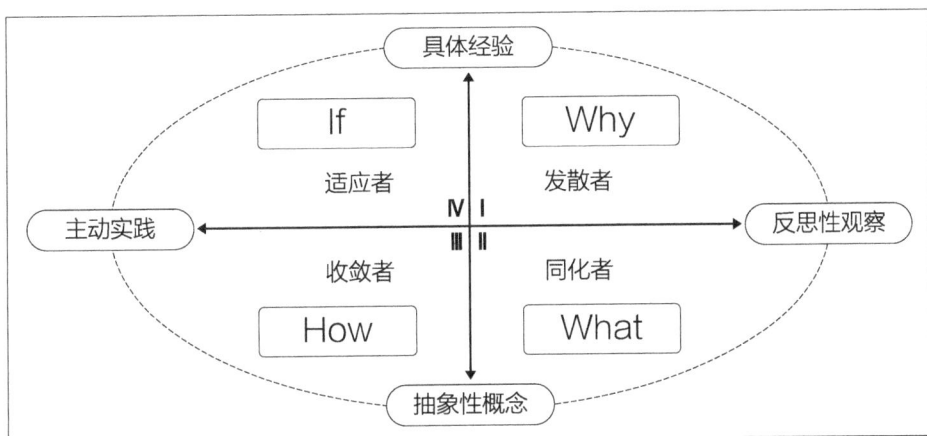

图4-3　库伯学习圈

反思性观察

反思性观察是指个体对具体经验进行观察和反思，从中提取出有价值的信息和经验教训。这一阶段要求个体从不同的视角和假设出发，对所经历的事件进行深入思考。

抽象性概念

抽象性概念是指个体将反思性观察中获得的经验和信息进行系统化和理论化处理，形成抽象的概念或理论。这一阶段要求个体对经验进行归纳总结，提炼出一般性的规律和原则。

主动实践

主动实践是指个体将抽象概念应用到新的情境中，通过实际行动验证和检验这些概念的有效性。这一阶段要求个体将理论付诸实践，通过行动来验证和巩固所学的知识。

库伯学习圈理论强调，学习是一个循环的过程，各个阶段都是相互支持和依存的，只有当学员经历了完整的四个阶段后，才能真正实现知识的掌握和能力的提升。

学习应该从哪一个阶段开始？这取决于学员本身的学习风格。库伯学习圈的四个阶段形成的象限，把学员分成了四类不同的风格。

发散型学员（Diverger）

该类学员通常习惯先获得学习的理由和原因。他们会从具体经验中感知信息、收集信息，并对信息进行思考和加工。该类学员往往在有了足够的学习理由和原因后，会有充分的学习动机来驱动自己学习。

同化型学员（Assimilator）

该类通常习惯先了解理论和概念。他们使用抽象的思维方式感知信息，对信息进行组织和整理，并做出思考和加工。该类学员往往需要采用细节性、顺序性的教学来逐步学习。

收敛型学员（Converger）

该类学员通常习惯于从主动实践和行动开始。他们使用抽象的思维方式感知信息，并将抽象信息和理论实践进行结合，进行验证尝试。该类学员比较关注实际问题和操作，具有较强的实践能力。

适应型学员（Accomodator）

该类学员通常会有天马行空的冒险性尝试和思考。他们会从具体经验中感知信息，并主动以教授他人、变换场景等方式进行实践探索。该类学员的思维和学习方式都非常灵活。

每类学员，最佳的学习起点就是从其所处的象限对应的学习阶段开始，即发散型学员从反思性观察开始，同化型学员从抽象性概念开始，收敛型学员从主动实践开始，适应型学员从具体经验开始。而对应各个起点的内容类型，可以简单总结为Why、What、How和If。需要注意的是，无论从哪个阶段开始学习，都要完整地完成四个学习阶段。

在实际的课程开发过程中，我们面对的学员不止一种风格，而课程的起点只有一个，无法兼顾所有人的习惯，那么该如何开始呢？我们建议从"Why"开始组织内容，这个通用的起点可以帮助学员首先理解学习这门课程的目的和意义，激发他们的学习兴趣和动力，为后续的其他内容学习提供保障。这个起点对于各类学员、各种课程主题，都是能够满足需求的。

规范的课程结构大纲

在我们明确了金字塔原理的结构原则，并且按照库伯学习圈的逻辑设计出明确的课程起点与学习阶段之后，一份规范、完整并且有效的课程结构大纲就呼之欲出了。

需要注意的是，课程的结构首先要符合金字塔原理，在此基础上，库伯学习圈的应用层级比较灵活。我们既可以按照库伯学习圈来安排章节和模块的内容顺序，又可以在每一章中，按照一个较小的库伯学习圈来安排每个小节的内容顺序，还可以进行嵌套应用。

图4-4和图4-5是一些可以参考的课程大纲结构图。

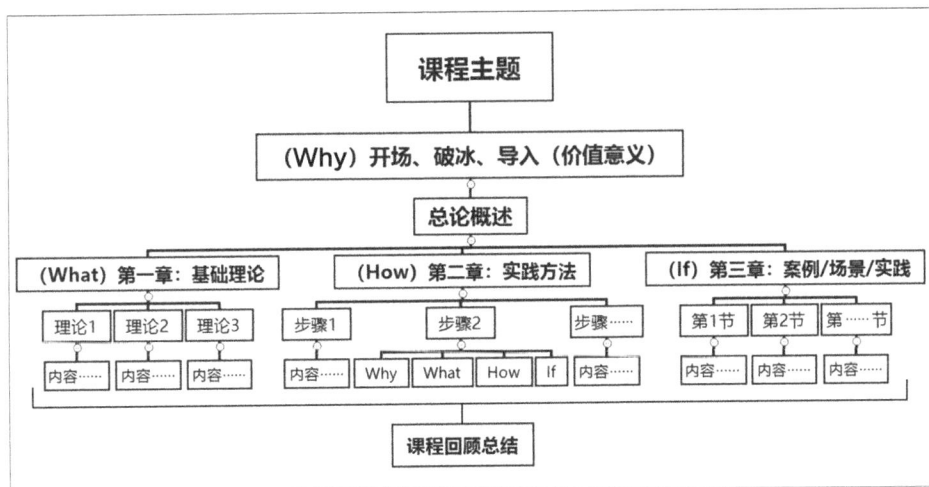

图4-4　双模型结合的通用课程结构图

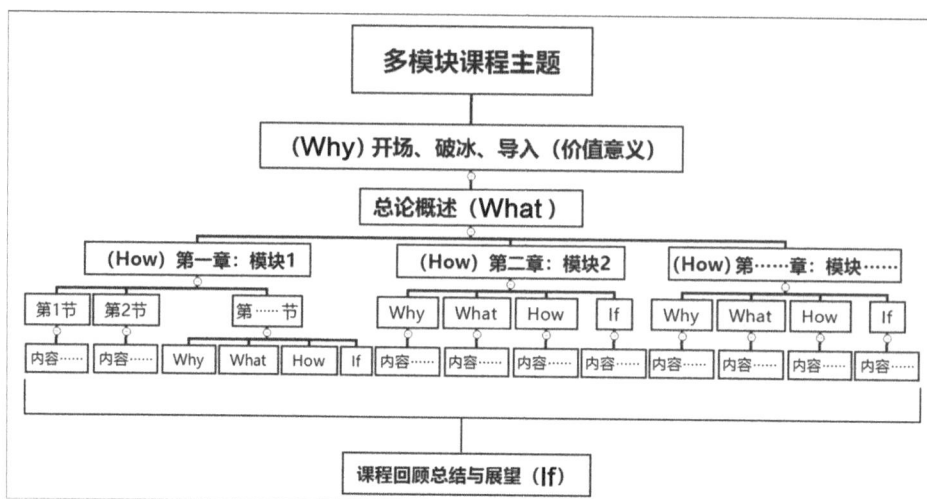

图4-5 双模型结合的多模块课程结构图

可以看到，这样的课程大纲在之前三级教学目标的基础上，至少又进一步拆解了一级内容，即我们在梳理课程大纲时，大纲应尽量细化至四级目录标题。

用 AIGC 辅助梳理课程大纲的实操

现在，我们可以尝试用AIGC来辅助我们梳理课程大纲。在开始前，请先思考一下这个任务的输入和输出：我们手里有哪些资料、信息？其中AIGC知道哪些，不知道哪些？需要给AIGC提供怎样的输入？提出怎样的要求？这些问题如果思考清楚了，即便没有提示词模板，也能够设计出有效的指令让AIGC完成任务。

一起来梳理一下当前的已知情况：

- 已有的基础资料：分为三级的教学目标。
- 已经清楚的信息：课程的主题、课程的时长、受众的大致范围。
- 应遵循的原则：金字塔原理、库伯学习圈。
- 应遵守的规范：完整的课程大纲模块、大纲应细化到四级标题。

在这些已知情况中，如果与之前设定的教学目标处于同一个对话窗口内，那么AIGC能够了解课程的三级教学目标，以及主题、时长、受众等信息，可以直接通过继续提问来利用这些信息。但如果开启新的对话窗口，则需要先将这些信息整理成语料文档，以便投喂。

至于课程的主要金字塔原理和库伯学习圈两个原则，经过我们的询问和测试，大多数AIGC大语言模型都有所了解，但它们各自的数据源和了解的深度存在差异。因此，可以准备一些符合课程设计场景的基础文档进行投喂，或者提出具体的要求。

至于完整的课程大纲模块和四级标题这两个规范，需要我们明确地作为输入信息告知AIGC。

通过以上的分析，我们就可以继续在Kimi生成教学目标的对话窗口继续追问：

角色：你是一个资深教学设计师。

背景：你刚才生成的三级教学目标中，前三章可以作为课程的内容，课程的时长不变。

目标：你要根据前三章的教学目标梳理课程结构。

任务：请输出一份课程大纲，具体要求如下：

1.课程大纲要补全必要的课程环节，如开场、破冰、导入、概述以及回顾总结等。

2.课程大纲要细化到四级目录标题，即（一级）课程主题、（二级）章标题、（三级）节标题、（四级）内容标题。

3.梳理大纲时要遵循金字塔原理的原则。

4.课程大纲的内容顺序，要遵循库伯学习圈的原则，从导入开始，按照Why、What、How、If的模块来组织全课的各章顺序。

最终，Kimi给我们列出了这样一份课程大纲，如图4-6所示。

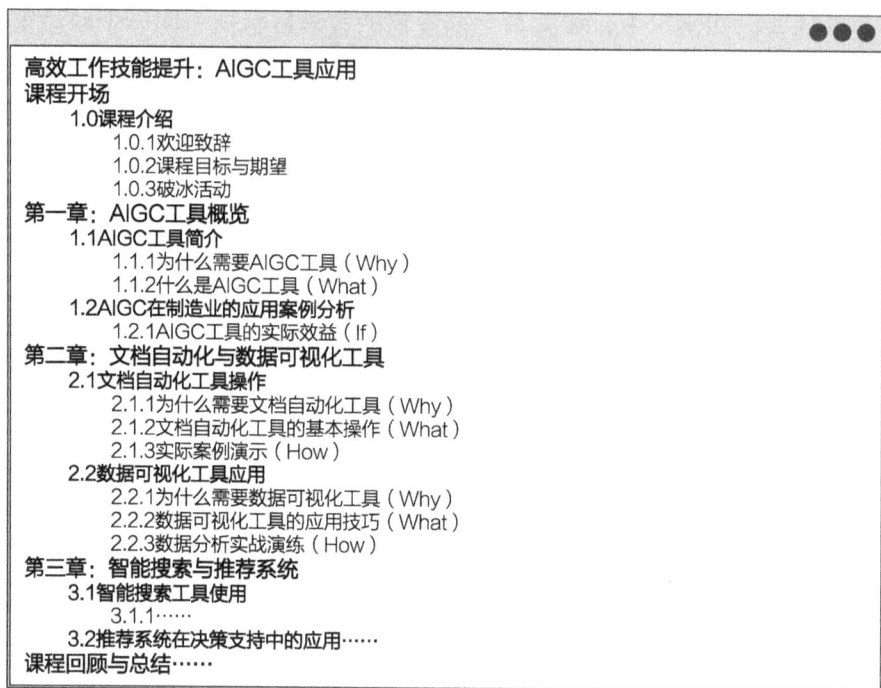

图4-6　Kimi生成的课程大纲

对于这份大纲，你有何评价？请不要直接回答"行"或"不行"。你可以尝试用满分100分的标准来为这份大纲打分，接着找出扣分的原因和具体内容，然后根据自己的理解进行修改，以期达到一份满分的大纲。

第三节

内容充实——用AIGC展开整理
课程知识与各类内容

在课程的教学目标明确，并且结构大纲梳理清晰之后，接下来要做的教学设计动作，便是为课程准备支持目标达成的具体知识内容。

在一门课程中，我们需要准备哪些知识内容呢？如果对知识的分类进行探讨，已经有大量的前辈以各种各样不同的维度和视角对知识进行了分类。

例如，按知识的性质分为显性知识和隐性知识；按知识的功能分为描述性知识、规范性知识、因果性知识；按知识的形式分为概念性知识、原理性知识、程序性知识、关系性知识。

这些不同维度的知识分类方法，我们可以扩展学习作为自己的知识储备。在课程设计过程中，我们可以根据来源，区分和准备课程所需的知识内容。一般来说，一门课程中的内容分为三大主要来源：实践经验萃取、内部文件转化、外部资料内化。

实践经验萃取

实践经验萃取知识是指从个人或集体的经验中提炼出有价值的信息和知识的过程。这个过程能将萃取对象头脑中的隐性知识进行提炼和整理，形成可记录和传播的显性知识。

在课程的知识内容中，通过实践经验萃取获得的知识是一个非常重要的来源，尤其是在技能型、操作型或问题解决型的领域中。它能够获取在通用学科和公开渠道中没有的专属经验知识，并转化为组织的核心竞争力。

在萃取经验时，我们可以通过一系列流程化的方法步骤和结构化的工具，将复杂的主题分解，并萃取出其中的具体知识。在企业培训场景中，最常用的方法是任务分析法。

任务分析法的具体步骤如下：

步骤1：明确描述任务

工作任务的标准定义是工作中有成果输出的最小单位。

一般描述工作任务时，可以用"动词+宾语+限定词"的格式。例如"结算顾客购买商品的货款"，其中"结算"是动词，"货款"是宾语，"顾客购买商品的"是限定词。

明确描述任务后，还要明确任务的执行人，可以是一个岗位，也可以是一类人群。任务的执行人既是寻找萃取标杆对象的依据，又是课程的受众对象。例如"结算顾客购买商品的货款"这个任务，执行人就是超市收银员。我们可以对资深的收银员进行萃取，最终萃取出的内容，也会用于对更多收银员的培训当中。

步骤2：限定任务边界

一个工作任务要有明确的开始和结束标志，以及可衡量的成果输出。所以接下来，我们就需要对这个任务的开始、结束、输入、输出这四个边界进行限定。

任务的开始和结束标志用于限定任务在时间方面的边界，可以确定相应的时机信号，或者标志性的启动和结束动作。例如"结算顾客购买商品的货款"这个任务的开始和结束标志，分别可以设定为"顾客到达收银台"和"顾客离开收银台"。

任务的输入和输出则是任务所加工处理的对象，通过任务能够将输入转化为输出。在示例任务中，输入是"未结账的商品"，输出则是"成功收到货款"。

步骤3：拆分任务步骤

接下来，要根据实际完成步骤的过程，将步骤拆分成三到七个颗粒度均匀的具体步骤。步骤的描述也可以用"动词+宾语+限定词"的句式，其中限定词也可以视情况省略。

在示例中，我们可以把"结算顾客购买商品的货款"这个任务，拆分为迎接顾客、拣货扫码、收结货款、装货送客四个步骤。

步骤4：萃取步骤知识

把一个任务拆分步骤之后，就可以针对每一个步骤来萃取对应的知识内容，即能够支持完成这个步骤所需的应知应会、偏差对策和经验诀窍。应知应会是完成这一步所必须知道的知识和必须掌握的技能；偏差对策是步骤实施过程中可能出现的各类问题、错误及其解决方案；经验诀窍则是能够提高效率、改善效果、降低难度或成本的技巧。

这样的萃取过程，是将任务纵向切段、横向切片进行网格化处理后，针对每个网格单元进行萃取的，能有效降低萃取难度。最终，我们可以形成一份针对任务的分析萃取表格，如图4-7所示。

任务分析表

任务界定	执行人	超市收银员			
	开始标志	顾客到达收银台			
初始输入		结算顾客购买商品的货款			

步骤序号	步骤描述	应知应会	偏差对策	经验诀窍	输出成果
步骤1	迎接顾客	迎接顾客的话术规范；肢体动作规范；语气表情规范；询问是不是会员的话术；识别本超市会员卡；算清本次方式的话术；询问顾客是否需要购物袋的话术标准	顾客忘记是否有卡：可通过姓名/手机号查询；顾客会员卡忘带遗失：本次结算可用手机号录入，告知顾客可到服务台补卡	以折省钱、会员权益、回馈活动为抓手拉动无卡顾客办理会员卡；提前观察顾客商品数量和品类，便于推荐相应尺寸	
步骤2	拣货扫码	拣货动作规范；拣货如注意轻拿轻放；需要解磁的商品类别；解磁的操作方法；查看顾客购物车/篮中是否有未结算商品；扫码机的使用方法；商品条码位置	顾客遮挡购物车、自带物品或商品未摆上柜台：用礼貌规范话术请顾客将商品接上柜台；顾客临时不要某商品：存放于等待区处理；商品条码损坏无法扫描时：多打/漏打商品：呼叫值班经理输入；手动输入确认修改	多个同类/同规格商品可输入数量仅扫一件快速录入	
步骤3	收结款	结算确认报价的标准话术；可选择的收款方式：现金、POS机刷卡（储蓄卡/借记卡、信用卡等）、第三方支付（微信、支付宝、闪付等）、超市礼品卡/储值卡的收结规定与方法；货币真伪的辨别方法；顾客要开发票时告知服务台的方法	收银机故障、重启、呼叫值班经理，POS机扫码枪扫码仪故障：重启，请顾客换其他支付方式，呼叫值班经理处理；顾客支付假币：用规范话术请客更换；顾客要更换，请顾客更换；如发现可疑，及时呼叫值班经理或报警		成功收到货款
步骤4	装货送客	帮助顾客将商品装好的方法；当顾客要买多个购物袋时，食品与其他商品分开装；食品与其他商品分装话术规范、送别顾客的话术规范、语气表情规范		送别顾客时可告知近期的促销活动，吸引顾客再次前来	
结束标志		顾客离开收银台			

| | | 未结账的商品 | | | |

图4-7 任务分析法萃取结果示例

内部文件转化

在许多课程中，都包含了源自企业内部文件的知识内容。然而，我们不能简单地将这些文件直接复制粘贴到课程中，而应该根据课程的教学目标，对这些文件进行转化和加工。这样做可以将抽象的概念、复杂的操作指南以及公司的文化与战略转化为易于理解和应用的学习材料。

以下是常见的内部文件类型及其转化为课程内容的方法。

产品理论场景化

产品理论场景化旨在将理论知识与实际应用场景相结合，让员工不仅了解产品的"是什么"，更重要的是掌握"怎么用"。

例如，研发部门的工程师需要了解如何根据市场需求设计和优化产品；生产线上的一线工人需要知晓如何确保生产安全，遵循质量控制标准；销售人员需要知道如何向客户准确地推荐和介绍产品；售后服务人员需要掌握如何高效地进行产品的维修和保养；最终，这些知识也将传递给客户，教会他们如何选择和使用产品。

通过这种方式，理论知识变得生动具体，便于员工在实际工作中应用。

操作手册演示化

传统的图文手册虽然提供了详细的步骤指导，但静态的文字和图像难以完全传达操作的细节。因此，将操作手册转变为视听演示是增强培训效果的有效手段。

在培训课程中，可以采用TWI-JI工作指导模式，通过准备、传授、练习和验收四个步骤，结合视频演示和实地演练，能够让员工更加直观地理解操作流程，快速掌握技能要点。特别是对于复杂工序或危险操作，动态展示和模拟实践，有助于员工减少误解和误操作的风险，提高工作效率和安全性。

企业文化具象化

企业文化不仅是挂在墙上的标语或口号，更是组织的核心价值观和行为准则的具体体现。

通过讲述真实的案例，展示企业文化的实践成果，如客户至上的服务理念、诚信进取的商业道德、国际视野的经营策略等，可以使抽象的文化理念变得鲜活可见。进一步地，通过明确的标准和可测量的结果，确保每位员工都能将企业文化落实到日常行为中，实现知行合一，形成积极向上的工作氛围。

组织战略关联化

组织的战略目标需要层层分解，转化为各部门乃至个人的具体工作指标。这一过程要求将宏观的战略意图细化为微观的执行方案，并通过培训等方式，使员工理解自身工作的意义及其对实现组织目标的贡献。

通过建立个人绩效与组织战略之间的联系，不仅能够激发员工的积极性，还能够确保所有人的努力方向一致，共同推动企业的长远发展。

规章制度行为化

规章制度不应仅仅是冷冰冰的文字规定，而是要转化为员工日常行为的一部分。这意味着将规章制度提炼为具体的行为描述，明确告诉员工应该做什么、不应该做什么，并明确讲解相应的奖惩机制。

通过正反案例的学习，加深员工对规章制度的理解，促使其自觉遵守规定，维护良好的工作秩序。这种做法不仅有助于构建合规的企业环境，还能促进企业文化的建设和传承。

外部资料内化

外部资料也是课程内容的一个重要来源，通过有效转化，可以为课程注入新鲜的知识血液，提升员工的眼界，以及专业技能和业务能力。

外部资料主要包括图书资料、网络资料和公开课资料。

图书资料

经典的图书往往具有足够的深度和系统性，是非常好的外部资料来源。选择图书时，应考虑作者的权威性、出版时间的新颖性以及出版社的信誉度。

在转化图书资料时，了解图书的前言、目录和代表章节，可以帮助我们快速把握图书的主题内容。

需要注意的是，图书资料也不应直接照抄照搬，而应尝试根据图书中的理论和内容构建自己的逻辑框架，将图书内容拆解成可以应用于实际工作的知识点，避免断章取义，应重构图书内容的意义，使其更贴合企业需求。

网络资料

网络资料因其覆盖面广、更新速度快而备受青睐。利用社交网络、专业论坛、行业博客、在线课程平台等多种渠道，可以获取到更加丰富且针对性强的信息。

公开课资料

公开课作为一种开放教育资源，提供了大量高质量的教学内容。选择适合企业需求的公开课进行转化，可以快速提升员工的专业素养。

AIGC 在准备课程内容中的应用

针对三类课程内容的来源，AIGC都能够在一定程度上提供辅助和支持。

其中，实践经验萃取的内容，由于其专属于具体的任务、问题解决及行为表现，具有独特性，往往在AIGC的大数据中没有相应的内容，所以

AIGC能够提供的辅助一般在提供建议、参考等方面。而内部文件转化和外部资源内化时，AIGC可以通过分析文件和AI搜索的功能，快速准备出具体的内容。

AIGC辅助实践经验萃取

在使用任务分析法时，AIGC很难直接给出和专家隐性经验相匹配的具体内容，但可以在投喂任务分析法相关要求后，让AIGC给出大数据中包含的类似工作的参考内容，我们自己再在此基础上进行修订。

举个例子，我们把前文中的任务分析法的文字整理成文档并上传给Kimi，输入下面这一段提示词：

角色：我是一个<u>银行</u>的内训师。

背景：我要给银行柜员准备一门<u>"为用户办理基础业务"</u>的内训课程，其中有一个内容是<u>"为用户办理开户"</u>，需要萃取这个任务所需的知识点。上传的文档是如何萃取的方法介绍。

目标：你需要帮我完成萃取工作。

任务：请根据萃取的方法和步骤，给我输出一份萃取结果，格式要求如下：

1.明确任务名称和执行人。

2.罗列出任务的开始、结束标志，以及输入和输出成果。

3.列出每一个步骤，并分别写出步骤对应的应知应会、偏差对策、经验诀窍。

随后，本着让对话进行下去的原则，Kimi提供了下面这样一份结果，如图4-8所示。

当们找到一位银行的资深内训师朋友，把这个结果给她评价时，这位老师的评价是这样的，如图4-9所示。

1.任务名称和执行人
　　任务名称：为用户办理开户
　　执行人：银行柜员
2.任务的开始、结束标志，以及输入和输出成果
　　开始标志：用户到达银行柜台并表示要办理开户业务
　　结束标志：用户拿到银行卡和相关开户文件，柜员完成所有开户流程
　　输入成果：用户的身份证明文件（如身份证）、开户申请表
　　输出成果：开户成功的银行卡、账户信息确认单、相关服务协议
3.任务步骤及对应的知识点
　　步骤一：迎接用户
　　　　应知应会：柜员需了解银行的接待礼仪，包括微笑服务、礼貌用语等。
　　　　偏差对策：如果用户显得不耐烦或有情绪，柜员应保持耐心，用平和的语气安抚用户。
　　　　经验诀窍：提前准备一些轻松的话题，如天气、银行最近的活动等，以缓解用户的紧张情绪。
　　步骤二：核实用户身份
　　　　应知应会：柜员需掌握如何验证身份证件的真伪，以及核对用户身份信息。
　　　　偏差对策：遇到身份信息不符或证件有疑点时，应立即报告上级，并根据银行的程序处理。
　　　　经验诀窍：在核实身份时，可以向用户解释为何需要这些步骤，以增加透明度和信任感。
　　步骤三：指导用户填写开户申请表
　　　　应知应会：柜员需熟悉开户申请表的每一项内容，并能指导用户正确填写。
　　　　偏差对策：如果用户在填写过程中有疑问，柜员应提供帮助，确保信息的准确性。
　　　　经验诀窍：准备一些常见问题的解答清单，以便快速响应用户的疑问。
　　步骤四：录入用户信息
　　　　应知应会：柜员需熟悉银行的信息系统，能够准确无误地录入用户信息。……
　　步骤五：设置账户密码……
　　步骤六：发放银行卡和相关文件……
　　步骤七：结束服务并送别用户……

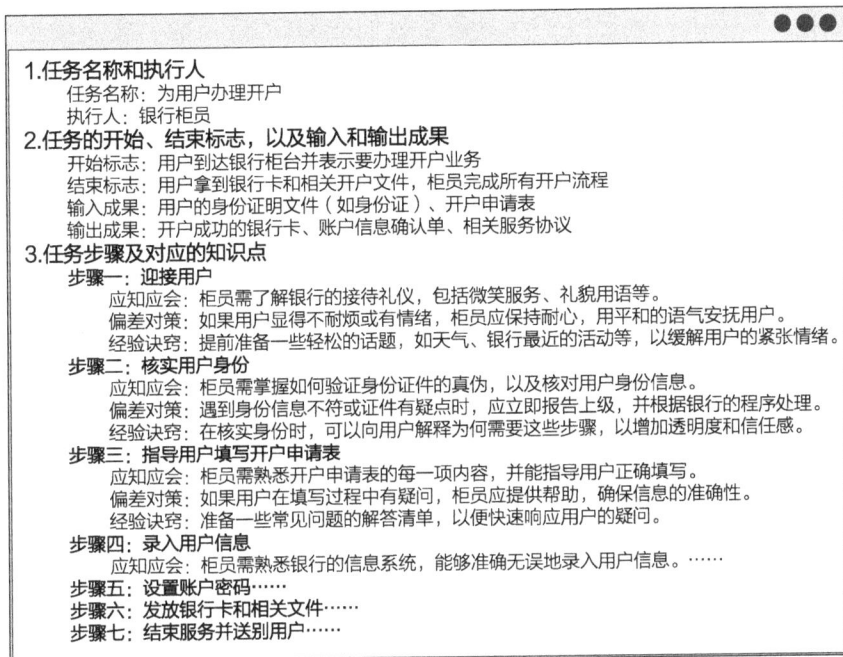

图4-8　Kimi萃取结果示例

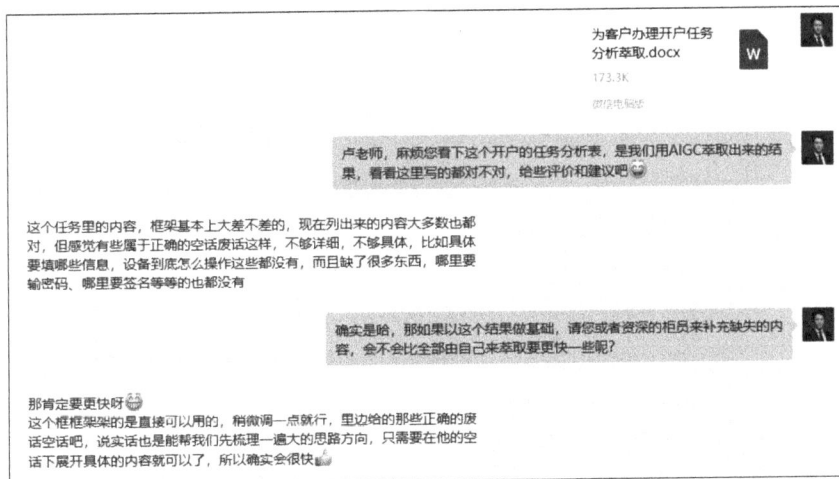

图4-9　专业人士对AI萃取的评价

　　这位老师的评价非常中肯且清晰。虽然在聊天中我们得知她之前并没有太多接触AIGC，但从AIGC给出的答案中可以看出其框架的可用性和思路的可参考性，并且能够明确人类如何在AIGC生成的结果基础上进行加工

和延续。实际上，她已经初步具备了我们在AIGC应用能力发展模型中提到的第五级——场景拆解的能力，能够精准地拆解复杂问题，并高效协同AIGC分步共创。这也是我们希望能够具备的思维模式。这种拆解和分工的思维模式，可以让AIGC在我们的工作中覆盖更多场景和领域，为我们提供支持和辅助。

回到这个示例，我们不仅可以让AIGC从头开始给出一个相对完整的结果，也可以在任务分析的中途介入提供帮助。例如，我们可以自己对任务的描述、边界和步骤进行拆分，这样得到的框架会更符合实际情况。然后，我们再让AIGC对每个步骤进行萃取。

尽管在各个步骤中AIGC写的内容不够细致，但我们仍然可以通过追问的方式，让其展开某个知识点，以提供更为详细的参考。

我们追问一下：

<u>银行接待礼仪</u>这个知识点，帮我展开讲解一下。

很快Kimi给出了展开的内容，如图4-10所示。

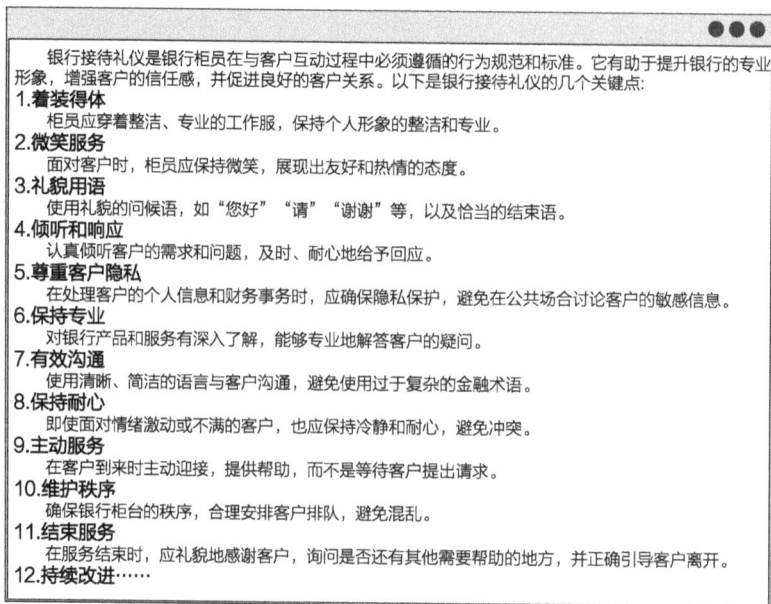

图4-10　Kimi展开的知识内容

用AIGC转化内部文件

在对内部文件进行转化时，我们只需将待转化的内部资料上传给AIGC，并告知它课程的受众、主题，以及在课程中要讲解的内容范围和要求，便能快速从文件中提炼出对应内容。

以一个制度为例，我们将制度上传给AIGC，并配合提示词来要求提炼内容。这一次的工作中，我们选择使用文心一言来生成：

角色：我是一个企业内训师。

背景：我在准备一门对车间新员工讲解的入职必修课，其中包括对员工的安全和纪律要求一节，上传的文档是相应的制度。

目标：我需要从制度中提炼出课程的具体内容。

任务：请帮我整理制度文件，提供课程中所需的内容，具体要求如下：

1.不要只摘录制度条文，而要将制度的规定和受众的行为关联起来，说明允许做什么、鼓励做什么、禁止做什么，以及相应的奖励或惩罚。

2.要提取制度中针对课程受众的内容，并且整理成课程里要讲解的知识内容。

文心一言给出的结果，很好地将制度条文转化为可以用于培训的知识内容，如图4-11所示。

用AIGC内化外部资料

使用传统方法内化外部资料时，需要我们付出大量的时间来阅读、学习、分析、摘取和整理，但随着AIGC的出现，这些工作中的基础繁杂任务完全可以通过AIGC来代替我们完成。

借助AI搜索功能，我们不仅可以在培训需求分析的资料法中收集资料，也可以在准备课程内容时针对一个主题来整理资料。

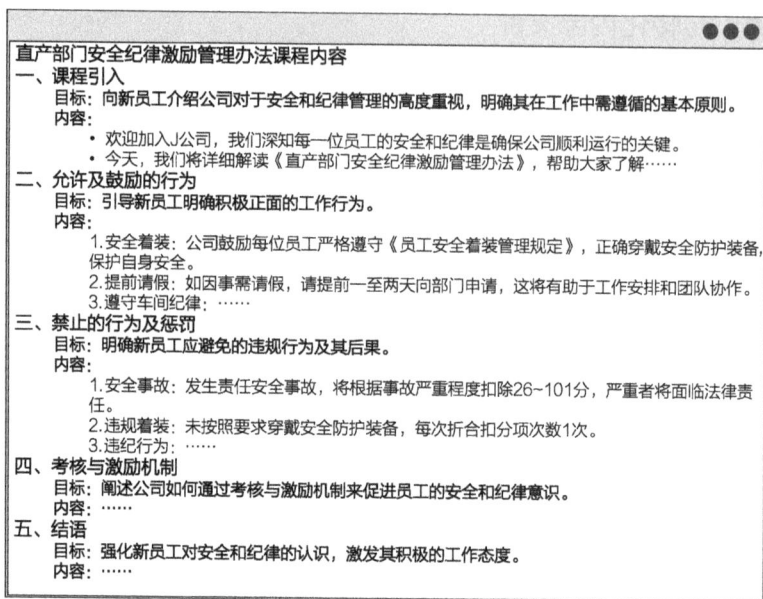

图4-11 文心一言将制度转化为培训内容

举个例子，要开发一门团队管理类的课程时，工作安排技巧是非常常见的知识点。我们可以用AI搜索工具来快速整理所需的内容。这次示例中，我们用天工AI来尝试一下，如图4-12所示。

图4-12 天工AI搜索操作

输入一个主题并点击"搜索"后，天工AI从24个网页来源中整理出2000余字，包括技巧概述和三个焦点问题的深入研究的详细内容，如图4-13和图4-14所示。

团队管理中的工作安排技巧

内容由 AI 生成，不能保证真实

✦ 研究模式   完成全网搜索，参考24个信源并总结 ⌄

💬 回答

在团队管理中，有效的工作安排是确保项目按时完成和团队效率最大化的关键。以下是一些基于最新搜索结果的工作安排技巧：

明确目标和计划

制定明确的项目目标和详细的工作计划，包括任务的起止时间、工作量和优先级。确保每个团队成员都清楚自己的任务和项目的整体方向。 ⌄

了解团队成员能力

根据团队成员的专业技能、经验和兴趣分配任务，这有助于提高工作效率和成员的工作满意度。 ⌄

分配合理的工作量

避免任务集中在少数成员身上，平衡工作负荷，以提高整个团队的效率。 ⌄

提供明确的工作指导

确保团队成员了解任务的具体要求和预期结果，提供必要的支持和资源。 ⌄

鼓励团队合作

建立有效的沟通机制，鼓励团队成员之间的合作与交流，共享信息和资源，促进任务的高效完成。 ⌄

监控和调整

定期检查任务进度，及时调整计划以应对可能出现的问题，确保项目按计划进行。 ⌄

激励和认可

对团队成员的工作表现进行及时的反馈和奖励，以激励他们的积极性和努力。 ⌄

持续改进

根据项目的实际情况和团队的反馈，不断调整和改进工作安排策略，以适应变化的需求和情况。 ⌄

通过实施这些技巧，团队管理者可以更有效地分配和管理工作任务，从而提高团队的整体表现和项目成功的可能性。

图4-13　天工AI整合结果——初步

深入研究

如何根据团队成员的专业技能和兴趣分配任务？

根据团队成员的专业技能和兴趣分配任务是确保项目成功的关键步骤。以下是根据搜索结果得出的具体方法：

1. **了解团队成员的能力和兴趣**：在分配任务之前，应充分了解每个成员的专业背景、技能和兴趣爱好，这有助于将任务分配给最适合的人员，提高工作效率和质量。 ✓

2. **制定明确的任务目标**：确保每个任务都有明确的目标和预期结果，这样团队成员可以理解任务的重要性和优先级，并知道如何完成任务。 ✓

3. **考虑资源和时间限制**：在分配任务时，要考虑团队可用的资源和时间限制，避免任务分配不合理导致的工作过载或资源浪费。 ✓

4. **多样化的分配原则**：可以根据团队成员的专业领域分配任务，也可以根据任务的紧急程度和重要性进行分配，确保关键任务得到优先处理。 ✓

5. **监控任务进展和提供支持**：分配任务后，项目经理需要监控任务的进展，并为团队成员提供必要的支持和帮助，及时调整任务分配以应对项目变化。 ✓

6. **建立有效的沟通渠道**：确保团队成员之间有良好的沟通和协作，及时共享进展、问题和解决方案。 ✓

7. **灵活调整人员分工**：在项目进行过程中，根据需要和团队成员的能力进行重新分派，以适应新的情况。 ✓

8. **定期评估和反馈**：通过定期的绩效评估和反馈，了解团队成员的表现和进展，并对人员分工进行调整和改进。 ✓

通过上述方法，可以确保任务分配既能发挥团队成员的专业优势，又能激发他们的工作热情，从而提高团队的整体表现和项目的成功率。

图4-14 天工AI整合结果——深入（部分）

而输出的结果下，同样有脑图、大纲和生成PPT的功能，如图4-15所示。

图4-15 天工AI附加功能

　　除了AI搜索，在内化外部资料过程中，我们同样可以将图书、论文、报表等内容整理成文档，再用类似于内部文件转化时的提示词，来让AIGC帮我们根据课程的受众、主题和要求，提炼和转化资料中适合课程的内容。

在明确了课程内容萃取的常用方法，并掌握了AIGC这一强大工具的应用技巧后，我们便能迅速且高效地为课程收集并整理所需内容。

然而，值得注意的是，尽管AIGC能够极大地提升效率，但人的智慧与经验仍是不可或缺的。在利用AIGC生成的内容时，我们应保持审慎态度，结合实际情况进行修订和完善，确保知识的准确性和实用性。

第四节
策略得当——用AIGC丰富课程教学策略

到这里，我们已经完成了课程的目标设定、大纲梳理和内容收集。但是，如果只是平铺直叙地讲授，那么到现在为止的成果和努力，大概率会浪费掉一多半。

在课程设计中，我们需要设计出讲课时采用的教学顺序和教学方法，即设计课程的教学策略，通过丰富有效的策略，让内容更为有效地传达，从而实现教学目标。

在教学设计领域，有两种非常经典的教学策略设计方法：加涅教学九步法和五星教学法。我们可以运用这两种方法进行教学策略的设计，并借助AIGC帮助我们提升效率。

加涅教学九步法

加涅教学九步法是由美国教育心理学家罗伯特·加涅提出的一种教学设

计模式。在《教学设计原理》一书的第十章——教学事件中，加涅将学员的学习过程进行了分析，并针对学习过程的九个阶段，总结出能够有效支持对应阶段的教学事件，分别是：

1. 引起注意：通过提问、展示引人关注的示例等方式吸引学员的注意力。

2. 告知目标：明确告知学员本课程的学习目标和预期成果。

3. 激活记忆：帮助学员回忆相关的先前知识和经验，为新知识的建立打下基础。

4. 呈现内容：将课程内容以清晰、简洁的方式呈现给学员。

5. 提供指导：给学员提供必要的支持和引导，使之能够更好地理解课程内容。

6. 诱发表现：让学员进行实践和应用，以便加深对课程内容的理解和掌握。

7. 提供反馈：及时对学员的表现给予正向或负向的反馈，帮助他们了解学习进展和需要改进的地方。

8. 评价表现：通过测试、作业等方式评估学员对课程内容的掌握程度。

9. 促进转化：通过复习、拓展和实践等方法，帮助学员将所学知识应用到不同场景中并加强记忆。

针对每一个教学事件，都有适合的教学策略匹配。我们将常用的教学策略和对应的教学事件进行匹配，总结出了如表4-1所示的关系。

表4-1　常用的教学策略和对应的教学事件匹配表

	提问	测试	讲故事	讲解	举例	示范	练习	点评	回顾	作业
引起注意	√	√	√		√					
告知目标				√						
激活记忆	√	√	√							

续表

	提问	测试	讲故事	讲解	举例	示范	练习	点评	回顾	作业
呈现内容		√	√							
提供指导				√	√	√		√		
诱发表现	√	√			√		√			
提供反馈	√	√		√				√		
评价表现		√					√	√		
促进转化									√	√

在使用加涅教学九步法设计教学策略时，我们需要按照课程大纲目录，将每个标题对应到相应的教学事件，并为其匹配合适的教学策略。

五星教学法

戴维·梅里尔提出的首要教学原理，俗称"五星教学法"，同样是在企业培训中常用的一种教学方法。

梅里尔的"五星教学法"围绕着"聚焦问题"这个核心环节，展开后续四个关键的教学阶段，这些环节和阶段形成了一个不断重复的循环圈：

1. 聚焦问题（Problem-Centered）：以问题为导向，提出与教学内容相关的实际问题，引起学习兴趣和好奇，明确学习的目标和意义。

2. 激活旧知（Activation）：激活学员已有的相关知识和经验，帮助他们将新知识与旧知识联系起来，为新学习打下基础。

3. 展示新知（Demonstration）：通过实例、论证或演示清晰地展示新知识，确保学员能够理解并将新概念或技能具体化。

4. 应用新知（Application）：提供机会让学员在受控环境下应用新学的知识或技能，通过练习加深理解。

5. 融会贯通（Integration）：引导学员将新知识融入他们的知识体系中，通过反思和综合应用促进深层次学习，确保学员能灵活运用所学解决实际问题。

几个教学阶段各自适合的常用教学策略如下：

1. 聚焦问题：提出挑战性问题促使学员深挖；案例研究讨论聚焦问题；情景模拟演练找到问题。

2. 激活旧知：通过启发式问题或情境来激发兴趣；回顾之前学过的相关内容，建立与新知识的联系；分享个人经验或相关故事；案例研究或真实问题情景识别已知内容。

3. 展示新知：直接讲解或解释新的概念或程序；使用多媒体资源展示；演示如何解决特定问题或完成任务；分享专家的经验或观点。

4. 应用新知：设计模拟练习或角色扮演活动；组织小组讨论；提供问题集或案例；游戏化学习。

5. 融会贯通：鼓励反思，并讨论如何将其应用于不同场景；行动项目或研究报告；实施实习或实地考察；安排展示学习成果。

在使用五星教学法来设计教学策略时，同样可以按照课程大纲目录，将每个标题划分进入对应的教学阶段，并选择合适的教学策略进行匹配。

AIGC 在丰富教学策略中的应用

在教学设计的最后阶段，我们已经积累了足够的基础资料。因此，这一步只需通过确认或投喂标准方法，再提供课程大纲，就可以直接让AIGC帮助我们为课程匹配教学策略。在完成教学策略匹配后，我们还可以依据这些策略，对内容进行相应的改造。

确认或投喂标准方法

加涅教学九步法和五星教学法是两种经典的教学策略设计方法，但并不是所有大型模型的数据库中都进行了收录。因此，在开始前，我们可以先询问一下大模型，是否知道我们选择的方法，并根据答案判断它是否了解，如图4-16和图4-17所示。

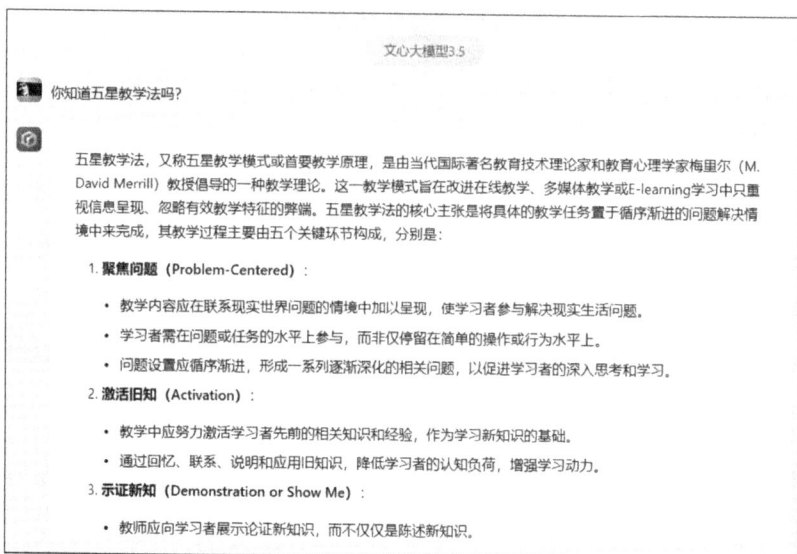

图4-16　文心一言五星教学法认知

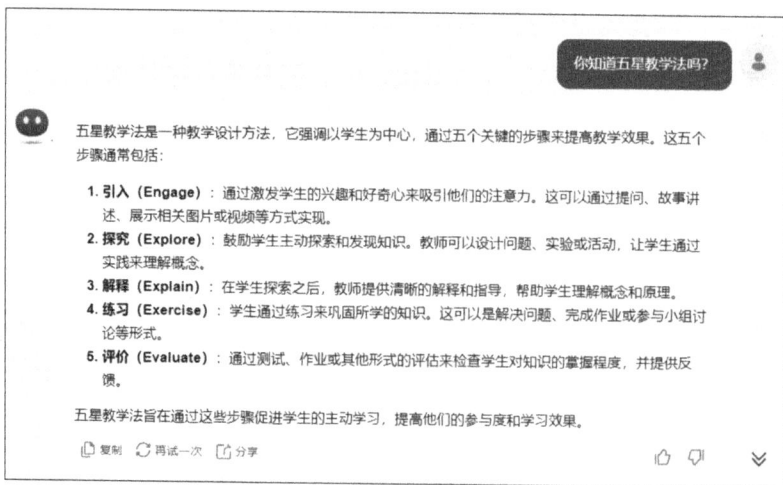

图4-17　Kimi五星教学法认知

　　从回答结果来看，文心一言的认知与我们所需要的一致，而Kimi所给出的答案并不是我们所要采用的五星教学法。所以，在类似这种大模型并不知道的情况，要么更换一个已知的大模型，要么就需要先把标准的方法整理成文档，上传给大模型让它学习，并告诉它将在下一条指令中请它按照这个方法来设计教学策略。

提供大纲生成教学策略

在确认或投喂了要采用的教学方法之后，我们就可以把大纲提供给AIGC，让它帮助我们生成教学策略表。

我们使用了解五星教学法的文心一言，以本章第二节所生成的课程大纲为例，进行教学策略的设计。参考的提示词如下：

角色：你是一个精通五星教学法的教学策略设计大师。

背景：上传的文档中有一份包含三个课时的课程大纲。

目标：你需要根据这份课程大纲设计每节课的教学策略。

任务：请依次输出三个课时各自的教学策略设计表，具体要求如下：

1.按照五星教学法的教学阶段来排列大纲顺序。

2.以表格的形式输出，表格各列依次为序号、教学阶段、时间、教学内容、教学方法、教学资料。

最终，文心一言针对每一个课时都给出了一个教学策略设计表，如图4-18所示。

序号	教学阶段	时间	教学内容	教学方法	教学资料
第一课时：AIGC工具概览					
1	聚焦问题	5分钟	引入AIGC工具在工作中的应用场景	情境模拟，展示实际案例	AIGC工具应用视频、工作场景图片
2	激活旧知	10分钟	回顾自动化、智能化技术基础	小组讨论，分享经验	自动化、智能化技术基础PPT
3	展示新知	20分钟	AIGC工具简介与重要性	培训师讲解，PPT展示	AIGC工具介绍PPT、演示视频
4	应用新知	15分钟	分析AIGC在制造业的应用案例	案例分析，小组讨论	制造业AIGC应用案例资料
5	融会贯通	10分钟	总结AIGC工具的实际效益	总结讨论，Q&A	课程总结PPT，互动问答环节
第二课时：文档自动化与数据可视化工具					
1	聚焦问题	5分钟	引入文档处理与数据可视化的挑战	展示常见问题场景	文档处理与数据可视化挑战视频
2	激活旧知	10分钟	回顾办公软件基础操作	提问，快速回顾	办公软件基础操作手册
3	展示新知	……	……	……	……
第三课时：智能搜索与推荐系统……					

图4-18　文心一言生成的教学策略表

根据教学策略改造内容

在为课程的各个环节匹配了合适的教学策略后，我们会发现不同的策略要求我们对教学内容采取不同的呈现方式。因此，接下来要根据教学策略来对内容进行改造。

例如，在示例策略表的第一课时中，聚焦问题的环节需要展示实际案例。AIGC建议我们用视频形式来展示，那么我们就可以将之前收集的资料进行视频化的改造。

我们使用秘塔搜索，以"AIGC在制造业中的应用案例"为关键词，整理了一份3000余字的详细内容。随后，把这些内容的文档上传给AIGC，并配合改造成为视频文案的提示词。

角色：你是一个教学视频文案大师。

背景：你要为一门"高效工作技能提升：AIGC工具应用"的课程准备一段视频素材，来向学员展示AIGC在制造业中的应用场景，上传的文档中是这个主题对应的详细内容，你可以参考。

目标：视频素材要能够让学员聚焦了解AIGC工具在制造业中的具体应用场景，并意识到AI时代已经到来。

任务：请写出这段视频素材的文案，具体要求如下：

1.文案内容要基于上传的文档中的内容。

2.文案讲稿的总字数控制在800~1000字。

3.语气要亲切，措辞要有鼓励性。

AIGC就能根据要求，为我们生成一份视频文案。这种撰写视频文案的能力属于AIGC的"基础通用能力"，因此任何大模型都能够产出不错的结果。以下是腾讯元宝给出的答案，如图4-19所示。

【视频文案】
[开场画面：温馨的办公室环境，阳光透过窗户洒在书桌上，电脑屏幕闪烁着AIGC的Logo]
旁白（温暖而富有磁性）：大家好，欢迎来到"高效工作技能提升：AIGC工具应用"课程。在这个充满无限可能的AI时代，每一份技术的革新都在深刻改变着我们的工作方式。今天，就让我们一起踏上一场探索之旅，揭秘AIGC如何在制造业中大放异彩，引领未来生产的新篇章。
[画面切换：展示制造业工厂场景，自动化生产线高效运转]
旁白：提到制造业，你可能会想到繁忙的生产线、精密的机器设备，以及那些为提升效率不懈努力的工程师。但你知道吗？如今，AIGC——人工智能生成内容技术，正悄然改变着这一切。它不仅仅是创意的加速器，更是制造业智能化升级的关键力量。
[画面展示：研发设计环节]
旁白：首先，让我们走进研发设计的奇妙世界。AIGC技术能辅助设计师快速实现创意，比如，通过集成式虚拟设计师AI助手，设计师可以在短时间内完成复杂的设计任务，大大缩短了设计周期。同时，AIGC还能生成衍生设计，为工程师提供源源不断的灵感，加速产品创新步伐。这不仅是设计效率的提升，更是创意与科技的完美融合。
[画面展示：生产制造自动化场景]
旁白：接下来，看生产制造环节。想象一下，一条智能生产线，它能根据实时数据自动调整参数，实现生产的无缝衔接。某知名汽车制造商正是借助AIGC技术，实现了生产线的全面自动化和智能化。这不仅仅是生产力的飞跃，更是对传统生产模式的颠覆。
[画面展示：仓储物流自动化仓库]
旁白：再来到仓储物流，这里同样见证了AIGC的神奇。智能仓储管理系统能够实时跟踪货物，精准预测需求，优化库存结构，减少积压和过剩。想象一下，库存盘点和分类不再依赖人工，而是由AI精准完成，这是多么高效和便捷啊！
[画面转至经营管理界面，数据图表跳动]
旁白：经营管理方面，AIGC更是大显身手。通过交互式报告生成，AI能识别报告中的潜在问题，建立风险预警和审计机制。这不仅仅是数据的堆砌，更是智能决策的基石。……
[画面展现多场景融合，AIGC赋能制造业全面升级]……

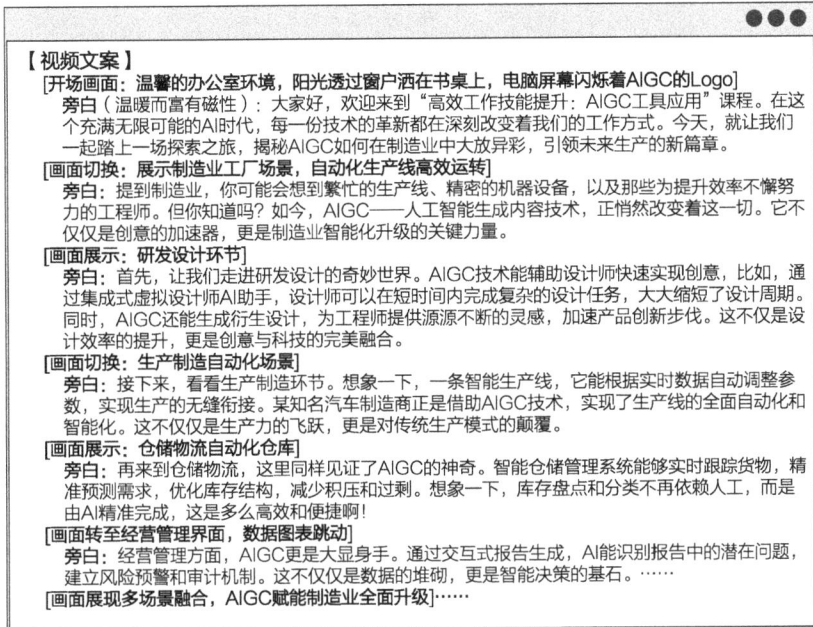

图4-19　腾讯元宝撰写的视频文案

除了视频文案，我们还可以利用AIGC将课程内容改造成案例、问题集、讨论主题、实践课题等，以符合教学策略要求的各种形式，使我们的课程内容更有效地传递给学员受众。

与内容准备阶段相同，AIGC提供的各种教学策略也需要我们进行人工审核和修订，确保它们能够匹配学员的特点以及课程的目标需求。

【Development】
用AIGC制作课程资料

第五章

在ADDIE模型的第三个环节中，我们需要根据课程设计的结果，开发出授课所需的各项配套资料。一般来说，一门课程至少需要一份用于授课的PPT。对于规范的课程，还需要配备供更多培训师使用的培训师手册，以及在授课过程中发给学员的学员手册。此外，许多组织对课程资料包的要求还包括课程介绍、培训师介绍、配套工具、习题集、案例集、模板素材库等。

要开发如此多完整而优质的授课资料，以往需要投入大量精力。但有了AIGC工具之后，我们可以借助它们大幅提高效率。

在本章中，我们将重点探讨如何利用AIGC辅助完成授课PPT、培训师手册、学员手册，以及课程和培训师介绍等核心资料的开发。

授课 PPT

授课PPT是大多数课程必不可少的授课资料，既能提示教学重点，提升教学效果，也能牵引培训师授课的逻辑和顺序。

培训师手册

培训师手册能为培训师备课提供详细的内容资料，同时使课程开发者和授课培训师能够相互配合，摆脱课程只能由开发者来授课的困境，这对企业内训或商业培训师团队来说，都具有很高的价值。

学员手册

很多时候，培训师或组织者会把授课PPT直接打印发给学员，这当然也可以，但真正的精品课程，学员手册也是一个重要的学习内容。学员手册中不仅会包含PPT中的重点，还会附加一些相关的学习资料、记录笔记的提示等。

课程介绍与培训师介绍

作为学员接触课程的最初窗口，它们的重要性同样不容忽视。它们不仅是课程品牌的展示，吸引学员兴趣、建立信任感的关键，更重要的是，它们能在组织进行知识管理和师资管理时，作为课程与培训师的基础信息，为组织提供管理依据。

第一节

授课演示PPT——用AIGC快速生成

授课PPT，作为教学舞台上的视觉焦点，其重要性不言而喻。它不仅是培训师传递知识、展示案例的得力助手，更是引导学员思维、聚焦学习重点的桥梁。一个设计精良的PPT能够巧妙地融合文字、图片、表格乃至动画等多种元素，使抽象的概念具象化，复杂的逻辑清晰化，从而显著提升学员的学习兴趣与参与度。

然而，PPT的制作往往耗时费力，很多培训师想要提升自己制作PPT的水平和能力，需要付出大量的学习和练习。而利用AIGC工具，我们可以快速生成授课PPT，极大地减轻了手动制作的负担。

用AIGC工具来生成授课PPT的过程，可以按照以下三个步骤进行：了解选择工具、AI生成底稿、人工修订完善。

步骤一：了解选择工具

工欲善其事必先利其器，想用AIGC来做PPT，首先要选择一款好用的工具。我们评测了国内目前几乎所有可以用来做PPT的AIGC工具，包括讯飞智文、通义PPT创作、AIPPT、iSlide AI、ChatPPT、百度文库、MindShow、WPSAI等。这些工具在原理和生成过程上基本都大同小异，都能根据输入的主题、文字、文档或大纲生成PPT。

为了方便选择，我们将从内容可控度、使用复杂度、功能丰富度和费用成本等方面对比这些工具。

内容可控度

在当前主流的AI生成PPT工具中，iSlide AI、AIPPT、MindShow和ChatPPT支持五级可编辑，即用户可以在生成前编辑主题、章节标题、页面标题、页内要点及要点展开。

其他工具则主要限于前三级编辑。尽管如此，基于强大语言模型的工具如讯飞智文和通义PPT助手，也可以从完整文档中提取内容，用于PPT的细节填充。

使用复杂度

不同工具支持的终端形态有所不同，是否需要额外安装软件，以及是否需要其他基础软件的配合也各不相同，因此使用起来的复杂度也是一个值得权衡的因素，以选择自己用得顺手的工具。

工具的使用复杂度取决于其终端形态和支持的基础软件。例如，WPSAI集成了WPS Office，适合习惯使用WPS的用户；而iSlide AI和ChatPPT作为PPT插件需要单独安装，可能会占用更多系统资源。网页端工具如讯飞智文、通义PPT助手、AIPPT、ChatPPT、百度文库和MindShow无须安装，使用便捷。此外，百度文库和ChatPPT提供了移动应用版本，便于在紧急情况下使用。

功能丰富度

术业有专攻，不同的工具出品方有着不同的背景和业务重心，因此在功能方面也存在一些差异。

从特色功能角度考虑，ChatPPT因其全面的AI辅助功能如添加动画、讲义及多种文件格式支持而脱颖而出。iSlide AI继承了iSlide的素材库和美化工具，并支持自定义模板。AIPPT由爱设计公司开发，以高质量模板和协同设计能力著称。讯飞智文和通义PPT助手擅长文本理解和总结，能精准提炼核心内容。百度文库则凭借海量文档资源提供详尽的内容支持。

虽然各个工具的功能看似百花齐放，但实际上并不是所有功能都用得上，因此我们并不希望给某一个工具"打广告"，或者告诉读者一定要用某一个，而是提供一些可以参考的功能维度，读者可以根据自己的需求来权衡选择，适合的、够用的，才是最好的。

费用成本

最后，成本也可以作为考虑的维度之一。由于AI生成PPT是一个消耗算力资源比较大的过程，研发厂商也是要以营利为目的的，所以工具收费是常态和趋势。

多数AIGC工具采用会员制，如ChatPPT、iSlide AI、AIPPT、MindShow和百度文库，年费约百元，随营销活动波动。部分工具如通义PPT创作和讯飞智文提供免费服务，但功能有限。讯飞智文允许通过邀请新用户获取免费使用权益。考虑到费用随政策变化而调整，建议查看官方报价，根据自身需求选择合适工具。

随着工具的不断升级迭代，以及厂商价格政策的调整，哪个工具"最好用"是实时变化的，但无论如何变化，综合以上四个维度考虑，选择适合自己需求的工具才是关键。

步骤二：AI 生成底稿

选择合适的AI工具之后，就可以用它来生成PPT底稿了。在生成PPT底稿时，不要指望一句话生成的PPT能完全符合我们的要求。在使用AIGC工具生成PPT之前，首先要整理出一份用于输入的课程细纲资料，这份细纲来自课程大纲，但又有所区别，根据工具的不同也会略有不同。我们以iSlide插件为例，录制了一门"AI生成PPT内容硬控术"的微课，包含了整理细纲和AI生成的操作过程，可以扫描二维码观看学习。

总结一下视频中整理细纲的要点，包括整理目录层级/顺序/序号、调整文档段落格式、准备内容要点。

除了iSlideAI，有些AIGC工具在识别标题和内容时，需要使用一些Markdown格式的标记符来提示。其中有三个Markdown格式的标记符需要用到：

"#"用于标记标题的级别，几个"#"就表示几级标题。可以在封面主题前加一个"#"，章节转场标题前加"##"，内容页标题前加"###"。每组标记符和后面的标题文字之间要留一个空格。

"-"用于标记内容段落，可以区分文本框。所以每一段内容要点前，都可以加一个"-"，同样地，标记和标题之间要有空格。

"**"是加粗标记，用于标记重点内容。可以在页面内容中的重点关键词或页内小标题前后各加上"**"标记，"**"和文字之间不需要空格，但"-"和"**"之间要有空格。

举个例子，加入三个标记符后，我们的大纲示例如图5-1所示。

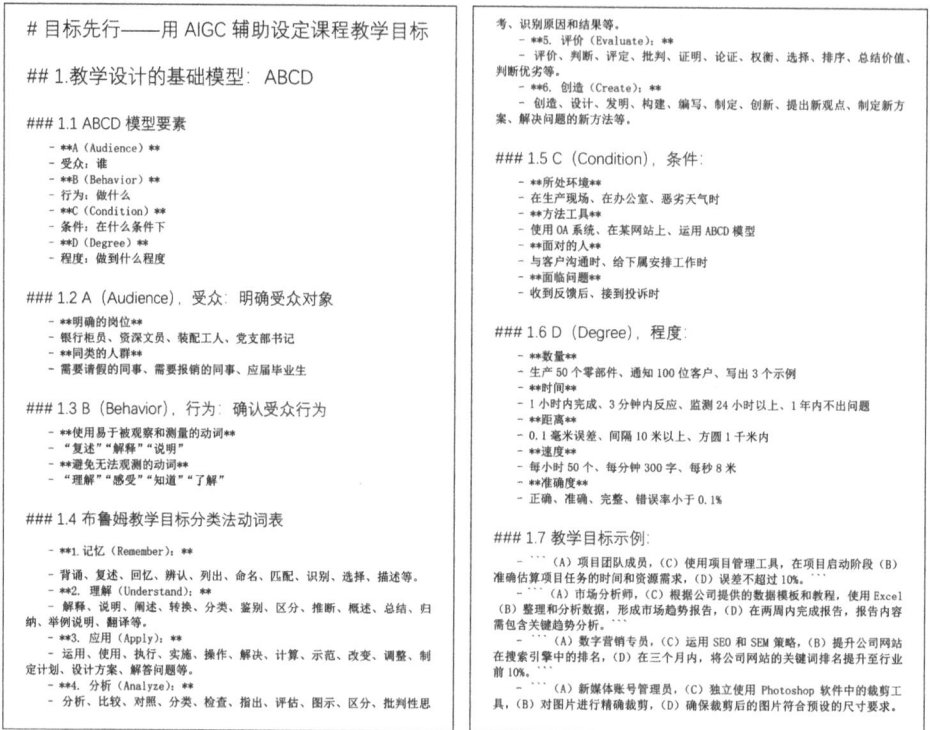

图5-1 添加Markdown标记符的PPT细纲示例

由于选择的工具不同，对格式和Markdown标记符的识别程度也会有所不同。例如，讯飞智文、ChatPPT、嵌入Kimi的AIPPT等工具，都会自动识别Markdown标记符以及序号，并在生成的PPT中自动隐去这些标记符。而像Mindshow、iSlide AI等工具，能够识别Word中的标题级别，但会把Markdown标记符和数字序号也写在PPT里。因此，上述三个段落的调整，可以根据自己选择的工具的具体情况，有选择地添加。

有了课程细纲之后，各个工具的操作与微课中示范的大致相同，但一般都相对简单。各个工具官网也都会有相应的教程，只需把自己的细纲上传之后，根据所选工具的提示一步步操作即可。

步骤三：人工修订完善

虽然AIGC技术能够快速生成一份初步的PPT，但它毕竟只能称为"快手"而非"高手"。生成的PPT虽然在结构和内容上初具规模,但仍可能存在多种问题,如内容偏差、版式不当、文字偏小、图示缺乏或不合适,以及整体排版不够美观等。因此,为了确保最终产出的PPT既专业又高效,我们还需要从以下几个方向入手,对生成结果进行人工修订和完善。

校对修改与细纲内容不符之处

在解析的过程中,AI会对内容进行理解和重新生成,特别是三级深度的工具,其页内内容虽然会以上传的文档为基础,但也会进行改写或扩写,生成的内容有时可能与原始内容有所出入,如遗漏了关键点、添加了无关信息或改变了原有逻辑顺序。

例如,下面这页我们用讯飞智文生成的关于行为的详细页面,原文中的内容是讲解描述行为的动词应是外显性的动词,但讯飞智文扩展出来一些看似相关实则不符的内容,如图5-2所示。

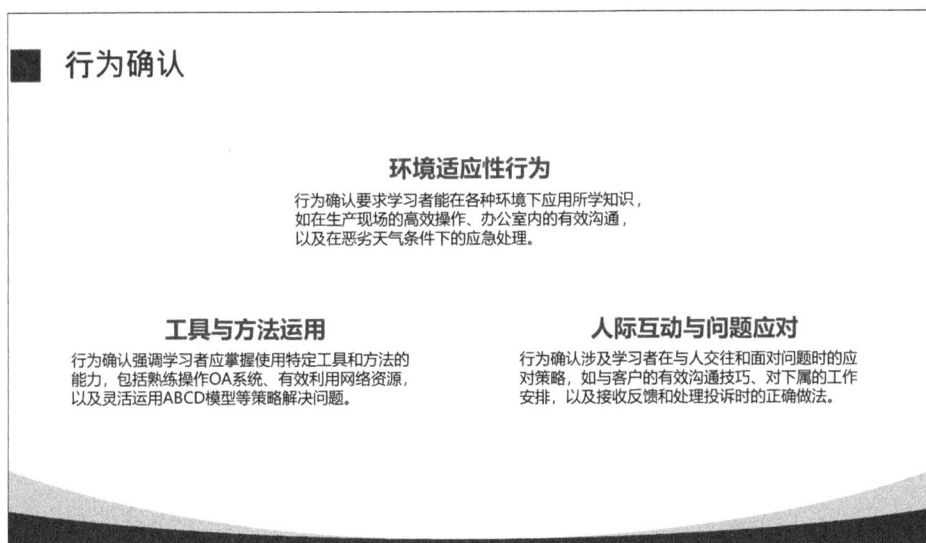

图5-2 内容不符示例

类似这种情况,为了确保PPT的内容与最初的大纲完全一致,没有任何偏差或遗漏,就需要逐一对照大纲和生成的PPT页面,查找不一致的地方。对于遗漏的信息,及时补充;对于多余的信息,果断删除。如果发现逻辑混乱，调整页面顺序或重新组织内容。

一般五级深度的工具不会出现如此明显的不同，但仍要仔细检查确保内容一致。

修改替换单页版式

AIGC生成的PPT版式会根据页内要点数量套用模板，但其逻辑可能并不完全符合要点之间的关系。

例如，我们用Kimi+PPT助手生成的三级教学目标页面，虽然内容正确，但三者的逻辑关系是向下包含的，而不是向上递进的，如图5-3所示。

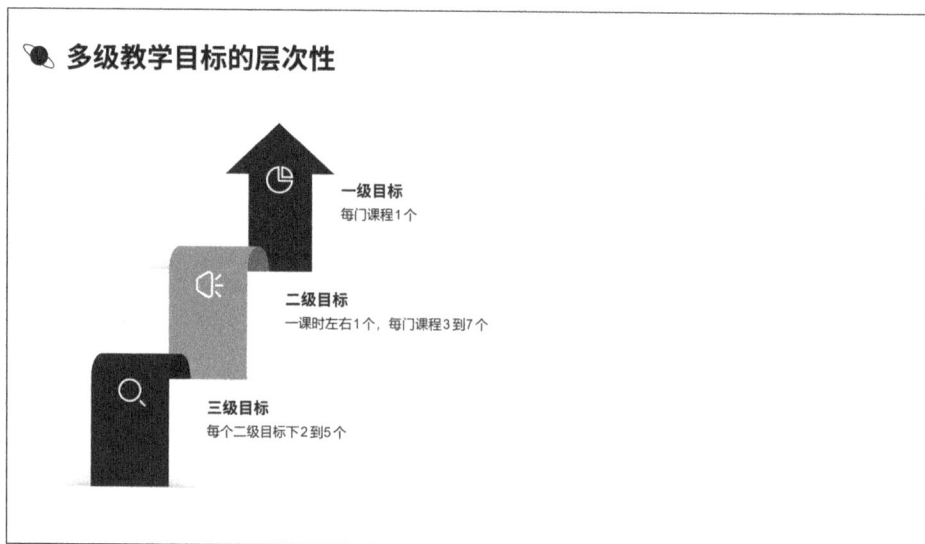

图5-3 版式逻辑不符示例（1）

又如，iSlide AI生成的关于行为程度示例的页面，把并列关系的内容做成了时间轴的模式，这也与内容逻辑关系不符，如图5-4所示。

针对此类情况，需要评估每页的版式是否恰当。如果不合适，可以尝试更换版式。大多数AIGC工具提供了丰富的模板选择和快速的版式切换工具，可以根据页面内容的性质和逻辑关系挑选合适的版式。

D（Degree），程度：行为衡量标准

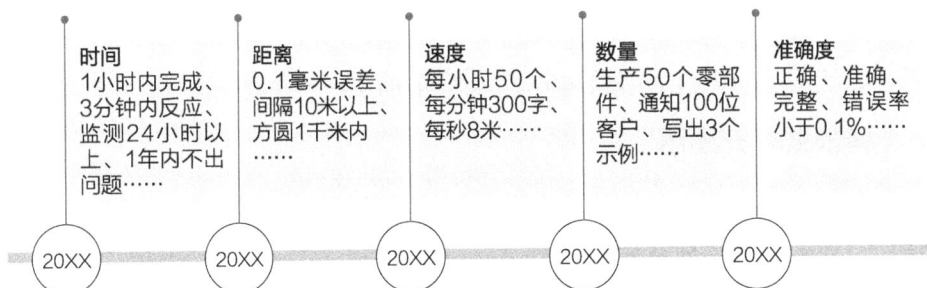

图5-4　版式逻辑不符示例（2）

调整文字字体字号

AI生成的PPT中，文字布局通常是一个标题加上一段详细文字，字号往往较小，这不太符合授课时对文字的粗体、大号、少量原则的要求，有时文字还会和背景颜色相近，影响阅读。

例如，Kimi+PPT助手生成的教学目标示例页中，存在大量留白，六个示例教学目标以小框矩阵排列，字号非常小，如图5-5所示。

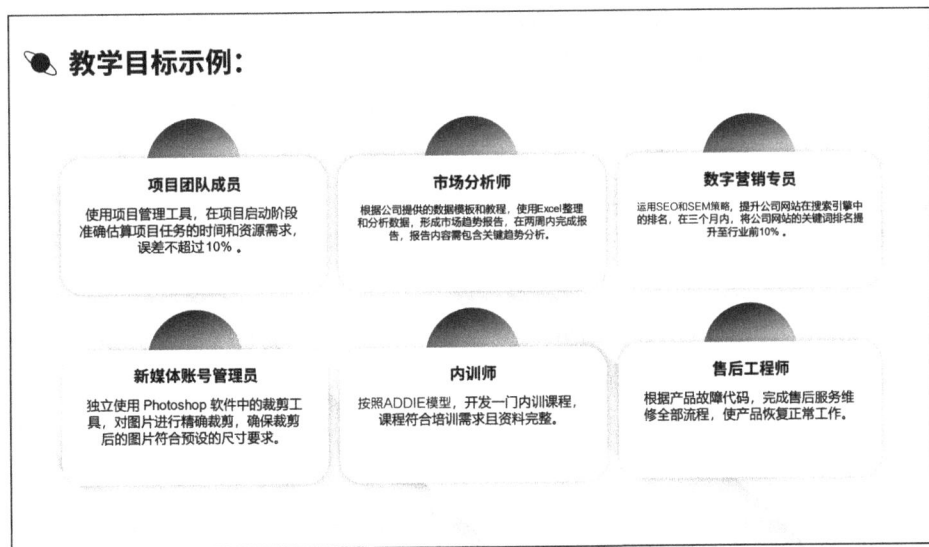

图5-5　字号不适示例

　　针对文字问题，我们一方面要调整排版，以最合适的方式排布文字；另一方面，需要更改为笔画粗壮的字体，加大到屏幕足够看清的字号，并确保文字颜色与其背后的色块有明显对比。

替换或补充图示

　　AI生成的PPT中可能缺少必要的图示或表格，或者现有的图示不够准确，无法有效辅助信息传达。

　　例如，在讯飞智文生成过程中，AI会生成PPT配图，但如下面这一页的配图内容与主体不符合，并且裁剪后完全看不出图中是什么，如图5-6所示。

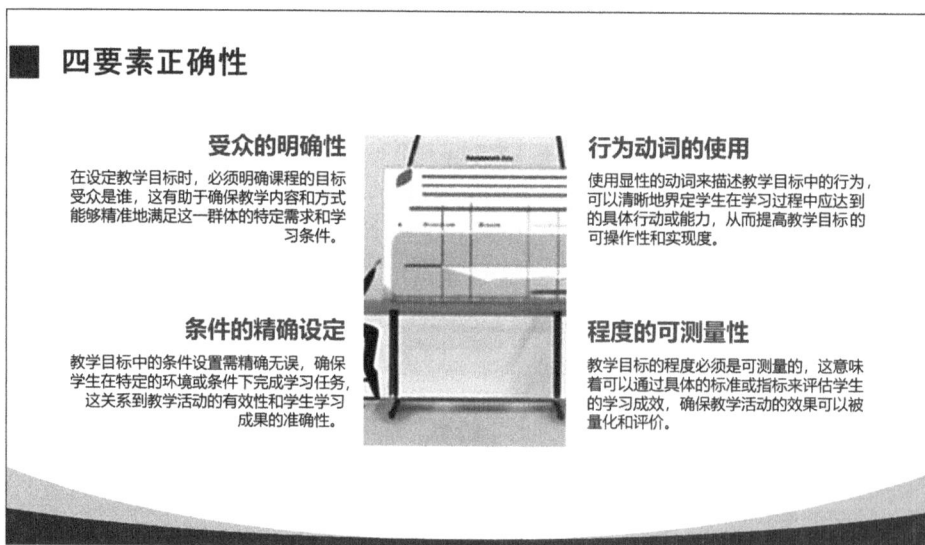

图5-6　配图不符示例（1）

　　又如，Kimi+PPT助手生成的两页内容，给抽象的动词表都添加了景色的配图，而对于具象的条件要素，却又没有配图，造成大量空白，如图5-7所示。

　　每一张PPT中的每个知识点，都应该根据其具体内容来判断是否需要配图，以及应配怎样的图示，以帮助观众更好地理解课程内容。因此，AI生成的结果还需要我们检查每一页是否需要图示，并根据需要添加或替换。可以使用工具内置的图库资源或AI生图工具，也可以自行设计或寻找合适的图片，确保所有图示都与文字内容相辅相成。

布鲁姆教学目标分类法动词表

记忆（Remember）：
背诵、复述、回忆、辨认、列出、命名、匹配、识别、选择、描述等。

理解（Understand）：
解释、说明、阐述、转换、分类、鉴别、区分、推断、概述、总结、归纳、举例说明、翻译等。

应用（Apply）：
运用、使用、执行、实施、操作、解决、计算、示范、改变、调整、制定计划、设计方案、解答问题等。

分析（Analyze）：
分析、比较、对照、分类、检查、指出、评估、图示、区分、批判性思考、识别原因和结果等。

评价（Evaluate）：
评价、判断、评定、批判、证明、论证、权衡、选择、排序、总结价值、判断优劣等。

创造（Create）：
创造、设计、发明、构建、编写、制定、创新、提出新观点、制定新方案、解决问题的新方法等。

条件

所处环境	方法工具	面对的人	面临问题
在生产现场、在办公室、恶劣天气时	与客户沟通时、给下属安排工作时	收到反馈后、接到投诉时	使用OA系统、在某网站上、运用ABCD模型

图5-7 配图不符示例（2）

调整排版对齐均布

最后，AI生成的PPT可能存在各种排版问题，如横纵方向上的元素不对齐、多个并列元素之间的间距不均匀、文字的左对齐或中对齐选择不合理、文字换行位置将一个词拆开等。这种排版上的杂乱无章和元素排列缺

131

乏规律的问题，会影响视觉美感。

因此，最后需要对整个PPT的排版进行优化，遵循统一的设计原则，做到对齐、对比、重复和亲密性，让页面更为美观。各种AI工具和插件一般都带有一键统一尺寸和对齐的功能，也可以使用PowerPoint自带的对齐、均布工具来调整，确保所有元素横平竖直、间距均匀、整体居中。

经过上述细致的人工修订和完善后，PPT将更加符合教学需求，不仅内容准确无误，而且视觉上也更加吸引人。这时，一份高质量的教学PPT就诞生了，可以放心地用于课程讲授中。

经过我们测试，从准备资料到生成PPT，再到人工修订完成，与团队中一位PPT使用非常熟练的老师的全人工制作速度对比，人机配合的速度比全人工制作PPT的速度快了4倍以上。所以尽管还需要我们自己准备大纲内容，还需要在生成后进行修订，但这种通过AI打底、人工修订的方式，即便是对于PPT高手而言，仍然能做到不仅提高工作效率，还保证教学质量的效果。而对于那些一做PPT就头疼的老师，更是巨大的福音。

第二节

培训师手册——用AIGC多维度提升编制效率

培训师手册是优质课程的必备资料，能够将课程开发者的设计思路和授课方法快速复制给讲授这门课程的其他培训师，如同一份详尽的导航图，为培训师提供了从课程大纲到具体教学步骤的全面指导。

培训师手册通过对讲稿话术、教学要点、授课素材、注意事项的详细描述，不仅确保了课程内容的准确传递，也为培训师提供了灵活调整教学方案的依据，促进了课程开发者与授课培训师之间的无缝对接。

一份完整的培训师手册应当包含对课程概况的释义、精确到分钟的课程大纲，以及每一段授课内容的详细说明。以下是一份相对完整的培训师手册各个模块的示例，如图5-8~图5-10所示。

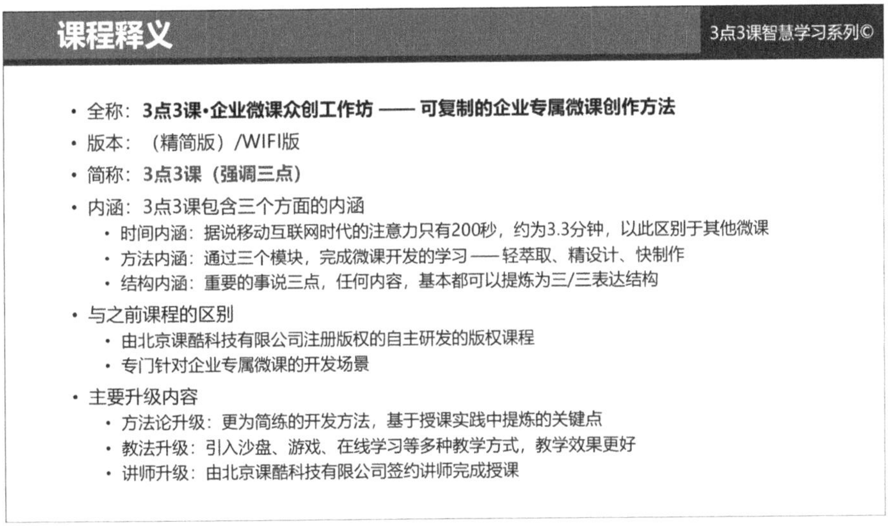

图5-8　培训师手册示例（1）

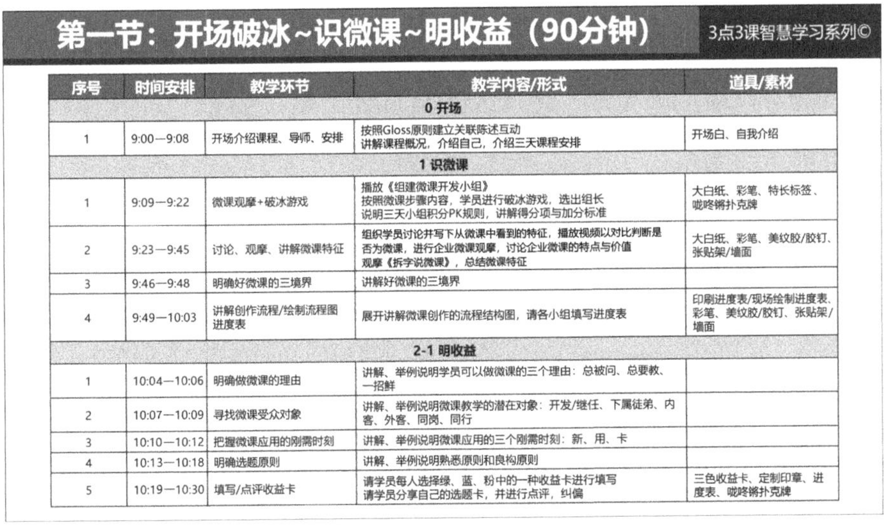

序号	时间安排	教学环节	教学内容/形式	道具/素材
0 开场				
1	9:00—9:08	开场介绍课程、导师、安排	按照Gloss原则建立关联陈述互动 讲解课程概况，介绍自己，介绍三天课程安排	开场白、自我介绍
1 识微课				
1	9:09—9:22	微课观摩+破冰游戏	播放《组建微课开发小组》 按照微课步骤内容，学员进行破冰游戏，选出组长 说明三天小组积分PK规则，讲解得分项与加分标准	大白纸、彩笔、特长标签、啵咚锵扑克牌
2	9:23—9:45	讨论、观摩、讲解微课特征	组织学员讨论并写下从微课中看到的特征，播放视频以对比判断是否为微课，进行企业微课观摩，讨论企业微课的特点与价值 观摩《拆字说微课》，总结微课特征	大白纸、彩笔、美纹胶/胶钉、张贴架/墙面
3	9:46—9:48	明确好微课的三境界	讲解好微课的三境界	
4	9:49—10:03	讲解创作流程/绘制流程图进度表	展开讲解微课创作的流程结构图，请各小组填写进度表	印刷进度表/现场绘制进度表、彩笔、美纹胶/胶钉、张贴架/墙面
2-1 明收益				
1	10:04—10:06	明确做微课的理由	讲解、举例说明学员可以做微课的三个理由：总被问、总要教、一招鲜	
2	10:07—10:09	寻找微课受众对象	讲解、举例说明微课教学的潜在对象：开发/继任、下属徒弟、内客、外客、同岗、同行	
3	10:10—10:12	把握微课应用的刚需时刻	讲解、举例说明微课应用的三个刚需时刻：新、用、卡	
4	10:13—10:18	明确选题原则	讲解、举例说明熟悉原则和良构原则	
5	10:19—10:30	填写/点评收益卡	请学员每人选择绿、蓝、粉中的一种收益卡进行填写 请学员分享自己的选题卡，并进行点评，纠偏	三色收益卡、定制印章、进度表、啵咚锵扑克牌

图5-9　培训师手册示例（2）

0-2 课程介绍　　3点3课智慧学习系列©

P1

时间安排	教学环节	教学内容/形式	环节要点	道具/素材
9:01—9:04	课程介绍	讲解课程概况	1. 讲解课程名称，含义卖关子提示后续揭晓 2. 讲解关键词：可复制、企业专属微课、创作方法	

讲稿话术：

【讲】大家看到3点3课这个名字是不是感觉有点奇怪呢？嗯，这是一个有含义的名字，具体的含义我先卖个关子哈，在随后的课程中，会给大家慢慢揭晓，现在我们先要来看看上面这行小字，可复制的企业专属微课创作方法。

【讲】这里有三个关键词：可复制、企业专属微课、创作方法。咱们一个一个来看，先说可复制，什么可复制呢？（停顿，等学员回应）

【讲】嗯，大家说的很多，这套方法是可以复制的，大家可以从我这里复制到创作微课的方法，而回到工作中以后，同样可以把这套方法复制给更多的同事，这是其中的一个可复制；那除此之外，还有各位在工作中的经验、知识，也都可以通过我们这几天做出来的微课，复制给同事们，这又是一个可复制；还有第三个可复制，是指这套方法中的很多工具、思路，不仅仅是做微课可以用，在进行其他工作的时候，也可以复制应用哦，等会儿我会提醒大家哪些工具可以复制到其他的工作中去。

【讲】说完了可复制，我们再来看看企业专属微课这个关键词，其实微课这个词的含义很广，学校里很多老师会把自己课程中的一些知识点做成微课来教学生，而现在比较流行的抖音上、百度知道上，也有很多教大家生活诀窍的微课，比如教你化妆，教你做个红烧肉，教你洗个纱窗之类的，这些从广义上来说都属于微课，但是大家这两天要做的微课，并不是这些，而是源自于企业中实际的工作场景和任务，要教会别人完成真正工作任务的微课，这就是我们所说的企业专属微课。

【讲】最后再来看看这个创作方法，大家想想，创作和制作有什么不同？（停顿，等学员回应）

【讲】对啦，创作包含制作，但还有在制作前我们要做的一些设计准备工作，这是一套完整的流程，而制作仅仅是最后实现你的设计，就像（这里结合客户学员说例子），这就是创作与制作的不同。

【讲】好啦，这就是我们这次课程副标题上的三个关键词，那关于课程，就先简单介绍到这里。

备课案例/素材/物资：

1. 参考类比创作与制作的例子：

——建筑业，制作仅仅是施工盖楼，而创作是从考察地形到设计图纸再一直进行到把楼盖出来；

——制造业，制作只是把产品生产出来，而创作是从分析市场需求，到产品设计出图，规划工艺，最后生产出来的全过程；

——金融业，制作也就是我们最后卖给客户的股票或者理财产品，创作则是最初的产品规则算法设计一直到卖给客户和提供服务；

——服务业，制作就像是我们最后提供给客户的周到服务，而创作包括了在服务客户之前对每一个服务动作、话术、标准的设计；

——内训师，制作就像各位上课在这里讲，或者做一份授课演示PPT一样，而创作则是分析培训的需求，设定培训的目标，对每个教学环节的形式内容进行设计，一直到做出PPT和上台讲课为止。

授课注意事项：

1. 充分与学员互动，肯定学员的发言，建立学员能够表达观点的课堂氛围。
2. 案例与学员实际工作要充分匹配，课前应提前确认企业所属行业、业务特点以及参训学员的岗位。

图5-10　培训师手册示例（3）

示例是使用PowerPoint编制的培训师手册，实际操作中也可以使用Word或其他工具。但无论使用哪种工具，采用何种格式，培训师手册的核心内容都可以参考示例，尤其是在每一页中的“讲稿话术”“环节要点”“授课注意事项”“案例/素材/物资”这些要素，都应该完整详细。

这是一个相对复杂和综合的实际任务，根据我们的“AIGC应用能力发展模型”，需要达到第五级的能力，对其进行拆解和分工，确定人与AI如何协同来完成这项工作。所以在这里，我们先思考一下，这项任务中，哪些子问题可以由AI来完成？用什么类型的AI工具来完成？我们与AI之间如何彼此配合完成？

****

请先自行思考，再继续阅读。

****

经过思考，下面是我们建议的步骤，你可以对比自己的思路，看看是否有共鸣。

要完成这样一个复杂的过程，一方面，需要合理规划流程节点和步骤，并确定每一步的思路和方法；另一方面，需要注意这个任务前期的成果可以在后期复用，而且人和AIGC各有所长，分工也是可以调整的。因此，我们建议分五步完成培训师手册的编制：

步骤一：初步规划框架时间

步骤二：语音转写生成讲稿

步骤三：人工提炼配套信息

步骤四：投喂AI提炼配套信息

步骤五：汇总整理完成编制

接下来，我们将逐一展开这五步工作。

步骤一：初步规划框架时间

在编制培训师手册时，我们可以根据课程大纲，对整个课程的时间进行大致预估，以便为每个章节和环节分配合适的时间段。这一过程不需要过于精细，而需要从宏观上把握课程的整体时间分布，确保各个环节能够协调一致，流畅地推进。

首先，依据课程大纲，列出所有需要覆盖的主题和章节。对于每个章节，根据其内容的重要性和复杂程度，给予一个粗略的时间估计。例如，一个理论性强的章节可能需要30分钟，而一个实操性质的章节则可能需要45分钟。这样做的目的是确保每个章节都有足够的时间进行讲解，同时也留有一定的余地应对突发情况。

其次，对于每一节课程，可以将时间分配细化到各个主要环节。例如，一节90分钟的课程可以分为引入（约5分钟）、主体讲解（约60分钟）、练习与讨论（约20分钟）、总结回顾（约5分钟）。这里的数字只是预估值，可以根据实际需求灵活调整。

而对于每一页PPT，也可以设定一个大致的时间范围。例如，对于一张概述性的幻灯片，可能只需要1~2分钟的时间；而对于一张包含详细数据分析的幻灯片，则可能需要3~5分钟。这样，培训师在准备课程时就能对每一页PPT所需的时间有一个基本的概念。

有了这样一个初步规划的框架时间，接下来的工作就可以按照这个框架来展开。

步骤二：语音转写生成讲稿

在培训师手册中，最核心的内容就是讲稿话术，这些内容必须由人工来完成。本书的第三章已经讲解过如何使用通义听悟等工具来进行语音转写，所以这一步，我们可以直接使用这些工具，快速生成讲稿话术的文字。

在转写时，可以每页PPT录制一段，便于整理和提取，也可以每个小节录制一段，效率更高，根据自己的习惯来选择即可。

但转写完成后，还需要进行校对和审核。可以先把文档上传给AI，让它帮助校对一下错别字和语句通顺情况，然后再进行人工审核修订，并加入一些语气、停顿、提问的标注。

步骤三：人工提炼配套信息

每页PPT配合讲稿的环节要点、注意事项、案例/素材/物资等配套信息，如果直接让AIGC生成，很可能与实际不符，发散得天马行空。

因此，在完成语音转写讲稿后，先由我们自己提炼一些页面的配套信息更为合适。通过自己对内容的深刻理解，提炼出要点；根据授课内容的需要，提炼出所需的资源；再结合自己的授课经验，提炼出注意事项。

人工提炼至少可以完成5%的内容，可以是前几页，也可以选择一些核心重点的知识点页面来提炼。

步骤四：投喂 AI 提炼配套信息

在我们自己提炼了一部分页面的配套信息后，可以将它们整理成一个文档，并上传给AIGC，让它根据提供的文档继续提炼其他页面的信息。

以通义千问为例，首先将整理好的部分页面包含四类内容的文档提供给它，并配合以下提示词：

这是一份讲师手册的模板，对于每页PPT都有讲稿话术、环节要点、注意事项、备课案例/素材/物资，四大类内容，后三类内容都是从讲稿话术中提炼或推演出来的。请你先从中学习一下，了解讲稿话术的标记特点，以及四项内容彼此的关系、写法。我会在后续的指令中，给你一段段时间具体的讲稿，你要采用同样的方式，对讲稿进行标注，并进一步提炼出配套的环节要点、注意事项、备课案例/素材/物资。

通义千问在分析完文档后，给出了下面的回答，如图5-11所示。

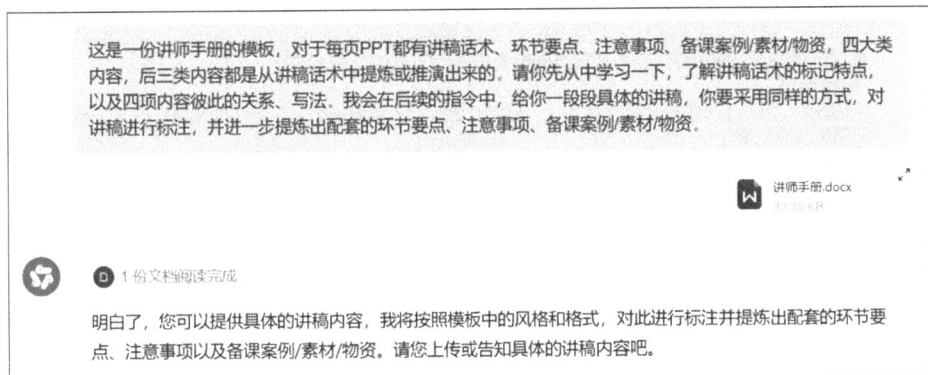

这是一份讲师手册的模板，对于每页PPT都有讲稿话术、环节要点、注意事项、备课案例/素材/物资，四大类内容，后三类内容都是从讲稿话术中提炼或推演出来的。请你先从中学习一下，了解讲稿话术的标记特点，以及四项内容彼此的关系、写法。我会在后续的指令中，给你一段段具体的讲稿，你要采用同样的方式，对讲稿进行标注，并进一步提炼出配套的环节要点、注意事项、备课案例/素材/物资。

讲师手册.docx

1 份文档阅读完成

明白了，您可以提供具体的讲稿内容，我将按照模板中的风格和格式，对此进行标注并提炼出配套的环节要点、注意事项以及备课案例/素材/物资。请您上传或告知具体的讲稿内容吧。

图5-11　投喂手册模板回应

接下来，我们直接输入一段讲稿文本，如图5-12所示。

搞清楚了我们自己做微课的理由之后，再来看看双立人的另一个人，都可能是些什么人，也就是微课的受众对象。首先最中间这里，有一个开发者和继任者，也就是说，微课是可以做来给我们自己看的，比如有些你不常做的事情，一次做完以后，善于总结的你可以把做这件事的方法做成微课，隔一段时间再需要做但是忘了的时候，可以拿起微课复习一下重新做这件事。同时，有些企业有个不成文的规定，就是一个人如果要晋升，是需要在原来的岗位培养出一个接班人的，那你做给自己的微课，给这个接班人，当然也可以看看，这是第一类对象。

再往下看，刚才我们多次提到的那些笨笨的徒弟、下属，很显然，有些总要教给他们的事，你完全可以做一个微课，这里给大家一个小窍门，给这些人的微课，你甚至都不用自己做，教他们做一遍这件事，然后让他们把自己学到的做成微课，你审核保证正确就行啦，然后以后再来徒弟和下属，直接把之前的"师兄师姐"做的微课给他们看好啦。

然后我们往左看，有一类人，叫内部客户。各位，我们在企业里，肯定都不是完全孤立的对吧？一定会和同事打交道，那个时候，有一些业务的衔接、工作上合作的事情，就可以给同事做微课啦，比如刚才我们提到的财务报销，或者一些价值链上下级、内部服务之类的工作，都可以做微课给内部客户来看。

有了内部客户，与之对应的，自然就是外部客户啦，这里的外部客户不仅仅是我们实际的客户，而是广义上包括一些供应商、合作伙伴、政府机构在内的相关联的人或单位，都可以算作外部客户，比如现在淘宝上很多宝贝的首页上会给你一个视频，教你怎么安装系列什么的，这些都是淘宝店家做给咱们这些外部客户的微课。

除了这些人以外，像有些公司这么大的集团，有很多的分子公司，每个分子公司，都有名称相同、职责相近的岗位存在，那之前我们给自己的下属徒弟或者内部客户，甚至继任者做的微课，能不能拿给其他分子公司的同岗位者学习呢？答案当然是能略，所以这是第五类受众对象，同岗位者。

最后，有些企业，作为行业的龙头企业，肩负着一些行业标准的制定啊，或者前沿技术的研究和普及工作，以及一些先进管理经验需要分享给其他同行业的企业，那这些标准技术、管理经验也可以通过一些微课，来传达给同行业中更多需要的人啦。

好啦，这就是我们做微课的六类最常见的受众对象，各位现在可以想想，刚才你自己找到的那个方向里，要讲的事情，是对这些人当中哪一类人讲的呢？能不能聚焦地说出ta的岗位或者是人群的特征？我这里要提醒大家，一门微课，只有一类受众对象，可不要想着做一门微课大家都能看，都能看的可能就是正确的废话，也没用哈。 ↓

图5-12　输入讲稿原文

通义千问给出了下面的回答，如图5-13所示。

● ● ●

根据您提供的讲稿内容，以下是按照模板要求进行标注及提炼的结果：

一、背景概述
　"搞清楚了我们自己做微课的理由之后，再来看看双立人的另一个人，都可能是些什么人，也就是微课的受众对象。……"

环节要点
　解释微课的自我使用场景。
　提到微课可用于培训接班人。
　探讨如何利用微课培训下属。
　强调可以让下属自己制作微课。
　讨论微课在内部客户间的应用。
　介绍微课对外部客户的价值。
　指出微课可以在集团内部共享。
　提到微课对于行业分享的作用。
　强调微课应针对单一受众群体。

注意事项
　确保微课内容准确无误。
　微课应当具有针对性，不宜泛泛而谈。
　鼓励下属自己动手制作微课以加深理解。
　分享微课前需考虑受众的特定需求和背景。

备课案例/素材/物资
　自制微课示例：关于特定任务完成方法的微课。
　下属制作的微课示例：新入职员工培训微课。
　内部客户微课示例：财务报销流程微课。
　外部客户微课示例：产品安装指南视频。
　同岗位者微课示例：分子公司间共享的最佳实践微课。
　行业分享微课示例：技术标准讲解微课。……

图5-13　通义千问生成结果

可以看到，通义千问提供了相对较多的备选内容。这样的结果既可以供我们参考，也能为我们提供一些思路上的启发。我们只需从这些内容中选择或补充适合自己课程的信息即可。

步骤五：汇总整理完成编制

最终，在所有页面的讲稿和配套信息都整理完成后，我们便可以汇总资料，精确计算每一页的具体所需时间并进行适当调整，整理内容和信息的排版，并补充概述、大纲等其他内容，以完成培训师手册的全部编制工作。

第三节

学员手册——投喂AIGC让内容更完善

相较于直接将授课PPT打印分发，精心编制的学员手册在学员的学习旅程中是更为有效的配套资料。一份优质的学员手册应不仅包含PPT中的关键知识点，还应额外添加学习指南、知识详解、笔记模板乃至自测习题等，以帮助学员构建完整的知识体系，培养自主学习的能力。

我们选取了一份学员手册的几个代表性页面作为示例，如图5-14所示。

《3点3课·企业微课众创工作坊》学员手册

一、概述

版权课程：

3点3课™·企业微课众创工作坊·Wi-Fi版
——可复制的企业专属微课创作方法

名称释义：

3点3课™包含三个方面的内涵：

- **时间内涵：** 微课，作为移动学习时代一种重要的学习资源，其时间长度与人们的注意力密切相关，有数据说明，移动互联网时代，人们的注意力集中时间只有200秒，约为3.3分钟，3点3课的名称来源于此。
- **方法内涵：** 通过三个模块，完成企业专属微课的设计与开发过程，分别为：轻萃取、精设计、快制作。每个部分都有配套的工具、模板，使企业中即使没有任何教学设计与课程开发基础的普通员工，都能学会使用。
- **结构内涵：** 在微课设计中，采用由三点构成的稳定结构，帮助学习者精炼内容，清晰结构，让微课更易学习、易传播。

学习目标：

通过参加企业微课众创工作坊，学员能够：

- 辨识企业专属微课的一般特征；
- 基于工作场景，明确将要设计制作的微课的业务收益；
- 运用标准句式、任务特征、步骤拆解和知识萃取方法，正确完成一个"任务分析表"的填写；
- 完成"微课脚本"文件的撰写；
- 完成制作一门完整的微课作品。

北京课酷科技有限公司©版权所有　　4

《3点3课·企业微课众创工作坊》学员手册

二、轻萃取

【本模块学习目标】

通过完成本模块学习，学员能够：

- 通过微课收益卡的填写，准确识别基于工作场景的微课收益。
- 用任务/步骤卡准确界定工作任务，将任务划分为三至七个步骤。
- 萃取该任务各个步骤对应的三类知识点。

【明收益·基于工作场景的收益识别】

1. 为自己寻找一个做微课的理由：

- 我"总被问"
- 我"总要教"
- 我有"一招鲜"
- 我有其他理由

*学习平台：过程详解——A02 不做复读机 我要做微课《企业微课设计师宝典》

2. 确定微课的开发对象：

我的微课开发对象是

我的笔记&反思：

北京课酷科技有限公司©版权所有　　17

《3点3课·企业微课众创工作坊》学员手册

注意：

1. 使用模选法或点选法时，需要将选择的内容再进行颗粒度更小的分解，并重新填写任务分析表。
2. 讲解过程中，讲解者寻找"一对一讲解，我讲你听"的感觉；听讲者记录听讲过程中的疑问和困惑作为讲解者修订内容的依据。

请帮同学填写"内容反馈记录表"

内容反馈记录表

讲授人：		反馈人：		讲授时长	
建议选择：	全选法 □		模选法 □	点选法 □	
*模/点选内容：					
听讲反馈记录					
任务描述是否准确：					
执行人是否明确：					
开始/结束标志：					
任务成果：					
步骤划分颗粒度：					
应知前金不准确、不完整、未说明，需改进：					
储备对策不真实，不准确，赠调整：					
经验诀窍无效或属于应知应会：					

我的笔记&反思：

北京课酷科技有限公司©版权所有　　27

《3点3课·企业微课众创工作坊》学员手册

模块小结

【澄清的知识点】

1.
2.
3.
4.
5.
6.

【留存的记忆】

【思考与反馈】

我的思考：

小组讨论：

导师反馈：

北京课酷科技有限公司©版权所有　　25

图5-14　学员手册示例

在示例的几个页面中，包含了对课程的释义和概述、课程整体的教学目标与章节目标、课程中的详细知识内容、供学员随讲解进度填写的笔记空间、自由记录和模块小节的笔记空间、让学员练习填写的表单，以及对关键内容的PPT截图。

我们再来拆解一下任务分工，先来看已有的内容和必须由人工完成的内容：课程概述和各级教学目标已在前期的课程设计和培训师手册编制过程中完成，只需直接复用；练习表单一般只能由人工编制；自由笔记和模块总结笔记，只需设定一个格式，然后不断复制粘贴即可。

因此，在剩下的项目中，只有详细知识内容和随讲解进度填写的笔记空间可以让AIGC帮助我们完成。

投喂讲稿生成详细知识内容

现在，我们已经拥有了编制培训师手册时的讲稿文字，所以只需将讲稿提供给AIGC，让它从中提炼出用于编写学员手册里的详细知识内容即可。

仍以通义千问为例，我们可以使用以下提示词来引导：

下面是一段授课时的讲稿，我要根据这段讲稿编写学员手册，也就是教材，请帮我从讲稿中提炼出这一段话中包含的详细知识内容，并且以书面化的语言和条目化的格式来呈现这些内容。讲稿中的口语、询问、衔接、玩笑等内容都不需要：

``` （讲稿原文）```

在上述提示词中，讲稿原文的前后各加上了```（英文输入法状态下数字1键左边的`键），这是Markdown格式的一种标记符，用来标记一整段文字。

继续使用编制培训师手册时用来提炼配套信息的那一段讲稿，通义千问给出的回答如图5-15所示。
```

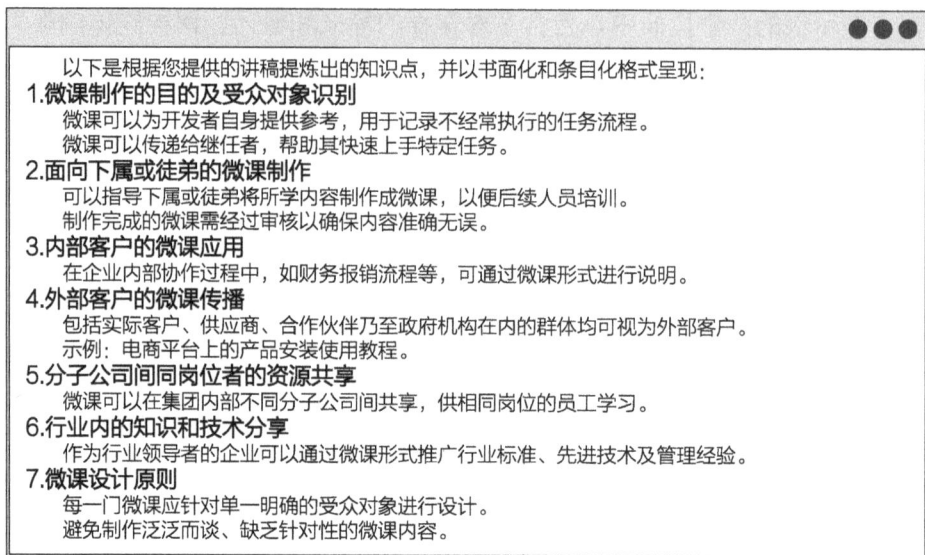

以下是根据您提供的讲稿提炼出的知识点，并以书面化和条目化格式呈现：

1.微课制作的目的及受众对象识别
微课可以为开发者自身提供参考，用于记录不经常执行的任务流程。
微课可以传递给继任者，帮助其快速上手特定任务。

2.面向下属或徒弟的微课制作
可以指导下属或徒弟将所学内容制作成微课，以便后续人员培训。
制作完成的微课需经过审核以确保内容准确无误。

3.内部客户的微课应用
在企业内部协作过程中，如财务报销流程等，可通过微课形式进行说明。

4.外部客户的微课传播
包括实际客户、供应商、合作伙伴乃至政府机构在内的群体均可视为外部客户。
示例：电商平台上的产品安装使用教程。

5.分子公司间同岗位者的资源共享
微课可以在集团内部不同分子公司间共享，供相同岗位的员工学习。

6.行业内的知识和技术分享
作为行业领导者的企业可以通过微课形式推广行业标准、先进技术及管理经验。

7.微课设计原则
每一门微课应针对单一明确的受众对象进行设计。
避免制作泛泛而谈、缺乏针对性的微课内容。

图5-15　通义千问生成学员手册内容示例

这样的内容，稍作修改和调整后，就可以直接用作学员手册中的详细知识内容。

追问生成笔记空间

对于学员手册中的详细知识内容，有时我们希望在手册中留出空白，以便学员听讲后补全知识点；有时也需要学员根据讲解进度进行思考或联系实际，写下针对自己情况的实际答案。

对于前者，我们可以在编辑手册时删除一些知识点，替换成"＿＿"；而对于后者，既可以由人工提出，也可以通过追问的方式，让AIGC帮助我们生成。

在刚才生成的详细知识内容的同一个对话窗口中，我们输入以下这段提示词来追问：

请再在每一个知识点后，增加让学员思考后记录或填写符合自己情况答案的笔记位置，用类似于"我的微课可以：＿＿"或者其他适合知识点的表述，来留出冒号后的内容让学员填写自己的答案或心得。

这次追问获得的答案如图5-16所示。

1. **微课制作的目的及受众对象识别**
　微课可以为开发者自身提供参考，用于记录不经常执行的任务流程。
　我的微课可以帮助我记录并复习：＿＿＿＿＿＿
　微课可以传递给继任者，帮助其快速上手特定任务。
　我的微课可以为继任者提供：＿＿＿＿＿＿

2. **面向下属或徒弟的微课制作**
　可以指导……我可以指导下属或徒弟制作关于：＿＿＿＿＿＿
　制作完成……我需要审核下属或徒弟制作的微课以确保：＿＿＿＿＿＿

3. **内部客户的微课应用**
　在企业内部……我可以为内部客户制作微课来解释：＿＿＿＿＿＿

4. **外部客户的微课传播**
　包括实际客户……可以为外部客户制作微课来展示：＿＿＿＿＿＿
　示例：电商平台上的产品安装使用教程。
　我可以为电商平台上的产品制作：＿＿＿＿＿＿

5. **分子公司间同岗位者的资源共享**
　微课可以在集团内部不同分子公司间共享，供相同岗位的员工学习。
　我可以为其他分子公司的同岗位者提供：＿＿＿＿＿＿

6. **行业内的知识和技术分享**
　作为行业领导者的企业可以通过微课形式推广行业标准、先进技术及管理经验。
　我可以为行业内分享：＿＿＿＿＿＿

7. **微课设计原则**
　每一门微课应针对单一明确的受众对象进行设计。
　我的微课将面向：＿＿＿＿＿＿
　避免制作泛泛而谈、缺乏针对性的微课内容。
　我将确保我的微课内容：＿＿＿＿＿＿

图5-16　增加笔记空间示例

可以看到，每一个知识点确实都提供了供学员记录的空间，但实际上，有些知识点并不需要，例如电商平台的示例和最后一项设计原则。因此，再次回顾我们在第二章中提到的AIGC的第三级应用能力：准确评估判断结果，并进行有效修正。面对这几个细节问题，我们可以在下一段提示词中增加示例和原则类不需要笔记空间的说明，也可以直接删除或修改这些多余的笔记空间，最终确保编入学员手册的内容是合适的即可。使用AIGC来辅助，效率还是比我们自己逐字输入要快很多。

通过投喂的方式，将学员手册中的详细知识内容以及学员随讲解节奏的笔记空间全部生成完毕后，就可以加入其他已有或需要人工编制的内容，完成学员手册的最终编制。

第四节

配套文稿——用AIGC快速完成课程与培训师介绍

课程介绍与培训师介绍都是"跨界"的课程资料。一方面，它们可以用于课程的推广和宣发工作；另一方面，它们就像产品包装上印刷的产品信息和员工档案那样，作为对课程和培训师详细资料的记录，让管理者和学员都能够快速地了解课程和培训师的关键信息，对管理和学习做出判断。

通过AIGC工具，我们可以快速提炼课程的概要信息，全方位展现课程的特色与优势，同样可以对培训师的专业背景与授课风格进行提炼总结。这样的介绍不仅能够有效提升课程的吸引力，还能够在学员心中留下深刻的第一印象，为后续的学习过程奠定良好的基础。

用 AIGC 辅助撰写课程介绍

一份好的课程介绍要能充分激发学员的学习动机。就激发学习动机这个目标而言，有一个非常好用的ARCS模型。这是教学设计大师约翰·凯勒提出的教学设计模型，如图5-17所示。

ARCS模型涵盖了注意、关联、信心和满意这四个层面。该模型着眼于如何通过教学设计激发学员的学习动机。将这一模型应用于课程介绍，同样能够有效地激发学员的学习动机。

图5-17　ARCS模型

关于模型的具体内容，书中不再详细阐述。我们可以通过秘塔AI搜索或利用天工AI来整理一份关于该模型的文档，然后将文档投喂给AI，让其依据该模型撰写课程介绍。

一份课程介绍通常应包含课程的背景或针对的痛点、课程的亮点或特点、学员学习课程的收益、具体的课程信息以及详细的课程大纲等。在课程设计和开发前期，我们已经完成了足够多版本的课程大纲，完全可以通过投喂大纲和手册等其他资料，让AIGC生成课程背景、亮点和收益。

具体的操作可以分两步进行：首先，向AI投喂关于ARCS模型的内容，让其学习；然后，上传已有的资料，让其生成我们的课程介绍。

如果除了大纲，还需要投喂培训师手册等资料，那么在选择工具时需要注意模型的"上下文能力"，即在一次对话中输入和输出的总字数上限。目前，上下文能力较强的两个模型是Kimi和智谱清言，Kimi的公开用户支持20万字的超长上下文（内测用户支持200万字），而智谱清言的公开用户支持100万字的超长上下文。

所以这次我们用智谱清言为例，首先配合这段提示词来投喂ARCS模型：

上传的文档是教学设计的ARCS模型，请你先学习一下这个模型的要素和结构，我会在后续的指令中上传一门课程的相关资料，你需要根据课程的资料，套用ARCS模型来撰写课程介绍。

智谱清言收到指令和文档后，先给出了下面的回答，如图5-18所示。

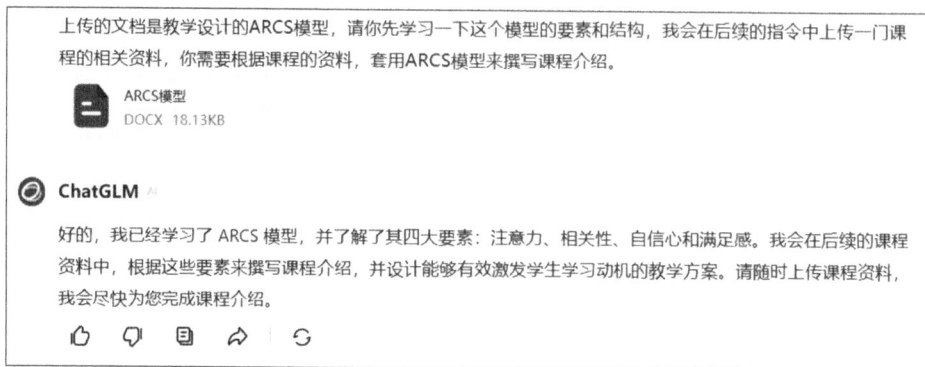

上传的文档是教学设计的ARCS模型，请你先学习一下这个模型的要素和结构，我会在后续的指令中上传一门课程的相关资料，你需要根据课程的资料，套用ARCS模型来撰写课程介绍。

ARCS模型
DOCX 18.13KB

ChatGLM

好的，我已经学习了 ARCS 模型，并了解其四大要素：注意力、相关性、自信心和满足感。我会在后续的课程资料中，根据这些要素来撰写课程介绍，并设计能够有效激发学生学习动机的教学方案。请随时上传课程资料，我会尽快为您完成课程介绍。

图5-18 投喂模型回应

接着，我们上传在制作PPT时展开的包含内容的课程细纲，并且再加上下面的提示词：

角色：你是一个文案大师，已经学习并擅长使用ARCS模型来撰写文案。

背景：上传的文档是我的课程"目标先行——ABCD法设定课程教学目标"的细纲，这门课的受众是课程开发师和培训师，一共3课时（半天时间）。

目标：我需要一份能够激发学员学习兴趣的"目标先行——ABCD法设定课程教学目标"课程介绍。

任务：请分别为我撰写课程介绍的"课程背景""课程亮点""学习收益""课程信息"四个模块内容，要求如下：

1.整体课程介绍的内容要对应到ARCS模型的各个模块，要能激发学员动机，但是可以根据课程介绍的结构灵活调整，确保顺畅合适。

2.介绍中的内容要基于我这次上传的文档进行提炼或扩展。

3.课程背景写300字左右。

4.课程亮点提炼三个最主要、最能吸引人的。

5.学习收益要从细纲内容中提炼，并且要实际。

6.课程信息要包括学员对象、授课方式、授课时长等。

智谱清言给出了下面的回答，如图5-19所示。

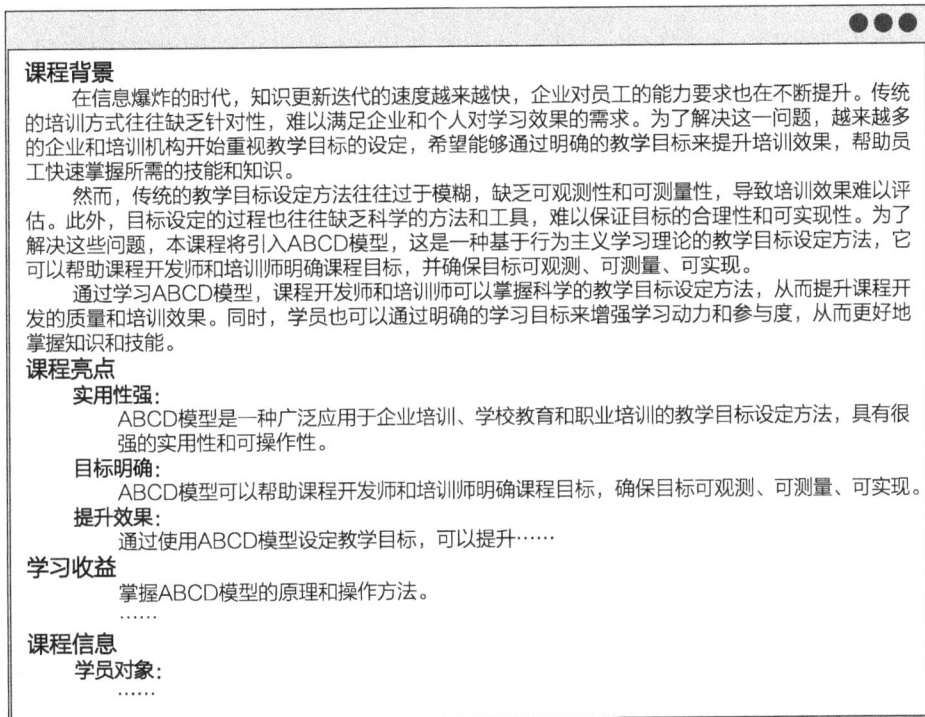

课程背景

　　在信息爆炸的时代，知识更新迭代的速度越来越快，企业对员工的能力要求也在不断提升。传统的培训方式往往缺乏针对性，难以满足企业和个人对学习效果的需求。为了解决这一问题，越来越多的企业和培训机构开始重视教学目标的设定，希望能够通过明确的教学目标来提升培训效果，帮助员工快速掌握所需的技能和知识。

　　然而，传统的教学目标设定方法往往过于模糊，缺乏可观测性和可测量性，导致培训效果难以评估。此外，目标设定的过程也往往缺乏科学的方法和工具，难以保证目标的合理性和可实现性。为了解决这些问题，本课程将引入ABCD模型，这是一种基于行为主义学习理论的教学目标设定方法，它可以帮助课程开发师和培训师明确课程目标，并确保目标可观测、可测量、可实现。

　　通过学习ABCD模型，课程开发师和培训师可以掌握科学的教学目标设定方法，从而提升课程开发的质量和培训效果。同时，学员也可以通过明确的学习目标来增强学习动力和参与度，从而更好地掌握知识和技能。

课程亮点

　　实用性强：

　　　　ABCD模型是一种广泛应用于企业培训、学校教育和职业培训的教学目标设定方法，具有很强的实用性和可操作性。

　　目标明确：

　　　　ABCD模型可以帮助课程开发师和培训师明确课程目标，确保目标可观测、可测量、可实现。

　　提升效果：

　　　　通过使用ABCD模型设定教学目标，可以提升……

学习收益

　　掌握ABCD模型的原理和操作方法。

　　……

课程信息

　　学员对象：

　　　　……

图5-19　智谱清言生成结果

　　上述一系列操作提供了一个可选的"参考答案"，但并非"唯一答案"。我们完全可以根据自己的课程情况和需求进行调整。例如，即使不输入ARCS模型的内容，AIGC同样可以帮助我们撰写课程介绍，或者可以选择其他模型结构来撰写。课程介绍中的模块，也可以调整为针对痛点、课程特点等内容。至于授课信息等基础信息，完全可以直接写入课程介绍中，而无须在提示词中说明后再让AIGC生成。总之，根据实际情况，分解任务并灵活运用各种AIGC工具与我们协同工作，共同完成工作任务，这才是我们的目标。

用AIGC辅助优化培训师介绍

培训师介绍是每位培训师的详细档案，也是展现个人专业能力和教学特色的另一张名片。一份精心设计的培训师介绍，不仅能够让学员对培训师的专业背景、教学经验、研究方向等有清晰的认识，还能够激发学员的学习兴趣，建立学员对培训师的信任，从而提升课程的整体效果。

一份优秀的培训师介绍，可能包含以下要素：

个人简介：介绍培训师的姓名、学历、职称、工作经历等基本信息，让学员对培训师的专业背景有初步的了解。

教学经验：详细介绍培训师的教学经验，包括曾教授过的课程、教学风格、教学方法等，让学员对培训师的教学能力有更深入的了解。

研究方向：介绍培训师的研究方向和研究成果，展现培训师的专业深度和学术水平。

教学理念：分享培训师的教学理念和方法，让学员了解培训师的教学思路和教学目标。

个人风采：通过照片、视频等形式展现培训师的个人风采，让学员对培训师有更直观的了解。

联系方式：提供培训师的联系方式，方便学员与培训师沟通交流。

这些内容大部分我们都可以自己来写，但有时，也可以向AIGC来寻求建议，让它帮助我们根据不同的课程和学员群体进行调整和优化。

所以这一部分，介绍两个用AIGC来优化培训师介绍的小技巧。

技巧一：头衔排序

如果某个培训师讲授的课程数量众多，并且拥有众多头衔，那么针对不同课程，需要根据头衔的不同进行排序。该培训师完全可以将所有的头衔以及主讲的课程主题告知AI，让它依据头衔与课程的相关性作为第一维度，头衔的权威性作为第二维度，进行降序排列，从而梳理和排序，避免了培训师自己逐一思考和手动排序的麻烦。

例如，本书作者之一的许海星老师在开发自己的新课时，向Kimi输入了如下提示词：

角色：我是一个培训师。

背景：以下是我的各种头衔：

中国企业微课大赛决赛评委

……

中国通信工业协会认证数据资产管理师

目标：我需要针对我的新课——"AIGC助力职场效能倍增"来重新排列这些头衔。

任务：请你根据两个维度来帮我重新排列头衔：首要维度是头衔与新课程的相关性，次要维度是头衔的权威性。

对于这个要求，Kimi对这些头衔进行了重新排序并给出了排序的理由，如图5-20所示。

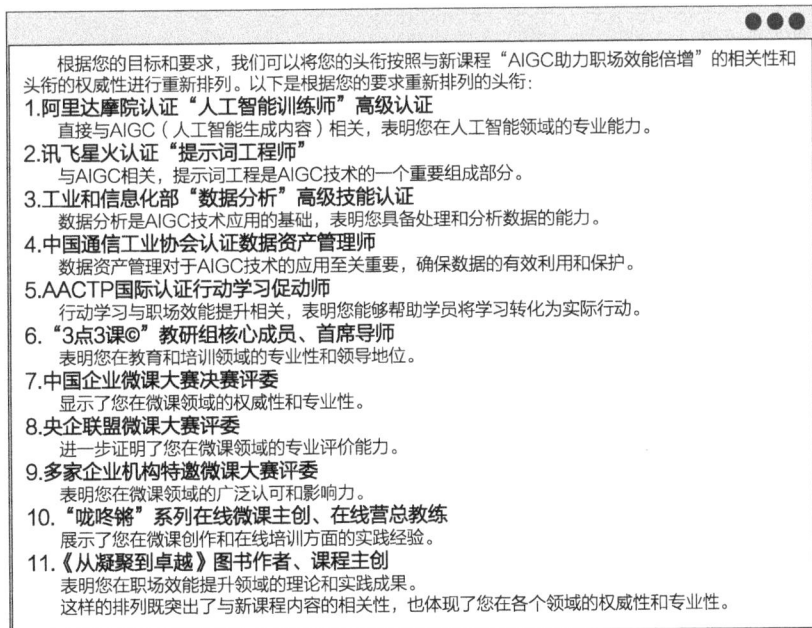

根据您的目标和要求，我们可以将您的头衔按照与新课程"AIGC助力职场效能倍增"的相关性和头衔的权威性进行重新排列。以下是根据您的要求重新排列的头衔：

1. 阿里达摩院认证"人工智能训练师"高级认证
   直接与AIGC（人工智能生成内容）相关，表明您在人工智能领域的专业能力。
2. 讯飞星火认证"提示词工程师"
   与AIGC相关，提示词工程是AIGC技术的一个重要组成部分。
3. 工业和信息化部"数据分析"高级技能认证
   数据分析是AIGC技术应用的基础，表明您具备处理和分析数据的能力。
4. 中国通信工业协会认证数据资产管理师
   数据资产管理对于AIGC技术的应用至关重要，确保数据的有效利用和保护。
5. AACTP国际认证行动学习促动师
   行动学习与职场效能提升相关，表明您能够帮助学员将学习转化为实际行动。
6. "3点3课©"教研组核心成员、首席导师
   表明您在教育和培训领域的专业性和领导地位。
7. 中国企业微课大赛决赛评委
   显示了您在微课领域的权威性和专业性。
8. 央企联盟微课大赛评委
   进一步证明了您在微课领域的专业评价能力。
9. 多家企业机构特邀微课大赛评委
   表明您在微课领域的广泛认可和影响力。
10. "咙咚锵"系列在线微课主创、在线营总教练
    展示了您在微课创作和在线培训方面的实践经验。
11. 《从凝聚到卓越》图书作者、课程主创
    表明您在职场效能提升领域的理论和实践成果。
    这样的排列既突出了与新课程内容的相关性，也体现了您在各个领域的权威性和专业性。

图5-20　Kimi排序培训师介绍

这样的建议非常符合新课的要求，如果要再开发其他课程，只需要换个课程主题，就能够再次重新排列。

技巧二：风格特点提炼

在撰写培训师介绍时，很多培训师往往难以准确总结出自己的授课风格和特点。尽管自己是最了解自己的人，但有时也难以从他人的角度认识自己。这时，我们可以利用AIGC来帮助总结自己的风格和特点。

以许海星老师为例，他整理了自己曾经写过的书稿和一些公众号推文稿件，上传给智谱清言，并用下面这段提示词来提出要求：

角色： 我是一个培训师。

背景： 上传的文档都是我过去写过的文章。

目标： 请你根据这些文章分析我的授课风格和特点。

任务： 帮我写出三个最符合我的，又最能充分吸引学员好感的授课风格、特点，详细撰写，每个风格特点100字左右。

具体如图5-21所示。

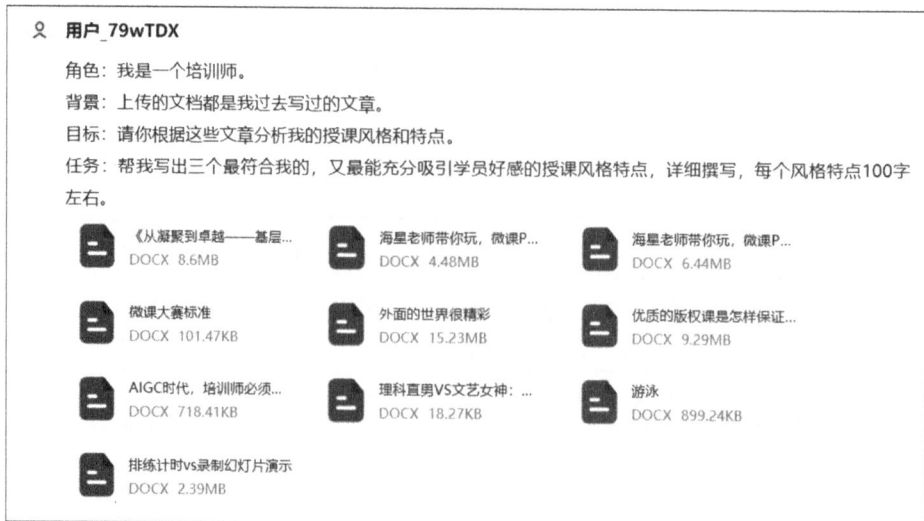

图5-21　上传文章及提示词

这一次，智谱清言的回答罕见地慢了许多，因为上传的文档包括一本

16万字的书稿，但最终它还是总结出了下面的风格特点，如图5-22所示。

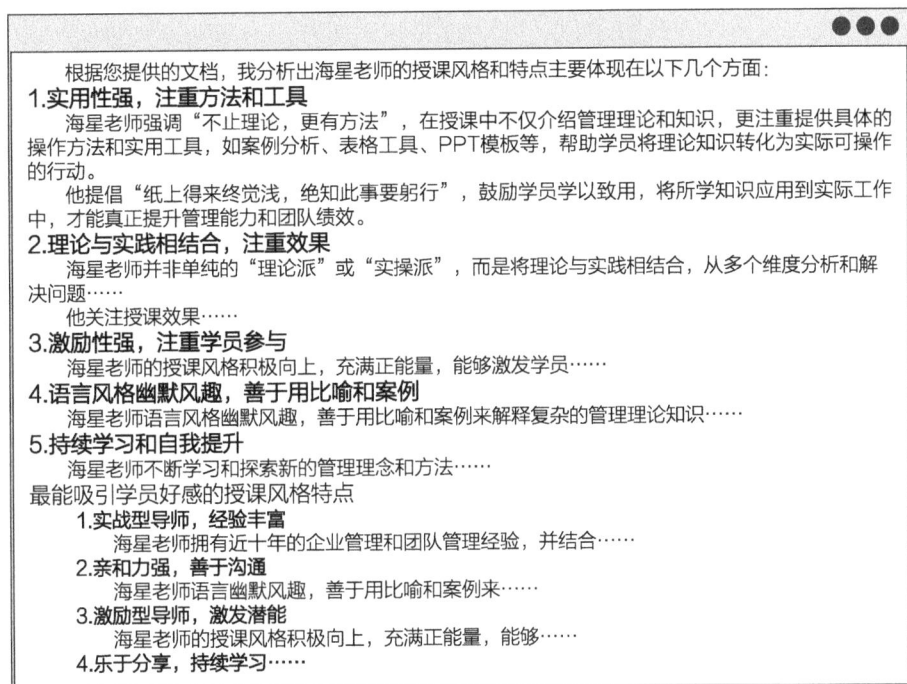

根据您提供的文档，我分析出海星老师的授课风格和特点主要体现在以下几个方面：

1.实用性强，注重方法和工具

海星老师强调"不止理论，更有方法"，在授课中不仅介绍管理理论和知识，更注重提供具体的操作方法和实用工具，如案例分析、表格工具、PPT模板等，帮助学员将理论知识转化为实际可操作的行动。

他提倡"纸上得来终觉浅，绝知此事要躬行"，鼓励学员学以致用，将所学知识应用到实际工作中，才能真正提升管理能力和团队绩效。

2.理论与实践相结合，注重效果

海星老师并非单纯的"理论派"或"实操派"，而是将理论与实践相结合，从多个维度分析和解决问题……

他关注授课效果……

3.激励性强，注重学员参与

海星老师的授课风格积极向上，充满正能量，能够激发学员……

4.语言风格幽默风趣，善于用比喻和案例

海星老师语言风格幽默风趣，善于用比喻和案例来解释复杂的管理理论知识……

5.持续学习和自我提升

海星老师不断学习和探索新的管理理念和方法……

最能吸引学员好感的授课风格特点

  1.实战型导师，经验丰富

    海星老师拥有近十年的企业管理和团队管理经验，并结合……

  2.亲和力强，善于沟通

    海星老师语言幽默风趣，善于用比喻和案例来……

  3.激励型导师，激发潜能

    海星老师的授课风格积极向上，充满正能量，能够……

  4.乐于分享，持续学习……

图5-22　智谱清言总结培训师特点

这份答案虽然最终总结出的特点没有按照提示词的要求总结三点，而是给出了四点，但这四点确实总结得非常到位，而且在总结之前还说明了分析过程所得出的推论。另外，在写书和写文章时，"海星老师"这个常用的自称方式，也被智谱清言敏锐地抓住并呈现在结果中了。不得不说，AIGC的"以文辨人"的能力确实能够帮助我们从另一个角度来认识和包装自己。

如果你也有很多文章，不妨也尝试一下让AIGC从文章中分析其风格和特点。

【Implementation】
用AIGC提升互动体验

第六章

随着课程开发进入ADDIE模型的第四阶段——实施（Implementation），我们的目标从设计转向实践。在这个阶段，课程将正式交付给学员，我们作为培训师的角色变得至关重要。实施过程的核心在于如何有效地传递知识，激发学员的兴趣，确保他们能够积极参与并从中获益。

在授课期间，培训师需要具备一系列技能以确保课程的成功实施。首先，清晰地传达信息是最基本的要求，这意味着培训师必须熟悉课程内容，能够用易于理解的语言解释复杂的概念。其次，基本的授课技能，如手势、眼神、身形、步法、声音，这些都需要大量的练习和积累。再次，灵活性也是一项重要的素质，因为课堂上可能会出现意想不到的情况，培训师需要能够迅速适应并做出适当的调整。最后，培训师还应该能够营造一个积极的学习环境，鼓励学员提问和参与讨论。

作为一名培训师，我们要修炼足够扎实的基本功，才能给学员带来优质的学习体验，而在AI时代，我们还可以通过引入AIGC技术来创新教学方式。在本章中，我们会提供三种利用AIGC来提升学员学习体验的方法。

方法一：用 AIGC 设计课堂互动游戏

游戏化学习是一种被广泛认可的有效教学策略。通过AIGC工具，我们可以快速生成定制化的互动游戏，如在线测验、模拟场景、角色扮演等，这些游戏不仅能够增加课堂趣味性，还能够帮助巩固所学知识。AIGC能够根据课程内容自动生成游戏方案，甚至设计复杂的游戏规则，使得每个游戏都能针对特定的教学目标。

方法二：让 AIGC 辅助学员学习与讨论

在学员讨论环节，引进AIGC工具来辅助学员，也是一项新奇的体验。无论是使用大模型、AI搜索工具，还是创建AI智能体，都可以在课堂上协助回答学员的即时问题，提供额外的学习资源链接，或者参与到小组讨论中。这种智能化的支持不仅减轻了培训师的工作负担，同时也为每位学员提供了更加个性化和即时的帮助。

方法三：用 AIGC 生成多媒体教学素材

利用AIGC技术，我们可以轻松地为课程添加图像、视频、音频等多种形式的多媒体元素。这些视觉和听觉上的刺激有助于提高学员的注意力和记忆力，使得抽象的概念变得更加生动形象。多媒体素材还能根据不同学员的偏好进行定制，从而满足多样化的需求。

通过上述几种方法的应用，AIGC不仅简化了课程实施的过程，更为学员带来了前所未有的互动体验。它使得教学不再局限于传统的讲授模式，而是转变为一种富有创意、充满活力的学习旅程。

第一节
让课堂更有趣——用AIGC设计课堂互动游戏

在教学过程中，如果遇到某些知识点或主题较为枯燥乏味，采用游戏化的手段来设计这部分的学习体验往往能取得意想不到的效果。游戏化不仅能够提升学员的兴趣，还能促进知识的理解与记忆。在这个环节中，AIGC工具既能够横向启发我们的创意，提供多样化的游戏方案选择，又能够纵向深入，帮助我们完成游戏设计的细节工作。

用 AIGC 脑暴游戏方案

当我们面对一个特定的知识点，并希望借助互动游戏来帮助学员掌握这一内容时，可以给AIGC工具提供背景并提出要求，让它提供多种游戏设计方案。

例如，我们给Kimi输入这样一段提示词：

角色：我是一个内训师。

背景：我的课程"互联网产品原形设计"中有一个知识点是"产品视角vs用户视角vs商业视角"，这个知识点的教学时间是15分钟。

目标：我希望通过游戏化的教学方法让学员掌握这个知识点。

任务：请给我五个备选的教学游戏方案，要让学员能够在游戏过程中体验这三个视角的不同，完成游戏后能自己总结出来三个视角的特点和差异。

很快，Kimi给出了五个备选的游戏方案，如图6-1所示。

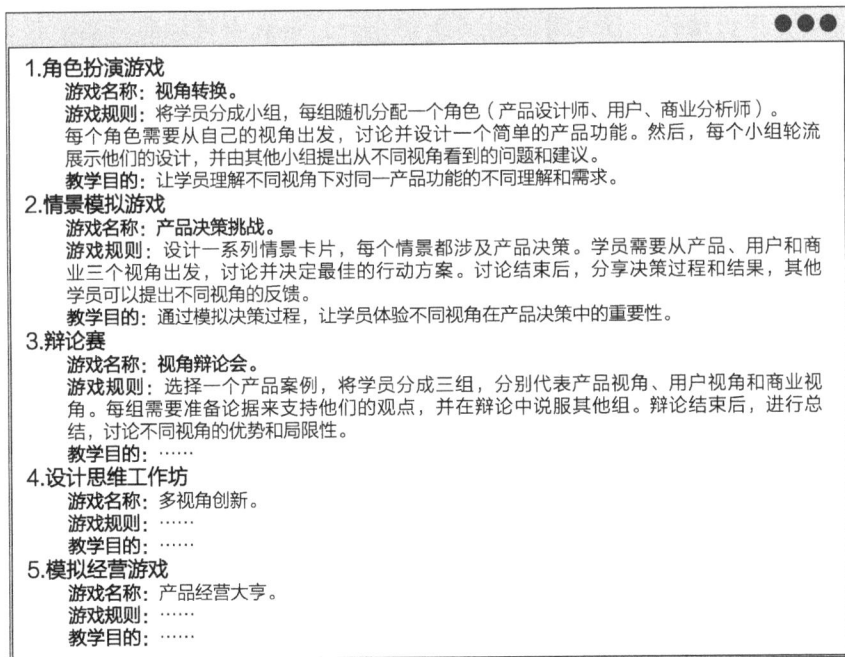

1.角色扮演游戏
　　游戏名称：视角转换。
　　游戏规则：将学员分成小组，每组随机分配一个角色（产品设计师、用户、商业分析师）。每个角色需要从自己的视角出发，讨论并设计一个简单的产品功能。然后，每个小组轮流展示他们的设计，并由其他小组从不同视角看到的问题和建议。
　　教学目的：让学员理解不同视角下对同一产品功能的不同理解和需求。
2.情景模拟游戏
　　游戏名称：产品决策挑战。
　　游戏规则：设计一系列情景卡片，每个情景都涉及产品决策。学员需要从产品、用户和商业三个视角出发，讨论并决定最佳的行动方案。讨论结束后，分享决策过程和结果，其他学员可以提出不同视角的反馈。
　　教学目的：通过模拟决策过程，让学员体验不同视角在产品决策中的重要性。
3.辩论赛
　　游戏名称：视角辩论会。
　　游戏规则：选择一个产品案例，将学员分成三组，分别代表产品视角、用户视角和商业视角。每组需要准备论据来支持他们的观点，并在辩论中说服其他组。辩论结束后，进行总结，讨论不同视角的优势和局限性。
　　教学目的：……
4.设计思维工作坊
　　游戏名称：多视角创新。
　　游戏规则：……
　　教学目的：……
5.模拟经营游戏
　　游戏名称：产品经营大亨。
　　游戏规则：……
　　教学目的：……

图6-1　Kimi提供的游戏方案

Kimi根据要求生成了五个备选方案，并对每个方案进行了简单的介绍。如果我们需要更多的方案，如十个或二十个，同样可以提出要求让AIGC来完成。我们甚至还可以尝试使用不同的AIGC大模型来完成同一项任务。这种方法类似于团队中的头脑风暴会议，通过多个大模型的头脑风暴，我们可以获得更多的思路，然后从中筛选出最适合的游戏设计方案。

用AIGC设计教学游戏

一旦选定了一种游戏方案，接下来就可以进一步细化游戏的设计。此时，可以在生成的最合适的游戏方案的AIGC对话中，继续追问以让它展开设计一个具体的教学游戏。

例如，我们继续在Kimi中追问：

<u>第二个情景模拟游戏不错，请给我一个详细展开的游戏实操指导书，能够指导我设计准备游戏的材料、流程和话术，指导我的学员能够正确完成游戏并得出结论。注意游戏时间是15分钟，游戏中模拟的产品要很具体和通用常见。</u>

于是Kimi就继续深入，为我们编写了这样一份详尽的游戏说明书，如图6-2所示。

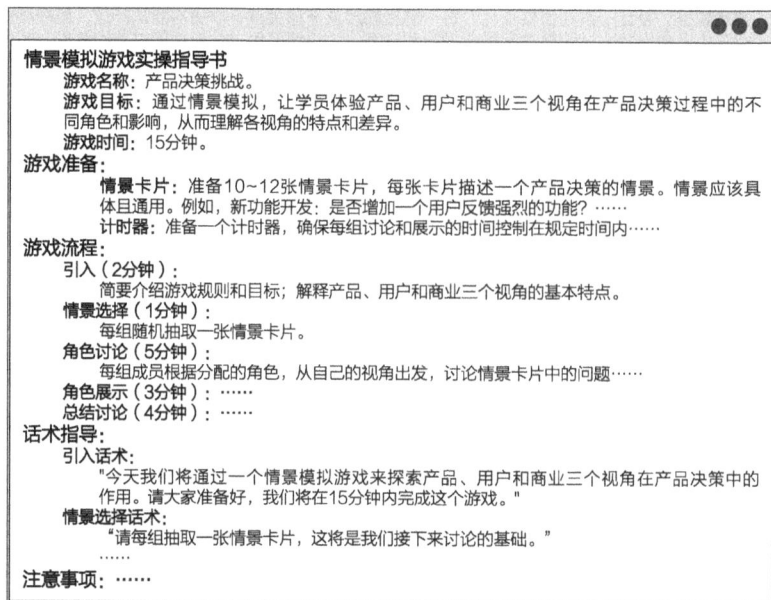

图6-2　Kimi生成的游戏说明书

通过这种方式，AIGC不仅简化了游戏设计的过程，还增强了课堂互动性，使得教学活动更加生动有趣。

第二节

人手一个助教——让AIGC
辅助学员学习与讨论

根据学习金字塔理论，仅依靠培训师讲解的被动学习方式，学员的知识留存率非常低下，如图6-3所示。

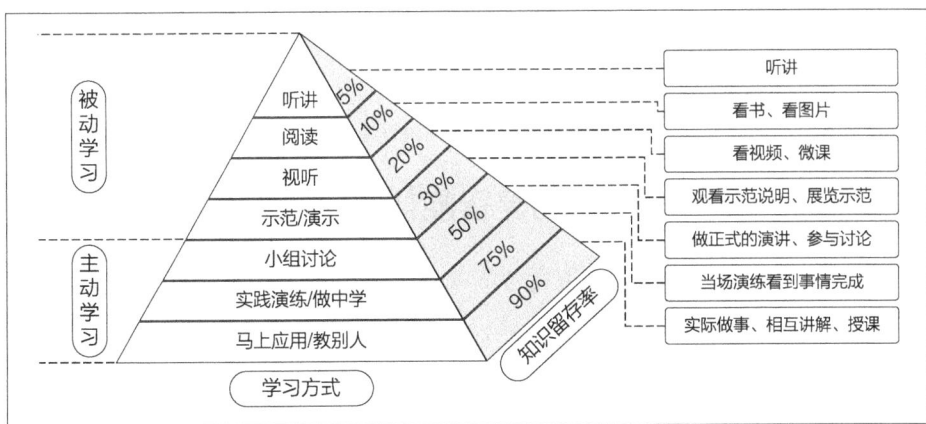

图6-3　学习金字塔

因此，有经验的教育者通常会设计一系列主动学习活动，如让学员自己查阅资料、整理信息、进行小组讨论以及展示成果，以此来加强学习效果。然而，传统的讨论方式往往受限于资料查找的速度和复杂性，导致讨论时间有限且话题选择受到限制。但现在，这些问题得到了显著改善，我

157

们完全可以利用AIGC工具来辅助学员进行讨论。根据辅助的专业性和课程的匹配程度，这里提供了三种具体的方法。

方法一：通用大模型、AI 搜索辅助讨论

在本书的前几章，我们已经学习了大量的用通用AIGC工具来生成内容的方法和提示词示例，也学习了用秘塔或天工这样的AI搜索工具来针对一个知识点整理资料，那这些方法是否能用于学员的讨论中呢？答案是肯定的。

将对话提示词的公式和AI搜索工具的使用方法传授给学员，利用这些工具，即便复杂的课题，学员也能在较短的时间内完成资料的收集和初步整理。这些工具不仅能加快信息检索的速度，还能对收集到的数据进行初步分析，提取出关键信息。完成这样的基础工作后，学员便可以在更高层次上展开讨论，这不仅提升了讨论的质量，还有助于培养他们的批判性思维和解决问题的能力。学员甚至可以将更多时间投入到深入讨论中，而不是被信息收集的过程所困扰。

方法二：用自己的声音创建智能体与学员对话

除了文字资料的整合，语音交互也是提升课堂互动体验的重要手段。在过去，培训师只有自己一个人能和学员互动，但现在，我们可以用具备高质量语音合成能力的AIGC工具，将自己的声音录入系统，创建一个虚拟的"自己"。这个虚拟角色能够在课堂讨论中担任助教的角色，帮助学员查找信息、验证论据或提供即时反馈。

目前能够克隆自己声音的AIGC工具有文心一言和豆包两个大模型的手机App，其中豆包的语音质量更佳。我们录制了一节微课，你可以通过扫描二维码来学习，跟随课程一起用自

己的声音创建一个AI智能体。

智能体创建完成后，只需点击对话头像进入详情页面，再点击"分享智能体"按钮，便可以通过各种渠道将智能体分享给学员。这样的智能体不仅能增加讨论的趣味性和互动性，还能让学员感受到更加真实的交流体验。

方法三：复刻自己的知识创建智能体给学员辅导

豆包的智能体虽然能复刻自己的声音，但对话中的回答仍然只是基于大模型自带的数据库。现在的AIGC技术已经可以支持我们将个人的知识和思想进行复刻，创建出一个真正能回答课程专业问题的智能体来辅导学员了。

我们创建了一个专门用来辅导学员开发企业微课的智能体，下面是两张对话的截图（见图6-4和图6-5）。从对话中我们会发现，这个智能体在回答问题时与大模型截然不同。一方面，它能够给出大模型中没有的答案，也就是我们团队的微课开发方法；另一方面，用户不再需要组织复杂的提示词来输入，而是可以非常简单地提问，它就能给出针对课程的专业回答。更有意思的是，它在每次回答后还会"反问"用户，引导对方进行对微课开发的下一步思考。

可以想象一下，如果你也有了这样一个"分身"，那么无论你是否在学员身边，学员都能轻易得到"你"的指点，而且你一个人更可以同时辅导多位学员了。

这样的智能体与传统的仅依赖大模型直接生成答案的方法不同，它采用了一种名为RAG（Retrieval-Augmented Generation，检索增强生成）的技术，基于用户输入进行检索，再将检索结果配合预设的提示词增强成为给大模型的输入，最终由大模型生成回答。

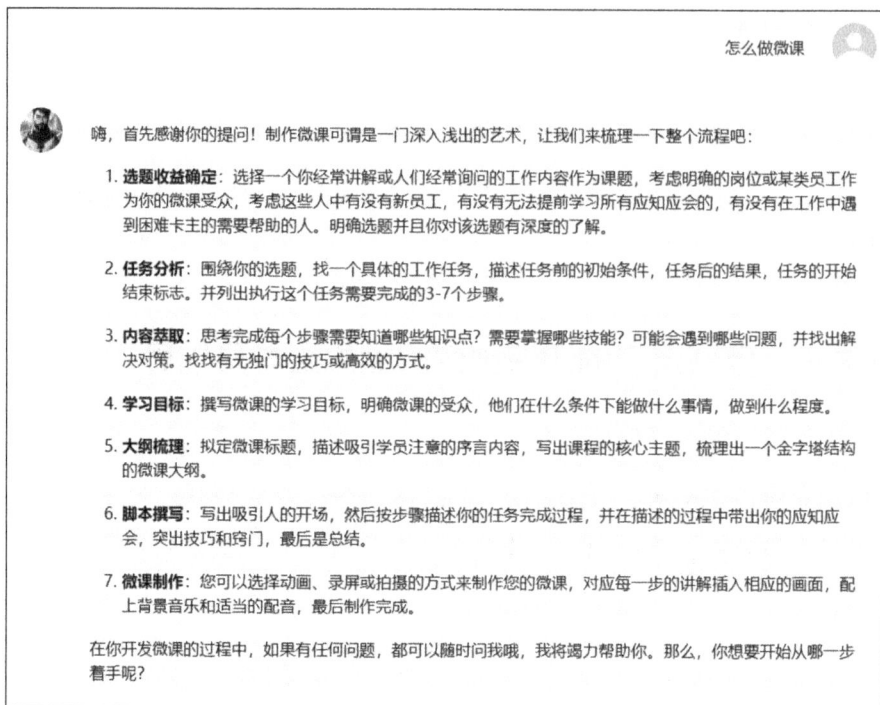

图6-4　微课辅导智能体（1）

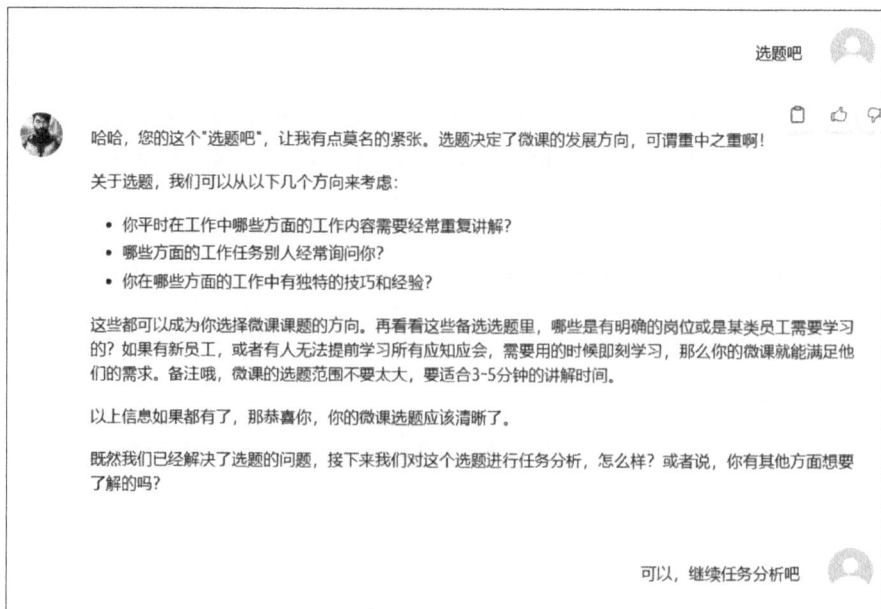

图6-5　微课辅导智能体（2）

具体来说，它的原理和工作流程如图6-6所示。

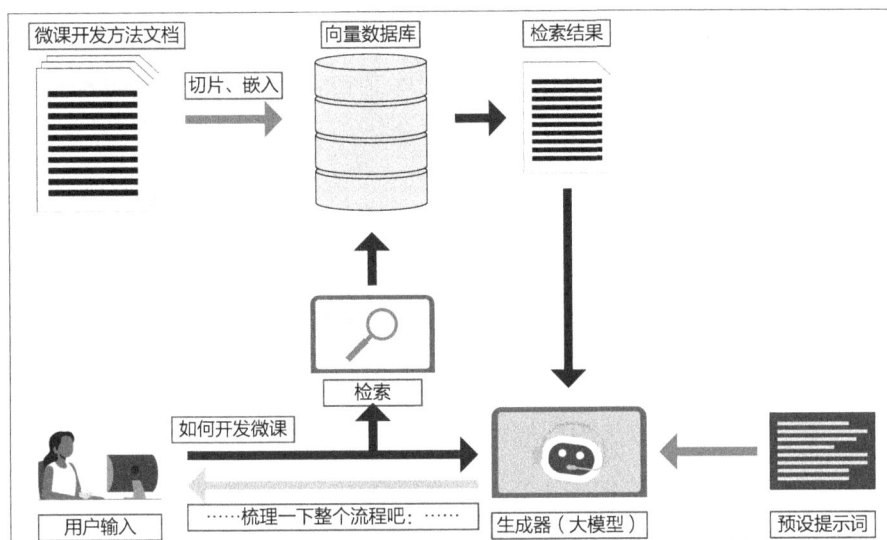

图6-6　RAG技术原理图解

在创建这个智能体时，我们先把微课开发的方法整理成了一个详细的文档上传给这套系统，系统会对文档进行切片和嵌入，形成一个"向量数据库"。同时，我们还为这个智能体预设了很长的一段提示词，包括它的人设、语言风格、对话之后要提出引导性问题的要求，以及按照微课开发流程的引导提问过程。

而这套系统除了我们准备的文档和预设提示词，还嵌入了向量检索功能和大语言模型，所以在用户向智能体提问"如何开发微课"时，系统会先利用向量检索功能，从向量数据库中检索到匹配的内容段落，再将这些找到的段落和我们预设的提示词，与用户输入进行合并，作为对用户输入的"增强"，来形成输入大模型的提示词，最终，由大模型生成基于我们的微课开发方法的具体答案。

这就是所谓的RAG技术，它既是一项技术的名称，又是这项技术的工作流程顺序，完整来说是根据用户输入来检索数据库，增强提示词，生成结果。至此，你就会知道为什么一句简单的提问，就可以获得有针对性的详细回答了。

要创建这样一个复刻自己知识的智能体，首先需要选择合适的平台，然后准备好用于创建向量数据库的知识库文档，最后再在平台上对智能体进行设置和创建。

选择RAG智能体平台

国内许多平台都支持创建RAG智能体。如前文所述的例子，是由一家名为"企元大数据"的公司提供的智能体平台。该公司主要业务是面向企业的（ToB），即只提供企业服务。如果你所在的企业或组织采购了这家公司的平台，那么可以无限制使用。

在国内公开面向消费者（ToC）的平台中，最早推出RAG智能体的是讯飞星火星火智能助手，现在也更名为智能体。随后，字节跳动推出的扣子，以及智谱清言、通义千问的AI智能体也相继上线，全都支持创建RAG智能体，并且都是免费的。

在选择创建智能体的平台时，可以根据平台间的差异进行对比判断。

首先，各平台最主要的差异在于底层大模型的区别。RAG技术的生成器，各平台都是基于自家的大模型，所以可以先对比一下与这些大模型对话的经验，选择最习惯的一个。

其次，功能的丰富程度也可以作为选择的依据。扣子的功能相对最为丰富，包括独特的RPA（Robotic Process Automation，机器人流程自动化）工作流嵌入，能自动化执行多步骤的工作流程。但功能丰富也意味着学习和操作起来相对更复杂，没有一些专业基础技能，可能连插件的功能和用法都不了解；讯飞星火和通义千问的功能和插件相对较少，但创建的难度也低很多；智谱清言的智能体既有简单能在一个界面完成所有创建操作的便捷性，又能加入大量功能插件，是一个比较适中的平台。

最后，传播渠道也可以纳入考虑。以上四个工具都可以通过链接分享，也都可以在自己的智能体市场中公开。除此之外，智谱清言和扣子的智能体可以嵌入到微信公众号、抖音企业号等其他平台；讯飞星火的智能体可以用API模式接入其他平台，但需要一些基础的计算机编程能力；通义千问目前没有这个传播渠道。

需要提醒的是，以上三个维度的情况会随着各家大模型和工具平台功能的迭代进化而变化，每个时期最佳的选择可能有所不同。因此，当我们创建智能体时，也需要从这三个维度评估一下各平台当时的情况来做出选择。当然，与其做选择，不如全都要，每个平台都创建一个，再择优推广也是一个不错的策略。

整理知识库文档

RAG技术的关键在于为智能体提供一个用于检索专属内容的知识库。这个知识库可以在本地创建一个Word文档，将课程中的所有知识内容详细地展开描述。

在创建微课辅导机器人时，我们准备了两份文档，分别是《企业微课设计开发攻略》和《微课脚本点评示例》。其中，《企业微课设计开发攻略》详细整理并展开了我们课程学员手册中对应微课开发流程的所有知识点、操作指导和注意事项，并加入了用于区分层级和段落的Markdown标记符，如图6-7所示。《微课脚本点评示例》则整理了大量团队培训师辅导过的微课脚本解说词，以及培训师的点评和辅导反馈内容。

在准备自己的知识库文档时，我们也可以像这样，把培训师手册或学员手册中的知识点进行书面化整理，再整理一些过去针对这门课程所写的文章、教程，或者辅导学员的点评反馈记录，以及问答等，再用#、-、```这些Markdown标记符来区分层级和段落，最终完成供RAG智能体检索的知识库文档。

#企业微课设计开发攻略

##基础概念

###3点3课·企业微课众创工作坊简介：

- 3点3课包含三个方面的内涵：
''' (1) 时间内涵：据说移动互联网时代的注意力只有200秒，约为3.3分钟，以此区别于其他微课。 (2) 方法内涵：通过三个模块，完成微课开发的学习—轻萃取、精设计、快制作。 (3) 结构内涵：重要的事说三点，任何内容，基本都可以提炼为三/三表达结构。'''

- 由北京课酷科技有限公司注册版权的自主研发的版权课程。

- 专门针对企业专属微课的开发场景。

- 工作坊特点：
''' 这套方法是可以复制的，可以从里复制到创作微课的方法，而回到工作以后，同样可以把这套方法复制给更多的同事；在工作中的经验、知识，也都可以通过微课，复制给同事们；第三个可复制，是指这套方法中的很多工具、思路，不仅仅是做微课可以用，在进行其他工作的时候，也可以复制应用。'''

###微课定义：

- 什么是微课？
''' 微课（Microlecture），是指运用信息技术按照认知规律，呈现碎片化学习内容、过程及扩展素材的结构化数字资源'''

- 微课的特征是什么？
''' 我们可以用拆字的方式将"微"和"课"两个字的偏旁部首拆开来理解微课。微字的双立人，指的是微课实现的是"一对一"教学，微课的学习有两个人，一个是学微课的，一个是讲微课的。微字中部下方的"几"，指的是每一门微课只有几分钟，到底是几分钟呢？答案是：3分钟，有一种流行的说法：移动时代，人们的注意力集中时间只有200秒，约等于3点3分钟，中间的"一"，代表即每门微课只讲一件事，解决一个具体问题。上方的"山"，代表微课要"开门见山"，因为微课的时间如此短，所以一开始就要直奔主题。微的右边是个反文，这个意思是说，微课不是用文字的方式来呈现的。而"课"字拆开，则是左言右果，我们称之为言有果、讲课，就是要教会别人。必须要有明确的教学目标和学习结果。'''

- 什么是企业微课？
''' 在满足微课基本特征的基础上，企业微课要求内容来源于实际的工作任务，并能解决具体的问题，能够指导企业员工完成实际场景下的工作'''

- 好微课的标准是什么？
''' 一门好的微课，必须要做到"有用、有料、有趣"。"有用"是指在工作中能够帮助同事完成工作任务，解决问题；"有料"则是指微课有基本的工作方法，还能够提供更多的知识、经验，或更好的方法以及避免踩坑的提示；最后的"有趣"，则是微课需要从设计、制作方面让受众有好的学习体验，学习起来更加轻松、效果更好。这三层境界里哪个是最重要的？有用是最重要的，它是基础，千万不要为了追求有趣，而忽略了有用的基础，这样的话你的微课就可能成为了绣花枕头、空中楼阁，徒有其表但是毫无价值，所以我们首先要保证的是有用的，然后再争取有料，至于微课有没有趣，可以随缘追求，但是切莫注意，三层境界，从有用开始，逐层叠加，最好的微课也要是先有用，再有料，最后拿有趣点缀的，这个顺序千万不能乱。'''

##微课开发流程

- 微课开发的全流程/如何开发一门微课：
''' 要开发一门微课，创作的流程一共分为三个大的模块，分别叫轻萃取、精设计、快制作。
首先第一个模块是轻萃取，是相对于较"重"的"组织经验萃取"而言的，后者通常由萃取专家通过访谈资深业务专家来提炼某个岗位的关键技能和经验这种方法而言的。每个人都是自己岗位的专家，只要有一些简单的工具，每个人都能完成"自我萃取"。

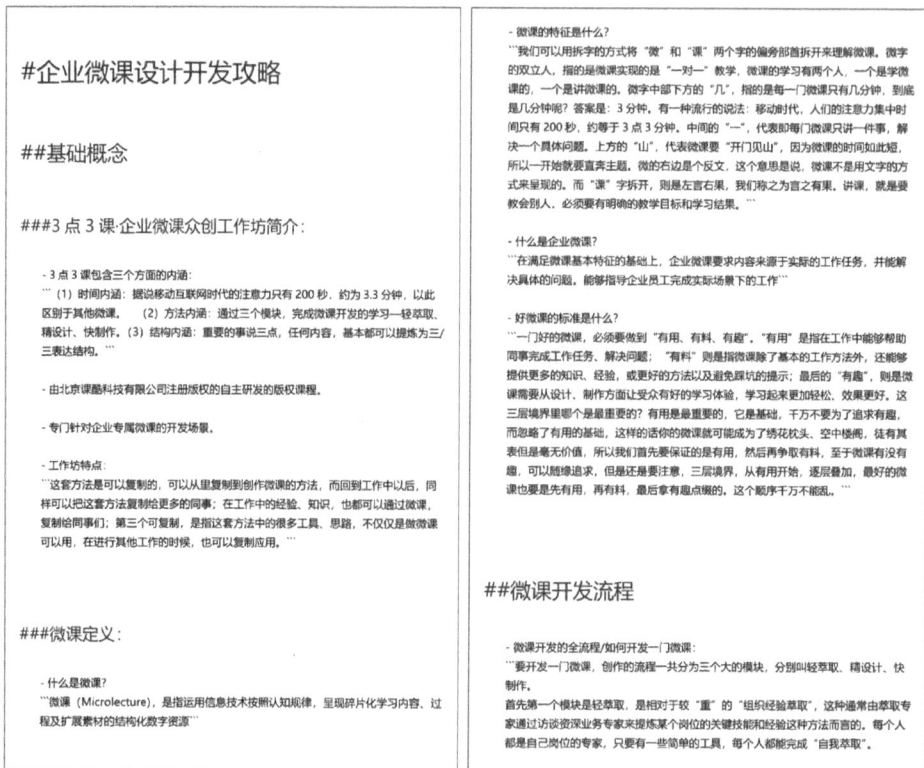

图6-7　RAG知识库文档示例

创建RAG智能体

准备好知识库文档之后，我们就可以在平台上创建智能体了。这里我们以讯飞星火为例，录制了一门创建过程的微课。可以扫描二维码进入微课教程，学习该应用。

在视频中，讯飞星火的"结构化助手指令"其实是除知识库外最核心的内容。这一部分其实就是每次检索完内容后，和检索结果一起输入生成器的"预设提示词"。而其他平台上有的叫"配置信息"（智谱清言），有的叫"设定描述"（豆包），我们需要找到并对智能体的人设、回答风格和引导逻辑进行预设，才能让智能体的回答更符合我们的要求。

随着工具的进化，操作其实越来越简单，很多平台都带有"AI自动生成配置"的功能。我们也可以先让AI打底，再根据微课中的指导，去修改各项设定。

每个平台的智能体虽然界面有所不同，但创建流程大同小异。最核心的要点就是知识库的准备和预置提示词的编制，我们可以根据上面的方法，尝试创建更多平台的智能体。

通过运用大模型、AI搜索、语音对话AIGC工具以及RAG技术，我们能够显著提升课堂讨论的效率和质量。这些技术不仅能够帮助学员更有效地获取和处理信息，还能够增强他们之间的互动体验，从而达到更好的学习效果。

第三节

讲解不再枯燥——用AIGC生成多媒体教学素材

如果课件仅包含枯燥的文字和培训师连续的讲解，学员很可能在一段时间后感到乏味和困倦。在课程中融入多媒体教学素材，可以有效变换教学模式，为学员提供视觉、听觉等多感官的刺激，从而提升学习体验。

在制作多媒体教学素材方面，AIGC工具同样能为我们提供巨大的帮助，不仅可以使风格和形式更加多样化，还能提高创作效率。具体而言，我们可以利用AIGC工具进行图片生成、视频生成和音乐生成。

AI 生图——你的"画家"助手团

课件中的配图一直是重要的教学素材。在过去，为课件配图时，往往会因为版权限制、水印、精美度以及图片无法准确表示教学内容而令培训师面临好图难寻的困境。

但AI生图工具的出现改变了这一困境，我们能够利用AIGC工具轻松获得精美、符合内容且没有版权限制的课件配图。

有位讲授心理学课程的培训师，用AI生成了一系列表情图片，用于让学员通过表情来判断情绪，如图6-8所示。

图6-8　AI生图示例

可以看到，图中的十二个男孩，各自的表情特征非常明显，我们也可以轻易从中读出诸如悲伤、惊恐、愤怒、快乐、厌恶、疑惑、渴望等情绪。这位老师生成这一系列图片，仅用了3分钟的时间。他在同一个工具中，使用同一款模型，所有图片的提示词只修改了表情描述的这一句，其他完全一致。

想要精通AI生图的技能，需要大量的学习和练习。但在培训教学领域，各位培训师无须像专业设计师那样深入研究和学习AI生图的技能，只需像这位培训师一样，快速运用AI工具，通过简单的提示词生成自己需要的图片即可。

AI生图的常用工具

目前国内能够进行AI生图的工具众多，基本上所有工具都提供一定程度的免费算力额度，额度内可以免费生图，超出额度则需要购买算力或会员。

以下是国内常用的AI生图工具，我们可以在需要时随意选取：

文心一格、通义万相、腾讯智影、美图Whee、即梦AI、堆友、商汤秒画、Canva可画、无界AI、LibLib等。

除了这十款工具，还有大量的AI生图工具，这些工具有网页端、手机App、小程序等多种形式。我们只需搜索，就能找到工具的主页和对应的使用方式，在此不再赘述。

AI生图的提示词撰写方法

在我们日常给课件配图时，并不需要过于深度地研究AI绘画软件的诸多细节设置和功能，只需要简单地学会基础的提示词公式，就可以满足使用要求。

这个公式包括"画风、内容、画质、反向"四个要素。

画风

用于描述图片画面风格的语言，通常可以包括画家或团队的风格、拍摄设备或技巧、画面材质、光线风格等。有些工具也会利用基础模型来区分画风，尤其是Stable Diffusion及其类似工具，它们都提供了大量不同风格的基础模型来区分画风。

内容

用于描述画面中的元素，通常涵盖场景、背景、画面主体（如人、动物、建筑、物品等）及其细节。内容是提示词的核心要素，其他要素可以省略，但内容必须包含。同样地，即使提示词只包含一个简单的内容描述，如"一个女孩"或"一只猫"，AI也能够据此生成一张图片。

画质

在某些工具中，可以通过提示词来限制画面质量，如要求超高的清晰度、详尽的细节等。

反向

有些工具带有反向提示词的功能，即我们不希望在画面中出现的情况，例如，低质量、错误构图、多余的手指、扭曲的五官等。

用这个公式，我们用两组提示词为例，看看不同的AI生图工具的表现，如图6-9和图6-10所示。

图6-9　提示词与AI生图结果（1）

对比各个工具的结果，不知道你喜欢哪一个呢？未来在开发课程时，你完全可以选择自己喜欢的工具，用提示词描述你所需要的图片，来生成课件的配图。

提示词：
古风，二次元
大反派男性，紫袍，长黑色头发，邪笑，18岁，紫红色眼睛，面容帅气
超高清，超级详细的细节

各平台生成结果：

| Whee | 腾讯智影 | 字节即梦 | 文心一格 | 通义万相 |

图6-10　提示词与AI生图结果（2）

AI生视频——你的专职"剪辑师"

在课堂上，一些通用或重点的知识点，通过视频的方式向学员传递，不仅能用新颖的形式吸引学员注意力，还能保证讲授内容的一致性。但过去制作视频，即便有很强的视频制作能力，也需要很长时间来完成。

现在，我们可以利用AIGC工具，在短短几分钟内制作一个针对知识点讲解的视频。

用AIGC快速生成视频操作

目前国内主流的两个AI视频剪辑工具是百度的度加剪辑和字节的剪映，它们都可以一句话生成文案和视频。

我们录制了一门微课，你可以扫描二维码跟随微课的指导，用度加剪辑来操作一下。

操作非常简单，回顾整个操作过程，必要的输入仅一句话，就生成了一段教学视频，这样的效率非常高。当然，如果对自动生成的文案不满

意，可以先让大模型生成一段更符合要求的文案，然后再粘贴到工具中生成视频。

AI 生音乐——你的随身"乐队"

从我们小学时代就积累的学习感受和经验中，不难得出这样一个结论：诗词口诀比散文和陈述更容易背诵，而歌曲比口诀更容易记忆。就像乘法口诀表、字母歌，这些知识即便相隔几十年，相信各位依然有清晰和准确的记忆。

所以有经验的培训师，往往会将重要的知识点编成押韵的口诀来便于学员记忆。AIGC的出现，不仅能帮助我们把知识内容改编成口诀，更能直接基于口诀作曲、编曲、演唱，生成一首完整的歌曲。

用AIGC编写知识口诀

只要具备基础的知识点内容，利用AIGC就能轻松编制出押韵的口诀。只需提出押韵、长度、包含知识点等基本要求即可。例如，在制作视频时，我们在让文心一言扩写的文案基础上，追加了这样的一句提示词：

把你生成的这段文案给我编写成押韵的口诀，大约十二句，要包含所有要点。

文心一言给出了这样一段口诀，如图6-11所示。

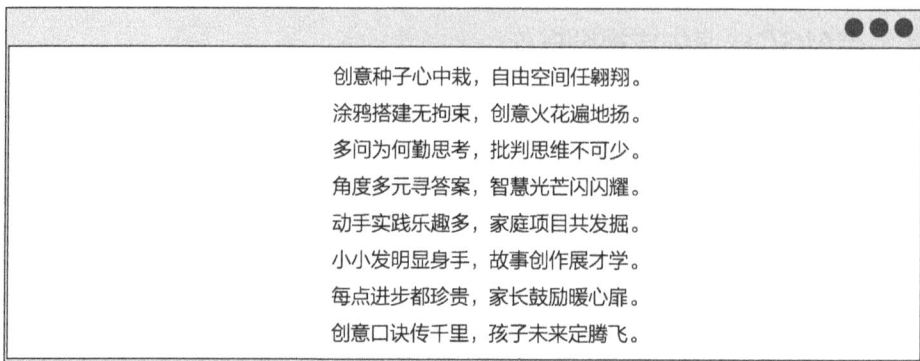

创意种子心中栽，自由空间任翱翔。
涂鸦搭建无拘束，创意火花遍地扬。
多问为何勤思考，批判思维不可少。
角度多元寻答案，智慧光芒闪闪耀。
动手实践乐趣多，家庭项目共发掘。
小小发明显身手，故事创作展才学。
每点进步都珍贵，家长鼓励暖心扉。
创意口诀传千里，孩子未来定腾飞。

图6-11　AIGC生成的知识口诀

这样一改造，任何知识点都可以轻易地编成口诀让学员背诵记忆。

用AIGC创作歌曲

接下来，我们可以尝试一个之前难以想象的方向，将这段口诀配上旋律和节奏，改编成一首歌。这次用到的工具是字节出品的海绵音乐，它有网页端和手机App，并且已经集成到豆包大模型的插件中。

以网页端为例，打开海绵音乐主页。接下来的操作非常简单，你可以扫描二维码跟随我们的微课一起创作自己的歌曲。

创作完成后可以试听一下，如果不满意，就继续更换风格、心情或声音，多生成几次直到满意，之后就可以下载或分享，用在你的课程中了。

【Evaluation】用AIGC评估培训成果

第七章

　　ADDIE模型是一个系统化的教学设计框架。在该模型中，评估（Evaluation）阶段是整个过程中最能体现培训价值的步骤，同时也是最考验专业能力的环节。然而，许多组织或培训师对评估环节存在一些误解和忽视，这往往会导致投入精力开发的课程不符合实际需求，或者最终效果不尽如人意。在本章中，我们将一起分析评估环节的关键要点，并探讨如何利用AIGC技术辅助评估工作。

第一节
培训评估的真相与价值

　　培训评估不仅是简单的满意度调查或知识测试，还涉及到反应、学习、行为、结果等多个层面的评估。这些层面相互关联，共同构成了培训效果的全面评价体系。

　　企业通过评估，能够有效提升培训效果。评估结果可以帮助培训组织者发现培训过程中的问题和不足，从而采取针对性措施进行改进。企业通过评估，还能够了解学员的学习情况和需求，为他们提供更加个性化的学习资源和支持，帮助他们更好地掌握知识和技能。

　　评估更大的价值在于，它能够提升员工绩效、优化资源配置、增强信任与沟通，从而共同作用促进组织发展。

　　然而，评估工作由于其长期性、滞后性、难以量化、难以归因等挑战，往往被忽略或形式化，难以发挥其价值。为了解决这个问题，作为培训师，我们也应当掌握评估的具体形式和方法。

在评估阶段，通常会进行形成性评估和总结性评估。形成性评估贯穿于ADDIE流程的每个阶段，总结性评估则在项目实施后进行。

形成性评估——贯穿教学设计全程的评估

形成性评估是教学设计中至关重要的组成部分。它贯穿于教学设计的各个阶段，通过持续的反馈，以便及时调整和优化教学设计。因此，在进行课程最终的总结性评估前，我们需要针对教学设计的各个阶段，明确形成性评估的主要内容、方法和要点。

分析阶段

评估内容：主要评估教学需求的准确性、教学目标的合理性以及学员特征分析的全面性。

评估方法：可以通过访谈法、问卷法、资料法和观察法等方法收集数据，了解学员的背景、兴趣、学习风格等信息；同时，还可以请专家对培训需求分析的结果进行审核，确保其科学性和可操作性。

评估要点：确保教学需求的科学性，同时关注学员的差异性，为后续设计提供基础。

设计阶段

评估内容：评估教学目标的清晰度、需求匹配度，教学策略的针对性和教学内容的适用性。

评估方法：可以通过教学设计会议、咨询专家等方式，对教学目标、教学策略和教学内容进行审查；同时，可以制作教学设计原型，进行小规模试教，收集反馈意见。

评估要点：确保教学目标具体、可测量，并充分符合培训需求；教学策略符合学员的认知规律；教学内容能够支持教学目标，满足学习需求。

开发阶段

评估内容：评估教学材料的完整性、准确性和易用性。

评估方法：可以邀请专家团队对教学材料进行审校，确保其内容的准确性和科学性；同时，可以邀请部分学员进行试用，收集他们对教学材料的反馈意见。

评估要点：确保教学材料内容完整、无误；界面友好，易于使用；能够有效支持教学目标的实现。

实施阶段

评估内容：评估教学活动的有效性、师生互动的充分性和学员的参与度。

评估方法：可以通过课堂观察、教学日志、学员反馈等方式，收集教学活动实施过程中的数据；同时，可以利用教学平台的数据分析工具，了解学员的学习进度和成绩变化。

评估要点：关注教学活动的实施效果，及时调整教学策略；促进师生互动，提高学员的参与度；关注学员的学习状态，提供必要的支持和帮助。

只有通过这种系统化的形成性评估方法，才能确保培训项目的每一步都有据可依，从而提高培训效率并确保学员获得所需的知识和技能。

总结性评估——衡量培训成效的最终标尺

总结性评估，作为培训项目周期中的最后一道关卡，是对整个培训项目效果的全面审视与总结。其目标是衡量培训是否达到了既定的目标，以及学员在知识、技能、态度等方面的实际提升情况。

在进行总结性评估时，我们通常会使用唐纳德·L.柯克帕特里克提出的柯氏四级评估，逐级深入地对课程结果进行评估。

第一级：反应评估（Reaction）

反应评估主要关注学员对培训的整体满意度，通过问卷调查、面对面访谈、在线反馈系统等收集学员反馈，了解他们对培训内容、培训师表现、教学设施、学习环境等方面的感受。

第二级：学习评估（Learning）

学习评估着重评估学员在培训过程中获得的知识、技能和态度的变化，可采用前后测、知识测试、技能演示、案例分析等方式直接测量学员的学习成果。

第三级：行为评估（Behavior）

行为评估观察学员在培训结束后将所学知识和技能应用于工作中的行为变化，通过360度反馈、行为观察、绩效考核等收集学员行为变化的证据。

第四级：结果评估（Result）

结果评估衡量培训对组织绩效的实际影响，包括生产效率的提升、成本的降低、客户满意度的提高等。它采用财务数据分析、客户满意度调查、市场占有率变化等量化指标，并结合对关键利益相关者看法的定性分析。

由于评估工作的主要方向是分析、判断和决策，而非创作，因此在这一环节，AIGC工具并不能作为主角来完成核心工作，特别是在形成性评估工作中，往往需要培训师和专家丰富的经验和深度的思考，来对各环节工作进行判断。

但在总结性评估中，我们依然可以借助AIGC工具来辅助提升效率。

第二节
反应评估——用AIGC生成评估问卷与分析问卷结果

反应评估作为柯氏四级评估模型的第一级，主要目的是了解学员对培训项目的主观感受或满意程度，包括他们对课程内容、培训师表现、培训设施、教学方法等方面的看法。

评估问卷设计原则

一般来说，在进行反应评估时，大多采用问卷法。在设计评估问卷时，应遵循以下原则。

简洁明了

问题表述应简洁明了，避免使用模糊或过于专业的词汇，确保学员能够轻松理解并作答。

客观中立

问题设计应客观中立，避免引导性提问或带有个人立场的问题，以保证收集到的数据真实可靠。

全面覆盖

问卷应覆盖反应评估的各个方面，包括课程内容、培训师、设施、方法等，以全面评估学员的满意度。

易于分析

问题设置应便于后期数据统计和分析，如采用量表题形式（如非常满意、满意、一般、不满意、非常不满意），或采取评分制形式，并合理控制问题数量。

用 AIGC 设计评估问卷

在大多数企业或组织内，通常会有针对培训反应评估的问卷模板，而我们在互联网上也可以轻易找到很多参考模板，这些模板完全可以直接使用或稍加修改后使用。

如果我们希望问卷能更针对自己的课程，也可以让AIGC来设计评估问卷。使用AIGC设计问卷时，可以在告知课程主题内容和提出具体要求方面进行个性化的输入，以获得针对性的结果。

例如，使用下面这样一段提示词：

角色：我是一个培训师。

背景：我有一门课程名为"AIGC升级内训课程开发"，主要讲授在ADDIE模型的基础上，如何在各个环节运用AIGC工具进行提质增效，课程内既有课程设计的原理和方法，又有AIGC工具的使用技能。

（如果需要，可以在背景中添加课程大纲。）

目标：我需要一份用于评估学员反应的课后评估问卷。

任务：请帮我设计这份问卷，要求如下：

1.问卷要简洁明了、客观中立，对包括课程内容、培训师、设施、方法等全面覆盖又易于分析。

2.问卷中的题目在10~20题之间，满分为100分，每道题的选项可以设计根据学员的评价对应不同的分值。

3.问卷中要包含针对具体这门课程相关内容的题目。

我们用这段提示词输入了五款主流的AIGC大语言模型，所有模型都能毫无压力地生成完整的问卷，如图7-1所示。你也可以针对自己的课程，尝试生成一份课后评估问卷。

"AIGC升级内训课程开发"课后评估问卷

尊敬的学员，您好！

感谢您参与本次"AIGC升级内训课程开发"课程。为了不断提升我们的教学质量，我们诚挚邀请您花几分钟时间完成以下评估问卷。您的反馈对我们非常重要，将直接用于课程改进。

基本信息（可选填，仅用于数据分析）

您的职业背景：__________

您对AIGC的熟悉程度（5=非常熟悉，1=非常不熟悉）：__________

一、课程内容评价（共40分）

1.课程内容的相关性（5分）

非常相关（5分）；较为相关（4分）；一般（3分）；不太相关（2分）；非常不相关（1分）

2.课程对ADDIE模型的覆盖程度（5分）

全面且深入（5分）；深入讲解（4分）；基本覆盖（3分）；略有提及（2分）

……

二、培训师表现评价（共30分）

9.培训师的专业知识水平（5分）

非常专业（5分）；一般（3分）；不足（1分）

10.培训师的授课清晰度与逻辑性（5分）

非常清晰且有条理（5分）；一般（3分）；非常不清晰（1分）

……

三、教学设施与方法评价（共20分）

15.教学设施的完善程度（5分）

设施先进且齐全（5分）；基本满足需求（3分）；设施陈旧且不足（1分）

……

四、总体评价与建议（共10分）

19.您对本次课程的总体满意度（10分）

……

图7-1　AI生成的评估问卷示例

用 AIGC 分析评估问卷统计结果

在学员填写评估问卷并完成收集统计后，我们可以利用AIGC来分析评估结果。如第三章所述，对于表格分析，Kimi和智谱清言的能力较为突出。让我们来看一个案例，某企业培训经理针对一位老师使用智谱清言进行的分析。

这家企业首先整理了一个包含39份有效问卷结果的统计表格，并上传给智谱清言，同时输入了以下提示词：

角色：你是一个资深数据分析师。

背景：上传的文档是一份关于微课开发培训的反应评估统计表。

目标：请分析数据并得出对这位老师的综合评价。

任务：评价至少应包含以下几个方面：

1.这位老师的总体评价评语（500字）。

2.这位老师最为擅长的优点以及分析。

3.这位老师的各项能力分布（可以用图表来呈现）。

4.你能从数据中分析出来的其他结论，都可以做相应的图表并说明。

这位培训经理获得的结果如图7-2和图7-3所示。

从结果中，我们可以看出智谱清言在分析数据时，不但按照要求给出了结论并绘制出了图表，并且给出了每一步的过程说明，做到了"有理有据"。

而这位培训经理的分析只是针对老师的，在分析评估问卷时，我们还可以调整提示词，来分析内容、配套等各个方面，从而找到改进和优化的方向。

根据加载的数据，我们可以看到这份调研表包含了多个评价维度，如课程结构、课程内容、课件制作、业务专业水平、仪态与表达能力、维持学员兴趣能力、引导学员提问及讨论能力、课程感兴趣程度、培训效果与期望的对比，以及对本次培训的综合评价和评价分数。

接下来，我将开始分析这些数据，以便对老师的综合评价进行回答。首先，我会计算各项评价维度的平均分数，这将帮助我们了解老师在不同方面的表现。然后，我将基于这些分析来撰写评价报告。

基于微课开发培训的学员满意度调研数据，这位老师在各项评价维度上表现如下：

- 课程结构平均分：9.97
- 课程内容平均分：9.93
- 课件制作平均分：9.76
- 业务专业水平平均分：9.86
- 仪态与表达能力平均分：9.86
- 维持学员兴趣能力平均分：9.83
- 引导学员提问及讨论能力平均分：9.90
- 课程感兴趣程度平均分：9.90
- 培训效果与期望对比平均分：9.79
- 对本次培训的综合评价平均分：9.86
- 评价总分平均分：98.66

接下来，我将撰写一份500字的总体评价评语，并分析老师最为擅长的优点。然后，我会制作一张图表来展示老师的各项能力分布，并尝试从数据中得出其他结论。

根据调研数据，这位老师在教学方面表现卓越。课程结构平均分数接近满分，达到了9.97，这表明老师对于课程的组织和架构设计非常合理，能够清晰地呈现课程内容，让学员容易理解和吸收。同时，课程内容的平均分数为9.93，显示出老师对于教学内容的掌握程度非常高，能够深入浅出地讲解复杂的概念，使学员能够快速掌握知识点。

老师的课件制作能力也值得称赞，平均分数为9.76，说明老师能够制作出高质量的课件，辅助学员更好地理解和记忆课程内容。在业务专业水平方面，老师的平均分数为9.86，表明老师具备深厚的专业知识和丰富的实践经验，能够为学员提供专业的指导和帮助。

此外，老师在仪态与表达能力方面也表现出色，平均分数为9.86，说明老师具备良好的沟通能力和表达技巧，能够清晰、生动地传达信息，使学员能够更好地理解和接受教学内容。在维持学员兴趣能力和引导学员提问及讨论能力方面，老师的平均分数分别为9.83和9.90，显示出老师能够激发学员的学习兴趣，引导学员积极参与讨论和提问，促进学员的主动学习和思考。

综合来看，这位老师在教学方面具备全面而优秀的表现，不仅具备深厚的专业知识和丰富的实践经验，还具备出色的教学设计和组织能力，能够为学员提供高质量的教学服务，深受学员的喜爱和认可。

图7-2　智谱清言的分析结果（1）

接下来，我将制作一张图表来展示老师的各项能力分布，并尝试从数据中得出其他结论。

⊘ **代码生成: 已完成** ∨

结果

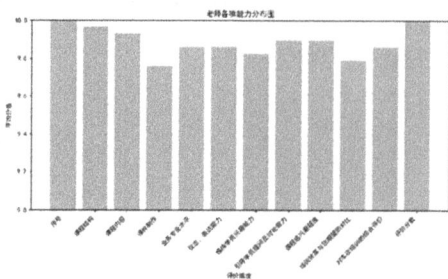

如上图所示，我们可以看到这位老师在各项评价维度上的平均分数都非常高，几乎都接近满分。这进一步证实了老师在教学方面的全面性和专业性。特别是在课程结构、课程内容、业务专业水平、仪态与表达能力、引导学员提问及讨论能力等方面，老师表现尤为突出，平均分数接近或达到10分。

此外，从数据中还可以看出，老师在维持学员兴趣能力和课件制作方面也表现优秀，虽然这两项的平均分数略低于其他维度，但仍然表明了老师在这两方面的能力也是非常出色的。

综合以上分析，我们可以得出以下结论:

1. 这位老师在教学设计和组织方面非常出色，能够清晰、合理地呈现和讲解课程内容。
2. 老师具备深厚的专业知识和丰富的实践经验，能够为学员提供专业的指导和帮助。
3. 老师具备良好的沟通能力和表达技巧，能够有效地传达信息，激发学员的学习兴趣，并引导学员积极参与讨论和提问。
4. 老师的课件制作能力也非常出色，能够制作出高质量的课件，辅助学员更好地理解和记忆课程内容。

总体来说，这位老师在教学方面具备全面而优秀的表现，深受学员的喜爱和认可，是一位非常出色的教育工作者。

图7-3 智谱清言的分析结果（2）

第三节
学习评估——用AIGC生成
考试题库并批阅分析

　　学习评估是柯氏四级评估模型中的第二级，直接关联到培训的核心目标——学员的学习成果。这一阶段的评估重点在于衡量学员在培训过程中所获得的知识、技能和态度的变化，是检验培训效果的关键步骤。

　　通过学习评估，我们能够了解学员对培训内容的掌握程度，评估培训内容是否达到了预期的学习目标，对于培训课程的持续改进和优化具有重要的指导意义。

学习评估测试题的设计原则

　　在进行学习评估时，常用的手段是通过测试题来评估学员的学习情况。这些测试题可以是选择题、判断题、填空题、简答题、案例分析题等。

　　测试题的设计需要紧密结合培训目标和内容，确保评估的有效性和针对性。在编制测试题时，我们要注意遵循以下原则要点。

目标一致性

　　测试题应与培训目标保持一致，确保评估内容的相关性。也就是说，测试内容要能够准确反映学员对培训内容的掌握情况。

覆盖全面性

在设计测试题时，需要对培训内容进行细致的分析，确保题目全面覆盖培训内容的关键点，避免遗漏重要知识点。

难度适宜

测试题的难度设计需要考虑到学员的学习能力和知识背景，与学员的学习水平相匹配，既不应过于简单，也不应过于复杂。确保测试题既能准确评估学员的学习成果，又不会因难度过高而打击学员的学习积极性。

区分度明显

测试题应具有较好的区分度，能够区分不同水平的学员。测试题的设计应包含不同难度的题目，以区分学员对培训内容掌握的深度和广度。这有助于培训师更准确地了解学员的学习水平，为后续的教学活动提供更有针对性的指导。

用 AIGC 设计测试题库

在编制测试题时，我们可以充分发挥AIGC的优势，通过提供教学内容文档，并指定各种题型的数量和要求，快速生成测试题库。

例如，我们可以先上传给AIGC已经整理完成的讲稿、学员手册、创建智能体时整理的知识库文档，再输入以下一段提示词：

角色：你是一个测试题出题专家。

背景：上传的文档是我的课程内容。

目标：你需要给我编写一整套测试题。

任务：请根据文档中的知识，编写出填空题5道、单选题5道、多选题5道、判断题5道、简答题3道，具体要求如下：

1.所有题目的题干和正确答案必须基于背景信息中的知识内容。

2.填空题每道题只留一个空，可以在这个空里写多个知识点。

3.单选题、多选题、判断题题目中的备选错误答案或选项可以是正确答案的反向说明、背景信息中的其他内容、与背景信息无关的错误答案等。

4.题型按照```一、二、三……```的编号规则，题目按照```1. 2. 3.```的编号规则。

5.在出完所有题目后，再单独起一个段落给出所有题目正确答案的汇总。

6.简答题的正确答案给出参考答案后，要说明批阅需关注的要点。

我们直接以本章第一节的文稿为例，上传给Kimi并输入提示词后，Kimi给出的测试题库如图7-4所示。

一、填空题
1. 培训评估涉及多个层面，包括反应、学习、行为和_____。
2. 形成性评估贯穿于ADDIE流程的每个阶段，其中A代表_____。
3.……
二、单选题
1. 培训评估的主要价值不包括以下哪项？
    A. 提升员工绩效
    B. 优化资源配置
    C. 增加员工工资
    D. 增强信任与沟通
2. 形成性评估不包括以下哪个阶段？
    ……
三、多选题
1. 形成性评估在教学设计中的作用包括：
    A. 提供持续的反馈
    B. 及时调整和优化教学设计
    C. 收集学员的个人爱好
    D. 确保培训项目的每一步都有据可依
2. 在设计评估问卷时，应该遵循的原则包括：
    ……
四、判断题
1. 培训评估只包括满意度调查。（   ）
2. 总结性评估是在项目实施后进行的。（   ）
3.……
五、简答题
1. 请简述形成性评估在教学设计中的重要性。……

正确答案汇总：
一、填空题
1. 结果
2. 分析
二、单选题
1. C
2. D
三、多选题
1. A、B、D
2. A、B、C、D
四、判断题
1. 错误
2. 正确
简答题参考答案及批阅要点：
1. 形成性评估在教学设计中的重要性在于它提供了持续的反馈，使得教学设计可以在实施前进行及时的调整和优化，确保每一步都有据可依，提高培训效率并确保学员获得所需的知识和技能。
2.……

图7-4　Kimi生成的试题

这样，过去可能需要几小时来编制的一套习题，现在大约1分钟就能完成，效率提升了不止十倍。但需要提醒的是，如果文档内容过长，即便Kimi或智谱清言拥有超长上下文处理能力，它们单次对话的输出字数依然有限，因此可以分批分段生成测试题库，例如以每一章或每一节为单位进行生成。

另外，如果觉得每次都要写这么一大段提示词比较烦琐，也可以直接创建一个不带知识库的智能体，只需将大段的提示词稍做修改，作为智能体配置信息中的预置提示词。这样，以后只需简单地上传文档并说明各种题型的数量，就能获得对应的题库。

用 AIGC 批阅试卷并分析结果

批阅试卷对于培训师来说，是一项技术含量低但又耗费精力的工作。有些资深的培训师会将题库和正确答案交给助理，由助理来批阅试卷。现在，即便没有助理，培训师也可以把这项工作安排出去，让AIGC成为培训师的阅卷助手。

具体的操作方法，在本书的前几章已有类似的任务与范例。我们希望你在阅读本章时，已经具备了根据需要编制提示词或创建智能体的能力。因此，接下来我们将提供方法和流程供你参考，你可以尝试与AIGC协同完成这项任务。

批阅方法一：两步投喂批阅试卷

如果题库题量不多，或这门课程的授课频次不高，可以采用本书第三章中，用资料法分析培训需求类似的方法。先将包含标准答案的题库投喂给AIGC，再将学员的答卷或答题结果汇总表投喂给AIGC，让它根据标准答案来批阅学员的作答结果。

批阅方法二：创建RAG智能体长期使用

如果课程知识量大、题库数量多，或需要进行全员轮训，也可以将包含标准答案的题库作为RAG智能体的知识库，创建一个RAG智能体。以后每次只需要上传学员的作答结果或汇总，即可快速完成批阅工作。

在使用这两种批阅方法的同时，我们都可以在提示词中添加输出格式的要求，让AIGC不但给出每个学员的总分，还可以给出每道题的得分、每道题的正误数量等数据，并以表格形式输出。这样一来，我们更方便在下一步对输出数据进行分析。

用AIGC分析考试结果

在完成试卷批阅后，AIGC给我们反馈了学员的作答情况结果。那么，从这个结果当中，我们可以获得有针对性的结论。例如，通过集中的错题以及高频的错误答案，可以分析出学员学习过程中掌握薄弱的内容，容易混淆的知识点，从而反推出我们在教学设计过程中，该如何加强这些内容的传播有效性，或设计一些策略帮助学员区分容易混淆的知识点。

这样的分析，也可以轻易通过AIGC实现。只需将标准答案、作答结果统计上传作为背景信息，再提出诸如提炼易错主题、分析主要错误情况等任务要求，就可以获得基于实际数据的分析结果。

第四节
行为评估——用AIGC辅助追踪行为转变

在柯氏四级评估模型中，第三级行为评估已不再局限于课堂上的短期评估，而是针对学员在学习结束后回到实际工作岗位上，其行为改变的评估。这些对行为的评估，通常不再仅是培训师的工作，而是需要学员的上级、同事或下属进行观察，以得出结论。

尽管如此，作为培训师，我们仍应在行为评估中向观察者提供相关资料和指导，并在观察者完成观察后，对观察结果进行分析和评估。在这个过程中，AIGC同样能为我们提供一定的帮助。

用 AIGC 辅助生成行为观察指南

如果培训师的课程在进行培训需求分析时采用了观察法，那么课后的行为观察可以直接使用分析需求时的观察清单。完成观察后，还可以直接对比课前与课后学员的行为变化情况。

但如果培训师的课程并没有使用观察法来调研培训需求，学员在学习后可能会展现出一些之前没有过的具体行为。在这种情况下，我们还需要针对课程的主题和内容，来整理一份行为观察指南。

这份指南可以包括观察的周期、要观察的行为与标准、每个行为可能出现的场景等。我们尝试以《从凝聚到卓越——基层团队管理者必备锦囊》一书的文稿作为课程内容，来组织一下提示词。

角色：你是一个培训评估专家。

背景：上传的文档包含了一门课程的全部细节内容。课后，我们将对参与的学员进行行为评估，评估时需要学员所在团队的成员对其行为进行观察和分析。

目标：你需要为执行观察的人员提供非常细致的指导。

任务：编制一份《行为观察指南》，具体要求如下：

1. 观察的行为应源自文档内容，并确保覆盖所有重点，即总结出文档中的核心要点，作为学员课后可以展现的可观测行为。

2. 针对每一项行为，要说明该行为的细节描述、评价的标准和方法、行为一般发生的场景和常见的结果或表现形式等。

3. 观察指南应包含整体的观察周期。

4.针对观察工作，需要设计可使用的观察清单或表格。

5.观察指南应确保观察操作可实施、行为可观测、行为标准可量化。

在这一轮的多模型对比中，智谱清言的回答更接近我们预期的结果，可以作为底稿来进一步细化，如图7-5所示。

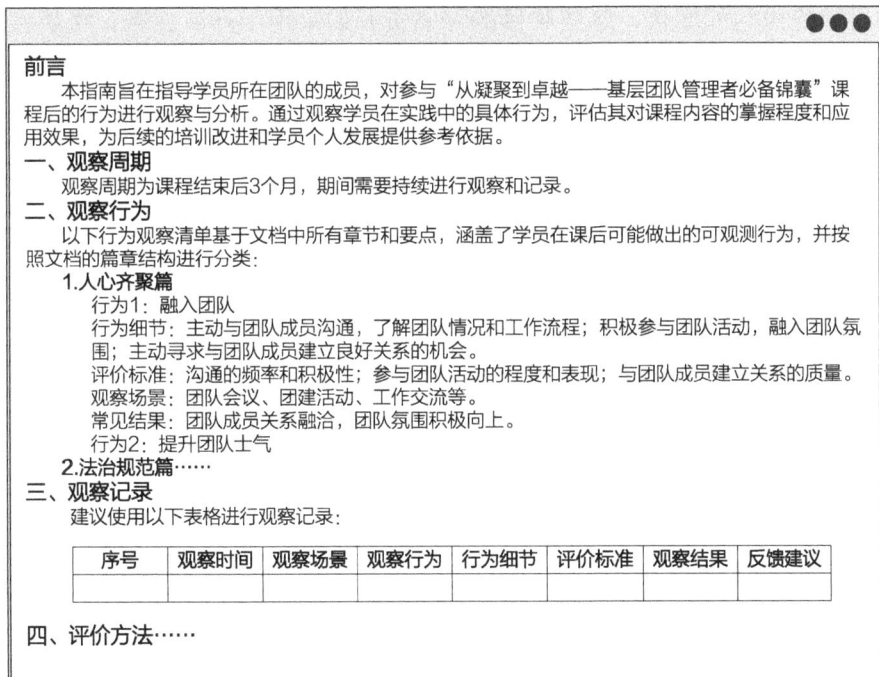

前言
　　本指南旨在指导学员所在团队的成员，对参与"从凝聚到卓越——基层团队管理者必备锦囊"课程后的行为进行观察与分析。通过观察学员在实践中的具体行为，评估其对课程内容的掌握程度和应用效果，为后续的培训改进和学员个人发展提供参考依据。
一、观察周期
　　观察周期为课程结束后3个月，期间需要持续进行观察和记录。
二、观察行为
　　以下行为观察清单基于文档中所有章节和要点，涵盖了学员在课后可能做出的可观测行为，并按照文档的篇章结构进行分类：
　　1.人心齐聚篇
　　　　行为1：融入团队
　　　　行为细节：主动与团队成员沟通，了解团队情况和工作流程；积极参与团队活动，融入团队氛围；主动寻求与团队成员建立良好关系的机会。
　　　　评价标准：沟通的频率和积极性；参与团队活动的程度和表现；与团队成员建立关系的质量。
　　　　观察场景：团队会议、团建活动、工作交流等。
　　　　常见结果：团队成员关系融洽，团队氛围积极向上。
　　　　行为2：提升团队士气
　　2.法治规范篇……
三、观察记录
　　建议使用以下表格进行观察记录：

序号	观察时间	观察场景	观察行为	行为细节	评价标准	观察结果	反馈建议

四、评价方法……

图7-5　智谱清言生成行为观察指南示例

由于单次输出字数的限制，这份包含3600多字的观察指南仍可视为一个框架。但基于这份框架指南，我们可以进一步追加指令，让AIGC拆分每一个行为的细节，提供更多的描述或案例说明，也可以让它继续为我们设计量化的测评标准，或者继续细化观察清单的设计。

而在观察实施之后，我们回收的观察记录汇总资料，也可以像之前一样，用AIGC进行两步投喂的分析，或创建智能体进行分析。

至此，我们已经明确了如何利用AIGC来辅助前三级的总结性评估工作。对于第四级的价值评估，我们首先建议：非重要和必要的培训不做第四级评估。考虑到组织资源的投入产出比，很多与战略、业务关联不大的基础培训，或者为了解决某些短期问题而进行的培训，没有必要进行第四级评估。因为第四级评估也需要投入人力、物力等资源，很有可能投入大量资源后评估出的价值，还不如评估工作本身的成本高，得不偿失。企业的目标是盈利和增长，这些项目的评估资源如果用于开展业务，可能会带来更大的收益。

因此，通常情况下，只有那些与企业战略目标高度相关、领导特别关注、持续时间长、开发成本高、受众广泛、与可获取的业务指标有直接因果关系、对结果价值预期高的课程，才建议进行第四级评估。

如果你的课程恰好符合上述开展第四级评估的条件，那么在进行第四级评估时，也可以将培训前后对应的业务指标数据上传给AIGC，让它帮助你进行对比分析。但要注意明确培训和指标之间的直接关联性和因果关系，避免夸大培训的效果。

用AIGC助力课程宣发

第八章

在前几章中，我们探讨了课程设计与开发的方法，为课程的成功奠定了基础。然而，在当今的数智化时代，课程的成功不仅依赖于其内容的质量，还取决于宣发的有效性。有了好的课程，更要有临门一脚的宣发。传统的课程宣发方式常常受到预算和创意的限制，而AIGC技术的出现，提供了全新的解决方案。在本章中，我们将深入探讨如何利用AIGC技术来提升课程宣发的效果，实现低成本、多样化的宣发策略，并突破传统宣发的局限性。

在本章中，我们将深入探讨如何利用AIGC技术实现上述目标，并提供具体的应用案例和操作指南，帮助大家在课程宣发中取得更大的成功。

第一节

宣发物料不花钱——AIGC生成
课程海报与培训师形象照

课程海报和培训师形象照作为视觉传播的重要载体，其作用不容小觑。它们不仅是课程信息传递的窗口，更是吸引学员注意、激发学习兴趣的关键元素。一个设计精美的海报和专业的培训师形象照，能够有效传达课程的核心理念和培训师的专业形象，从而提升课程的吸引力和影响力。

然而，制作这些视觉素材往往需要耗费大量的时间和精力。借助AIGC工具，我们可以快速生成高质量的课程海报和培训师形象照，大大减轻了手动设计的负担，如果工具选择得当，还可以节省大量成本。这些工具利用先进的人工智能技术，能够根据用户提供的简单指令和素材，自动生成符合需求的视觉内容。这样，我们可以将更多的时间和精力投入到课程内容的准备和教学质量的提升上。

AIGC 生成课程海报

AIGC设计工具选择

生成海报类AIGC大模型众多，如美图设计室、稿定AI设计、创客贴、Canva AI、美间AI设计等，这些工具各自具有独特的优势。

美图设计室的用户界面友好，适合非专业设计用户，设计新手易于上手，提供免费的基础功能，并拥有丰富的模板和设计元素。

稿定AI设计提供了多种设计模板，适合多种场景的设计，同时支持在线协作。但部分高级功能和资源可能需要付费，界面相对不够直观。

创客贴这款应用简单易用，适合设计新手，同时提供多种尺寸的模板，包括社交媒体图像，但免费版的功能和资源可能受限，设计的原创性可能不高。

Canva AI拥有大量高质量的设计模板，支持团队协作，资源丰富。但部分高级功能和资源需要订阅付费版本。

无论采用哪款应用，其使用流程大致相同，我们可以根据具体需求，选择适合的应用。

AIGC生成海报

一张课程海报的设计，大致包含以下步骤：选择模板、填入信息、编辑设计、定稿导出。接下来，可以扫描二维码，进入美图设计室教程，通过具体的指导步骤，设计一款海报。

在此，需注意版权问题。如果海报仅限于个人用途且不涉及商业活动，可以安心使用。如果海报用于商业用途，请留意版权问题，可能需要支付额外费用以获得商用许可。遵循这些步骤，可以迅速生成一张高质量的课程海报。利用AI工具，不仅提升了效率，还确保了设计的专业性与美观性。

AIGC 生成培训师形象照

AIGC生成照片工具选择

如果有一款AI应用能够媲美市面上那些昂贵且耗时的实体照相馆，将为我们节省大量成本。目前，市场上能够高质量生成形象照的应用并不多，其中"妙鸭相机""通义万相""美图秀秀""智能证件照"以较高的性价比脱颖而出。

妙鸭相机作为一款手机端App，其界面设计简洁直观，让用户能够迅速上手并轻松找到所需功能，尤其适合摄影初学者。它提供了多样化的AI生成风格，涵盖了商务形象、证件照、时尚照及黑白照等多种写真模板，满足了用户对于不同场景下的个性化需求。在费用方面，妙鸭相机贴心地提供了免费试用版本以及付费选项，用户可以根据自身需求灵活选择，既经济又实用。

通义万相通过其现代感十足的网页版界面，展现了其专业且用户友好的设计理念，功能布局合理，为用户带来了极佳的使用体验。该平台功能全面，不仅支持多种图像处理和生成技术，还提供了12套精心设计的形象模板，满足不同用户的创作需求。在费用上，通义万相提供了基础免费服务，但对于部分高级或特定功能，用户可能需要订阅或购买以享受更完整的服务体验。

美图秀秀以其丰富的界面设计和多样化的模板、滤镜选项著称，特别适合那些追求创意与个性化表达的用户。从基础的照片编辑功能到高级特效处理，美图秀秀一应俱全，为用户提供了广阔的创作空间。在费用方面，美图秀秀同样采取了免费与付费并行的策略，虽然大部分基础功能免费开放，但部分高级或特色功能则需要用户付费解锁，以满足不同层次的用户需求。

智能证件照专注于证件照制作领域，其界面设计简洁明了，功能集中且高效，让用户能够迅速完成证件照的拍摄与编辑。在功能丰富度上，它虽不像其他工具那样多元，但胜在专一，致力于提供高质量的证件照生成和优化服务。在费用方面，智能证件照通常提供基础功能免费使用，同时也为需要更多定制化或高级优化功能的用户提供了付费选项，确保了服务的灵活性和可扩展性。

我们可以根据自己的需求和偏好选择最适合的AI形象照生成工具。从表现上来看，通义万相和妙鸭相机在生成形象照方面更为优异，如果免费使用，可选择通义万相；如果愿意用一杯奶茶换取更好的成片效果，可以选择妙鸭相机。

AIGC生成培训师形象照

图8-1是本书作者之一———赵明星老师使用AIGC工具生成的个人写真照，与本人极为相似。

图8-1　AI写真照示例

如何制作这样的照片呢？其实很简单，可以扫描二维码，使用通义万相写真馆，为自己创建几张形象照。

妙鸭相机的流程与之类似，软件界面中各个功能也都位于显著位置，我们来总结一下共性的流程。

首先，需要创建基础形象。通义万相需要上传2~4张照片以创建形象，而妙鸭相机则需要上传14~50张照片，制作数字分身。无论上传多少张照片，都强调要采用多光线、多背景、多视角、多表情进行拍摄，并提供了错误示例。

其次，生成基础形象。上传好照片后，需要生成基础形象，两款应用都可以在后台进行工作，此时我们可以处理其他事务，一杯咖啡的工夫，基础形象便生成了。

最后，生成虚拟写真。有了基础形象之后，便可以选择写真模板，生成虚拟写真。通义万相提供的模板相对较少，生成的形象也不支持编辑调整，这需要不断调整基础形象以获得更佳效果，因此调试后期的时间成本相对较高。而妙鸭相机在这方面提供了更为丰富的选项，生成的数字分身不仅有更多的选择模板，每套模板生成的形象也可以通过"更像我"功能来调整相似度，还可以进行高清化和AI滤镜的设计，让我们的形象更加多彩动人。

第二节

课程宣发更多样——五分钟用AIGC生成课程简介视频

在企业培训中，宣传视频常常被忽视，许多培训师还没有意识到其在激发学员学习动机方面的潜力。宣传视频不仅是信息传递的工具，更是激发兴趣和动机的有力手段。通过生动的画面和引人入胜的叙述，视频能够有效地展示课程的核心价值和实际应用场景，从而增强学员的参与感和学习动力。

　　然而，制作高质量的宣传视频通常被认为是耗时且资源密集的任务，这使得许多培训师望而却步。幸运的是，借助AIGC工具，培训师可以轻松克服这些挑战。这些工具利用先进的人工智能技术，能够根据简单的指令和素材，快速生成专业的宣传视频。这样，培训师可以在不增加额外负担的情况下，利用视频的优势来提升课程的吸引力和影响力，将更多的时间和精力投入到课程内容的优化和教学质量的提升上。通过这种方式，企业培训可以更有效地激发学员的学习动机，提升培训效果。

什么是好的课程宣传

　　在利用AIGC生成优质视频文案之前，我们需要先达成共识：一个优秀的视频文案应具备哪些特点。通过对大量企业实践案例的分析，我们总结出优秀的宣传视频文案应具备以下五个关键特点。

引人入胜的开场

　　课程的开场设计得足够吸引人，以便迅速抓住学员的注意力，激发学员的学习兴趣。

简洁明了的信息传递

　　文案应简明扼要，直接传达核心信息和课程价值，确保信息在有限的时间内有效传达，学员能够轻松理解。

情感共鸣与视觉化语言

　　通过情感化的语言和生动的描述，引发学员的情感共鸣，基于最新AI技术升级创意，如通过数字人讲解或通过场景素材解释等，能帮助学员在脑海中形成清晰的画面。

突出课程卖点

明确展示课程的独特优势和亮点，让学员了解为什么这个课程值得关注，从中能够获得哪些收益，带来哪些实践指导等。

明确的行动号召与品牌一致性

结尾包含明确的行动号召，引导学员采取下一步行动，同时保持与品牌风格一致，增强品牌识别度。

综上，我们不难发现，一门好的课程宣传至关重要，因为它能够有效吸引学员的注意力，传达课程的核心价值，并激发学习动机。一个好的宣传文案应包含引人入胜的开场、简洁明了的信息传递、情感共鸣与视觉化语言、突出课程卖点，以及明确的行动号召与品牌一致性。这些要素共同作用，确保课程信息被清晰传达，并促使学员采取积极行动。

用 AIGC 生成宣传视频

步骤一：用AIGC生成视频脚本

为了充分激发学员的学习动机，在第五章生成课程介绍时，我们学习了教学设计大师约翰·凯勒提出的ARCS模型。这里有两个关键点：一是这个模型的理念在生成课程宣传脚本时也同样适用；二是当我们生成一项内容时，具有模型思维更能事半功倍。

这里提供一个全新的模型——AIDA模型。在设计课程宣传文案时，充分利用AIDA模型的各个阶段，可以有效吸引学员的注意力，并激发学员的兴趣、渴望和最终的行动。在应用AIGC工具之前，我们先了解使用AIDA模型设计成功的课程宣传的详尽指南。

注意（Attention）

课程宣传的起点是吸引受众的注意力。利用引人入胜的标题和趣味盎然的内容，无论是通过震撼的数据、独特的观点还是视觉上的冲击，快速打动学员，促使他们继续关注。例如，可以这样开篇："想要在竞争激烈的职场中脱颖而出吗？我们的课程正是你需要的秘密武器！"

兴趣（Interest）

在成功抓住学员的注意力后，接下来的目标是保持学员的兴趣。详细介绍课程的独特卖点、授课专家的资质和经验，以及运用的创新教学方法。通过片段视频、见证分享或实验式学习体验，展示课程内容如何超越传统课堂，激发学员的学习渴望。

渴望（Desire）

通过建立与学员需求和梦想的联系，激发他们的渴望。描绘参加课程后，他们将体验到的转变和成就。从学习新技能到实用案例，展示课程将如何帮助他们克服自身障碍，实现职业梦想。

行动（Action）

最后，明确指引学员采取行动。通过限时折扣、免费试用或者直接提供报名链接，鼓励他们立即注册课程。传达实行这些行动将带来的直接益处，确保学员理解他们现在就加入的重要性。

有了对AIDA模型的理解，接下来我们将开启对大模型的提问。我们将课程介绍和大纲上传至Kimi，并输入以下提示词框架：

角色：你是一个文案大师，已经学习并擅长使用AIDA模型来撰写课程宣传文案。

背景：上传的文档是我的课程"用AIGC高效开发微课"的课程介绍，这门课的学员是课程开发师、企业中层及以下在职人员。

目标：我需要一份能够激发学员学习兴趣的"用AIGC高效开发微课"课程宣传文案。

任务：请分别为我撰写课程宣传文案，要求如下：

1.整体课程介绍的内容要对应到AIDA模型的各个模块，要能激发学员动机，但是可以根据课程介绍的结构灵活调整，确保顺畅合适。

2.课程介绍的内容要基于我这次上传的文档并进行提炼或扩展。

3.文案内容控制在500字以内。

4.提炼三个最主要、最能吸引人的课程亮点。

5.课程介绍要站在学员视角，充分挖掘价值，让学员愿意参加本次学习。

6.风格要风趣、幽默。

Kimi的输出结果如图8-2所示。

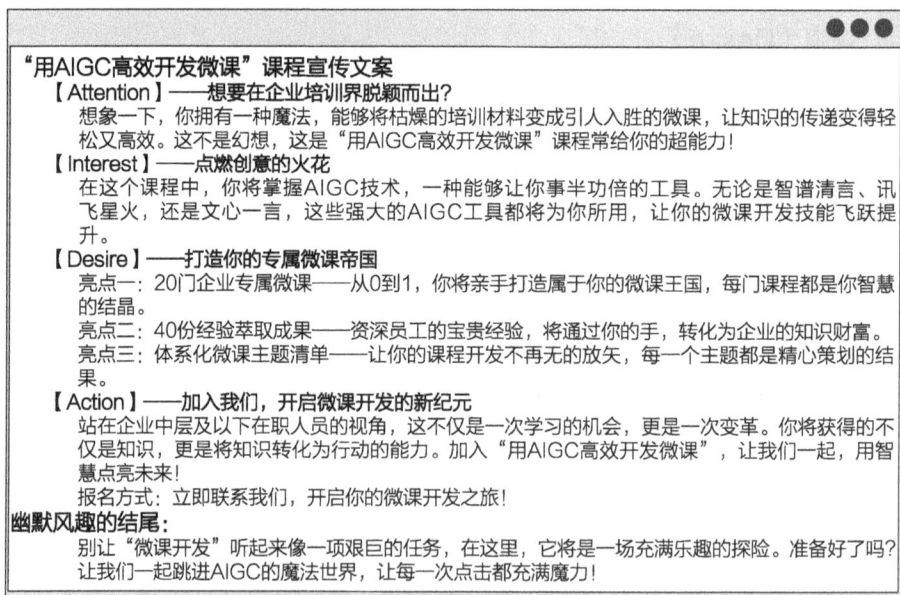

"用AIGC高效开发微课"课程宣传文案
【Attention】——想要在企业培训界脱颖而出？
　　想象一下，你拥有一种魔法，能够将枯燥的培训材料变成引人入胜的微课，让知识的传递变得轻松又高效。这不是幻想，这是"用AIGC高效开发微课"课程常给你的超能力！
【Interest】——点燃创意的火花
　　在这个课程中，你将掌握AIGC技术，一种能够让你事半功倍的工具。无论是智谱清言、讯飞星火，还是文心一言，这些强大的AIGC工具都将为你所用，让你的微课开发技能飞跃提升。
【Desire】——打造你的专属微课帝国
　　亮点一：20门企业专属微课——从0到1，你将亲手打造属于你的微课王国，每门课程都是你智慧的结晶。
　　亮点二：40份经验萃取成果——资深员工的宝贵经验，将通过你的手，转化为企业的知识财富。
　　亮点三：体系化微课主题清单——让你的课程开发不再无的放矢，每一个主题都是精心策划的结果。
【Action】——加入我们，开启微课开发的新纪元
　　站在企业中层及以下在职人员的视角，这不仅是一次学习的机会，更是一次变革。你将获得的不仅是知识，更是将知识转化为行动的能力。加入"用AIGC高效开发微课"，让我们一起，用智慧点亮未来！
　　报名方式：立即联系我们，开启你的微课开发之旅！
幽默风趣的结尾：
　　别让"微课开发"听起来像一项艰巨的任务，在这里，它将是一场充满乐趣的探险。准备好了吗？让我们一起跳进AIGC的魔法世界，让每一次点击都充满魔力！

图8-2　Kimi撰写的宣传视频文案示例

运用上述方法，我们能够撰写出引人注目的课程宣传文案。值得注意的是，撰写创意文案的方法不仅限于此，例如，可以使用"SCQA模型"来调整文案的顺序，以达到不同的效果，或使用"起承转合"结构，通过讲述跌宕起伏的故事来增强创意表达。通过这样的示例，我们不难发现，只要应用合适的模型并结合课程内容，我们就能生成独具特色的课程介绍。若要进一步拓展文案能力，可以通过咨询Kimi获得具体的思路和建议。

步骤二：用AIGC生成宣传视频

有了上述创意文案作为基础，接下来我们将开始视频生成的工作。我们完全可以使用在第六章中提到的度加剪辑来高效制作视频，这里不再详细赘述软件操作。

本章将介绍另一个工具——剪映，用于创作更为精细的宣传视频。

剪映数字人生成课程宣传视频

剪映和度加剪辑都能够通过文案一键AI剪辑生成视频，但剪映的功能和自由度更高，支持多轨道和多种素材的编辑。因此，如果需要精准控制画面内容，或者添加特殊的文字、图标、音效、特效，剪映会是更合适的选择。

不过，剪映的一键成片功能更多依赖图片素材，这可能导致视频的吸引力不足。因此，我们录制了一门微课，从剪映的图文成片到替换高质量素材，提供了一套兼顾自由度和质量的方法。可以扫描二维码，学习该教程。

此外，剪映在声音克隆和AI数字人方面的表现也比度加剪辑更为突出。利用声音克隆功能，我们可以通过录制或上传自己的音频样本，生成与原声相似的合成语音，适用于配音、旁白或其他需要个性化声音的场景。用自己的声音为宣传视频或课程配音，不仅提高了效率，还可以带给学员亲切感，起到更好的效果。具体操作方法，可以扫描二维码进行学习。

在AI数字人形象功能方面，剪映为用户提供了35种AI数字人形象，涵盖不同年龄、种族和性别的角色，并配有四种景别，以便根据应用场景调整角色的讲述状态。此外，还提供了付费形象定制功能，使用户能够轻松打造专属的数字分身。

操作相对简单，只需要添加一段文字，把文案稿粘贴进去，然后选择

形象和景别，就可以轻松生成需要的视频。二维码对应的视频是我们制作的剪映数字人评测和简单的操作提示，可以扫码了解。

无论选择度加剪辑还是剪映进行视频编辑，前提都需要我们准备好内容丰富且有价值的课程宣传文案，然后根据具体的应用场景来确定采用何种形式和工具，制作出更具效果的宣传视频。

第三节

突破传统宣发——用AIGC为你的课程写一首主题歌

音乐不仅是一种艺术形式，还是一种沟通的语言。在教学领域，音乐的力量同样不可小觑。

除了在第六章中提到的，我们通过创作歌曲来帮助学员记忆知识点，在现场授课中，音乐也是烘托氛围的绝佳工具。培训师可以通过精心选择的音乐，在课程开始时营造轻松愉悦的氛围，或者在讨论环节中激发学员的思维活跃度。音乐的节奏和旋律能够引导学员的情绪变化，使他们更专注于课程内容。

此外，音乐还可以作为一种互动的辅助工具，促进学员之间的交流与合作。通过在互动游戏或活动中配合相应风格的音乐，学员可以在相应的氛围中增进彼此的了解，提升团队协作能力。

音乐与培训的结合

在培训中，我们选择音乐往往是为了适应场景需求。以下是一些常见场景及其适配的音乐风格。

课程设计中的音乐

常用风格：古典音乐、环境音乐、轻音乐。

应用场景：常用于微课或案例视频的背景音乐。

选择理由：这些音乐风格旋律柔和，节奏平稳，有助于提高学员的专注力和记忆力，营造一个安静的学习环境，使学员更容易专注于视频内容。

暖场音乐

常用风格：流行音乐、爵士乐、世界音乐。

应用场景：用于课程开始前或休息期间，增强现场氛围。

选择理由：这些音乐风格轻松愉悦，能够迅速提升学员的情绪，帮助他们放松心情，营造一个轻松的课堂氛围，促进学员之间的社交互动。

互动音乐

常用风格：节奏感强的音乐、电子音乐、民谣音乐。

应用场景：适用于现场游戏互动或游戏化培训设计。

选择理由：这些音乐风格具有强烈的节奏感和互动性，能够激发学员的参与热情和创造力，适用于课堂活动和互动环节，增强学员的参与感和团队协作能力。

通过精心选择和应用这些音乐风格，我们可以有效地提升课堂的学习体验和互动效果，满足不同教学环节的需求。

用 AIGC 创作歌曲

在明确了培训中音乐场景与风格的适配之后，我们便可以根据目标，利用AIGC工具来创作音乐了。

在第六章中，我们使用海绵音乐为知识点创作了歌曲。然而，海绵音乐目前的时长限制在一分钟以内，这对于为课程创作主题曲或在微课中配乐来说显然不够。因此，我们在此推荐另一个工具：歌歌AI写歌工具。

歌歌AI写歌是一个中文AI音乐创作App，可以在手机上下载安装。操作和海绵音乐类似，也很简单，可以通过提示词快速生成歌曲。可以扫描二维码进入微课教程，学习该应用。

拥有了这样的创作能力，我们便能够为学员创造一个更为丰富和多元的学习环境，满足不同教学环节的需求。我们可以充分发挥个人创意和灵感，创造更有意义的音乐。

AIGC实践应用案例

第九章

再好的理论都需要实践的检验，因为在实际应用中，我们会根据企业的具体情况进行调整与优化。经过近两年的实际操作与探索，我们精选了三个具有代表性的案例，以展示AIGC技术在不同领域中的应用与成效。

案例一将介绍某生产制造型企业如何利用AIGC技术开发安全培训课程。面对学员经验不足、培训时间有限的挑战，项目通过AIGC工具实现课程内容的分层设计，并采用优化流程与辅助开发工具，降低学员开发难度。最终，项目成功交付了35套高质量课件，提升了学员的课程开发能力和AIGC工具应用技能，为企业在安全培训上的创新提供了新思路和实用经验。

案例二将探讨某国企发行公司通过AIGC创课大赛的案例，该案例激发了学员的创新潜力，并推动了课程开发的新模式。此案例不仅显示了AIGC在赛事运营中的创新应用，还体现了其在教育内容创新方面的经验。

案例三将通过某保险行业如何借助AIGC技术提升岗位人效，优化人力资源配置。通过这一案例，我们可以看到AIGC在提升企业运营效率和员工绩效方面的广泛应用。这些案例不仅为AIGC的多样化应用提供了实践依据，也为其他行业的人才培养提供了宝贵的借鉴经验。

案例一
某生产制造型企业安全培训课程开发

项目背景

我们曾承接了一家国有大型生产制造型企业的项目，目标是依据国家安全法规和各层级的安全需求，开发安全培训课件。课程覆盖1个工厂、8个车间及24个班组三个层级，共有40多位内训师参与开发。

通过前期沟通，我们明确了该项目的具体要求：

1. 双重用途课件：所开发的课件应能够录制为在线课程，供在线学习平台使用，同时也适用于现场实训的面授场景。

2. 分层架构：根据工厂、车间和班组的不同，进行课程内容的合理分级设计，强调每个层级的特定需求和特色。

3. 人员赋能：需要特别关注现有开发人员的实际能力，因为其中80%的学员没有开发经验。

4. 时间限定：要求在2天面授加1次辅导中完成培训和项目成果交付。

项目思考与设计

经项目组讨论，本项目面临的三个难点是：高要求的内容精度与分层、受限的培训时间、经验不足的学员。针对这些难点，我们在项目设计过程中，重点解决以下两个关键问题。

问题一：降低学员开发难度

在进行课程开发的过程中，我们充分考虑学员现状，通过本书中提出的MAP模型，对开发流程和开发方法进行优化。

流程优化：通过分析课程设计开发流程，我们提供标准模板、案例解读和工具使用等方式，辅助学员完成成果。同时，在适合的环节引入AIGC工具，以降低开发难度和缩短周期。

开发方法：课程开发模型多种多样。在本项目中，我们采用经典的ADDIE模型作为课程开发框架。通过该框架对各阶段进行提效分析，并引入AIGC模型进行辅助设计。

分析结果如图9-1所示。

通过ADDIE模型分析AIGC应用结果

A（分析）阶段：
为了让参训学员有更多可参考的案例，我们计划利用AIGC大模型记录和整理访谈内容，模拟出二级课程大纲，并与企业安全部门合作，确认最合适的大纲样本作为参考模板。

D（设计）阶段：
在此阶段，AIGC大模型可以优化课程标题和课程大纲，并匹配教学策略。尽管AIGC能够生成通用的课程大纲，但在定制企业个性化内容时，仍需课程开发专家先期提取内容。因此，在生成课程大纲环节，仍需要课程开发专家提取出核心内容，再运用AIGC工具进行大纲优化。

D（开发）阶段：
在此阶段，可使用PPT生成类应用快速实现课件生成，语言类应用撰写课程讲稿，视频生成类应用生成课程视频素材，我们选择了几款相应的AIGC工具。

I（实施）阶段：
在此阶段，AIGC大模型用于支持教学活动的设计与安排。由于本次项目未涉及呈现与演绎，该部分工具应用暂未启用。

E（评估）阶段：
在此阶段，可通过投喂方式借助AIGC快速生成题库。项目初期并未涉及该项服务，但企业方得知该功能效果后，课程中增加了设计题库的要求。

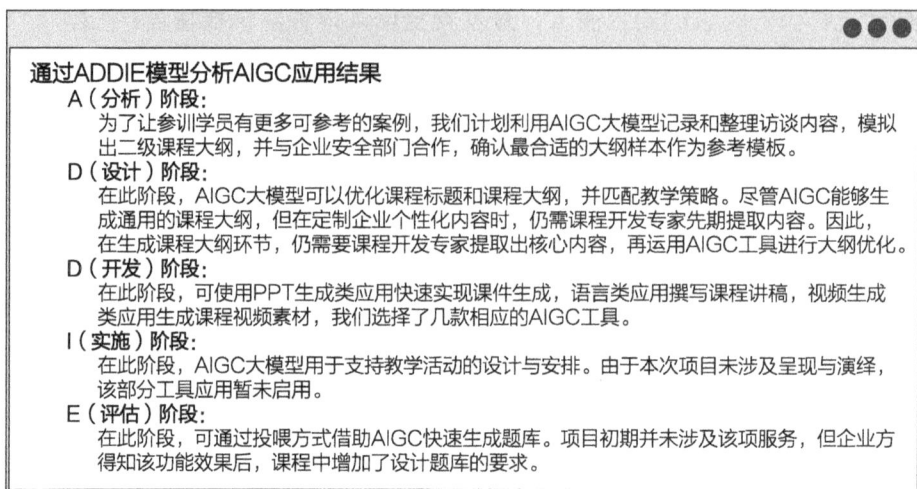

图9-1 AIGC应用分析结果

问题二：延长交付周期

在不改变培训时间的情况下，我们商讨合理规划整体开发周期，以确保项目成果高质量交付。整个项目周期规划为一个月，划分为四个阶段：

阶段一：前期课程大纲样本定制（1周）。收集现有安全素材，明确项目目标及参与者范围，利用AIGC工具生成二级安全大纲样本。

阶段二：课程二级大纲梳理（1周）。赋能安全内训师，分析学习目标，并生成经过验证的二级课程大纲。

阶段三：课程萃取与设计开发（2周）。深度萃取内容，生成符合企业安全要求的课件，并通过大模型协助完成案例和视频素材的制作。

阶段四：课件优化升级辅导（1周）。整合所有课程内容，通过一对一辅导方式进行课件优化和提升。

具体实施计划如图9-2所示。

项目阶段	阶段重点任务	选用大模型	时间	形式	成果
前期课程大纲样本定制	1.该阶段主要调研组织方,一是对本项目的产出目标进行充分调研,界定本项目参与人员范围,收集并分析现有安全素材;二是识别确保项目实施成功的关键因素,确保项目顺利实施。 2.结合调研分析材料,通过大语言模型生成二级大纲样本,由企业方对内容进行验证。 3.确定参加工作坊的名单,根据要求分配开发主题,并准备相关素材。	讯飞星火、文心一言、Kimi	7~10天	远程	确定大纲样本、定制面授课件
课程二级大纲梳理	该阶段通过对安全内训师进行赋能,根据不同级别的安全要求,带领学员分析受众,撰写符合要求的课程学习目标。 基于课程学习目标和经验萃取模型,萃取三级安全内容要点,运用大语言模型生成二级课程大纲,并预留一周时间,由内部安全专家验证内容的有效性。	Kimi	1天	面授工作坊	课程二级大纲文件
课程萃取与设计开发	1.该阶段的重点是通过面授赋能的方式,深度萃取课纲中的内容条目,形成符合企业安全要求的课件内容,并由大模型辅助完成案例编写和视频素材制作,由内部安全专家对内容进行验证。 2.为学员提供案例示范与模板,开发出符合企业要求的课件。	Kimi、度加剪辑、iSlide	1天	面授工作坊	课程课件、课件逐字讲稿、安全案例、视频素材
课件优化升级辅导	1.收集全部安全课件,由外部专家对课件进行问题分析,形成指导建议。 2.通过在线一对一辅导的方式,对课程进行提升辅导。		1.5小时	线上辅导	精品课件、视频课程

图9-2 项目实施计划

项目实施与改进措施

根据已确定的项目计划,我们正式启动了该项目。尽管在实施过程中遇到了一些新的问题,但整体实施过程总体顺利。

阶段一:前期课程大纲样本定制

在这一阶段,重点是生成符合企业要求的课程大纲,包括以下关键步骤。

提示词框架测试

随着AIGC的快速发展,获取提示词框架变得相对容易,但我们关注的是提高课程大纲生成的精准度。本项目采用了经典的CHAT模型来设计提示词框架,即角色、背景、目标和任务。在测试过程中,需要特别考虑三级安全培训的差异。因此,在生成样本时,背景信息必须具体且符合项目要求。本项目还引用了库伯学习圈的学习风格结构,将课程纲要整理为"为什么(Why)""什么(What)""如何(How)""假如(If)"

四个部分。这一结构有助于组织提示词，使大模型生成更精确的课程大纲。

大语言模型选择

在获取详细的提示词框架后，下一步是选定最合适的AIGC大语言模型。我们进行了如下比较步骤：首先，在测试提示词内容时，同时使用多个模型（如讯飞星火、文心一言和Kimi）进行同步结果生成与比较。其次，在企业内部，由安全专家对生成内容进行专业验证。通过这些步骤，我们发现Kimi的生成结果最符合项目需求，因此选择Kimi作为本项目的主要大语言模型来生成课程大纲。

阶段二：课程二级大纲梳理

在这一阶段，我们面临的挑战是明确区分8个车间和24个班组级课纲的细微差异。为此，我们进行了以下关键调整：

首先，在准备材料时，学员必须同时处理两个层级的内容。这要求在二级内容中，精细划分出与当前级别相关的具体情况。例如，车间级安全内容必须明确各车间的具体差异和风险点；而在班组级，要详细区分各班组的规章制度和条款，以确保内容符合每个班组的实际需求。

其次，大纲需要进行多层次验证以确保内容的质量。我们明确了验证的必要性、验证的主体和验证的内容。验证的主要目的是确保内容准确，并符合项目的目标要求。验证主体包括三个层次：企业内部专家负责验证内容的准确性和教学目标的全面性；现场学员负责检验对内容的理解；外部专家评估课程的教学设计。通过这三轮严格的验证，我们最终确保二级课程大纲完美契合项目的各项要求。

阶段三：课程萃取与设计开发

这一阶段的重点在于生成课程内容并准备好相关教学素材，涉及三项任务：课程内容萃取、相关素材准备和PPT制作。

课程内容萃取

内容萃取的核心在于收集与学习目标相一致的材料，其专业性和详尽性将直接影响课程的最终质量。我们深入分析了学员完成的课程大纲，这些大纲条目的内容被分为五大类：理论知识、安全警示、操作标准、现场情况和规章制度。针对每个类别，我们分别匹配了相应的萃取模型和实例，使大模型能够以这些信息为提示词背景，从而优化生成内容的准确性和深度。

相关素材准备

准备素材是构建PPT的关键步骤。基于前期萃取的内容，有些材料需要转化为案例，有些则需要制作为视频。在此环节，我们指导企业内训师通过预设的标准提示词框架，利用大语言模型快速生成案例。视频素材通过两种策略获得：一是从短视频平台搜索合适片段；二是使用度加剪辑工具的自动成片功能快速生成。这种方法显著提高了学员的成课效率。

PPT制作

PPT制作的关键在于帮助学员高效完成任务。我们初步计划使用PPT生成类的大模型进行快速生成，但实践中发现了一些问题。该模型虽然提高了效率，但在学员普遍缺乏设计经验时，并不一定能提升整体PPT的设计质量。此外，学员在繁忙工作中倾向于减少对内容的进一步修订。为此，我们决定提供标准PPT模板，让学员在此基础上优化设计PPT。

需要特别强调的是，虽然AIGC生成PPT快捷高效，但可能导致PPT风格相似，从而降低学员的积极性和创造性。因此，前期需要评估学员的经验水平。对于新手学员，不建议直接依赖自动生成；而对于有经验的学员，需要强调AI工具仅作为辅助手段，应适当引导他们充分利用自身的设计能力，以确保项目目标的实现。

阶段四：课件优化升级辅导

在最后阶段，我们着重对上一阶段生成的课件进行全面优化。此过程通过线上一对一辅导方式进行，以确保每一套课件达到预期的质量。由于课件数量众多，为提高辅导效率和提升质量，我们采取了以下策略：

首先，逐一分析各层级的课件，识别出课程大纲中表现优秀的模块，并将这些优秀案例汇总至一个集中课件中，作为参考示例。

其次，对每个课件中存在的问题进行详细分析，将问题展开为单独的PPT页面。

在辅导过程中，我们剖析每个问题的成因，并结合实例提供具体的解决方案和改进建议。这种方法不仅帮助学员识别自身课件中的不足，还通过实际案例学习优化手段，从而提升总体课程设计能力。

项目成果

最终，该项目顺利交付，项目成果包括35套课件：3套厂级、8套车间级和24套班组级安全课件。项目极大地提升了学员的课程萃取与开发技能，以及AIGC工具应用能力，大大超出了客户的预期。

项目总结与启发

在实施过程中，我们总结出以下几个关键要点。

聚焦培训项目目标

每一次技术革新都会为培训项目带来新的挑战和机遇。作为培训管理者，我们不仅要及时跟进热点，与时俱进，更要深入思考技术与培训项目目标之间的关系。关键在于辨识技术应用的真正价值，不仅要迎合新的潮流，还要借助这项技术在实施过程中实现降本、提质和增效。

关注人的能力与AIGC应用能力

在利用AIGC开发课程或执行其他场景应用以提升效率时，我们需要关注两方面的能力：首先是人的能力，在本项目中，若内训师缺乏课程设计与开发技能，那么即使应用AIGC，也难以取得理想效果；其次是AIGC的应用能力，根据课程中对AIGC应用能力的分级，我们能够更准确地辨识出在适当的时间和情境下，运用合适的工具和方法。只有将人的能力与AIGC应用能力相结合，方能实现最优的成果。

持续验证与改进

若不尝试应用，便无法得出结果。因此，我们必须持续评估所采用的方法和策略是否最佳，并通过不断地实践、比较和反思，扩展我们的思维边界，最终将理论与实践结合，逐步提升应用新技术的能力，以便在动态环境中持续改进。

案例二

某国企发行公司AIGC创课大赛

项目背景

我们承接了一家国有企业发行公司的内训师大赛项目。该项目计划通过大赛形式融入AIGC技术，以实现师课同建。项目覆盖四条主线，涉及80多位内训师，目标是产出60门精品内训课程。我们希望通过引入AIGC技术，助力企业内训师在AI时代实现角色重塑与能力升级。

在与项目团队的沟通会议中，我们明确了以下具体要求：

1. AIGC助力好课程开发：项目将全面结合AIGC技术，高效产出内训课程及全套呈现方案。课程内容应围绕年度新员工上岗需求，精选并萃取实用课程，用于当年的新员工岗前培训。

2. 在线赋能方式：由于参与人员分散，线下集中培训困难重重，因此将通过在线训练营的形式实施。项目成果需兼顾优质课程和优秀培训师，确保保质保量完成。

3. 大赛策划运营：项目通过"以赛促训"方式实施，需要充分考虑过程中的风险因素，保证大赛的顺利开展，并在总决赛评审中遴选出获奖者。

4. 大赛周期：3个月。

项目思考与设计

为确保项目顺利实施，在启动前，我们与企业进行了多次沟通，明确了项目运营的三大难点：AIGC技术融合难、在线赋能难、工学矛盾难。

近年来，我们团队参与了众多微课大赛和内训师大赛项目。通过大量实践，我们发现大赛成功的关键在于品控分析。针对本次项目的需求，我们与企业项目负责人及相关人员组织了两次在线品控分析会，提前分析大赛实施的重点与风险，制订保障大赛成功的实施计划，确保项目目标的达成。

基于本次大赛的目标，我们对项目进行了详细分析，制订了包括大赛运营六要素在内的具体实施计划，如图9-3所示。

我们需要明确一点，大赛的运营不能单纯理解为实施，运营是实施前的一项重要规划。我们通过非常经典的运营六要素"搭班子、理资源、树标准、定流程、选工具、建平台"的分析，协助本次项目的顺利运营。

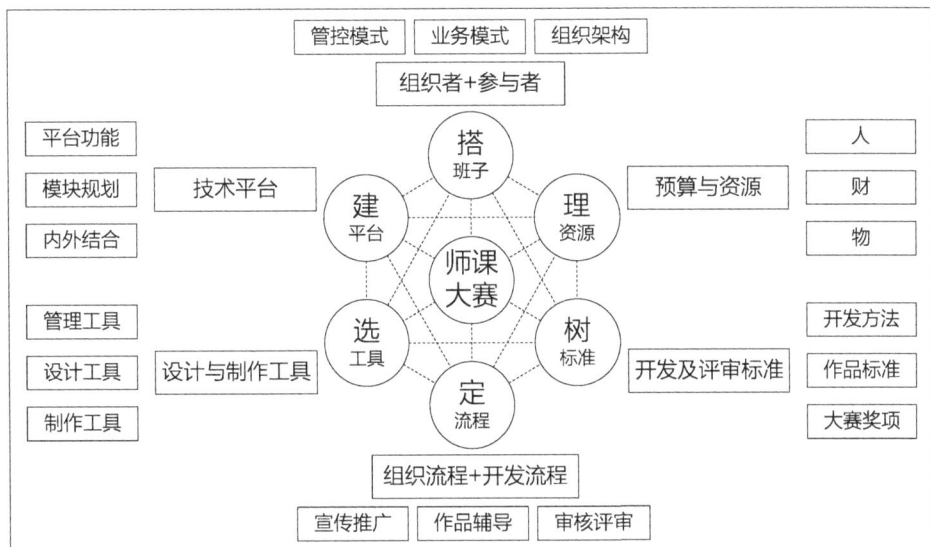

图9-3 大赛运营六要素

搭班子

大赛的"班子"主要指项目中涉及的各种角色，由组织者和参与者组成。班子成员通常包括组委会、种子导师和开发人员等。

组委会是推动大赛的核心动力机构，负责全程的组织和运营工作。组委会通常由企业高层和业务领导担任组长，以保障赛事的有效推动。在本次项目中，为解决工学矛盾，提高员工参与度和重视度，由人力资源总经理担任项目组长。虽然企业一把手未能担任关键角色，但我们邀请了各板块负责人参与。大赛以战队形式开展PK，由板块负责人担任战队队长和专家评委，推动学习成果落地，同时赋予角色价值。

理资源

成功运营大赛还需要考虑项目的投入与产出，尤其是在当下"降本增效"的企业口号背景下，充分发掘企业内部资源尤为重要。

大赛的资源主要包括人、财、物。人是大赛的主体，需要关注参赛人员的利益诉求。财指大赛预算，需要提前评估外部专家费用、差旅费用和场地费用等。物指软硬件资源，如场地和设备，以及素材和文件等。由于预算有限，我们积极调动企业现有多功能会议室和录课空间来压缩成本，最大限度地利用可用资源。

树标准

预先设立标准可以为大赛作品指明方向，避免无用功。标准包括课程开发方法标准、作品评审标准和奖项标准等。

为了确保课程开发符合大赛要求，我们制定了适合项目的课程开发方法，特别针对新员工上岗场景开发课件，并定制了在线授课平台。评审标准决定了作品的方向，我们制定了"好师""好课"的评审标准。奖项标准旨在激励学员的学习和参与动机。除了最佳作品奖和最佳培训师奖，我们还设立了最佳战队奖、战队队长奖、评审专家奖，并提供奖金以激励。

定流程

流程的制定是保障大赛运营的关键。一场完整的大赛包含筹备、启动、初赛、复赛、决赛和颁奖，需要对每个环节进行要点分析和风险评估，从而细致把控每一细节，如图9-4所示。

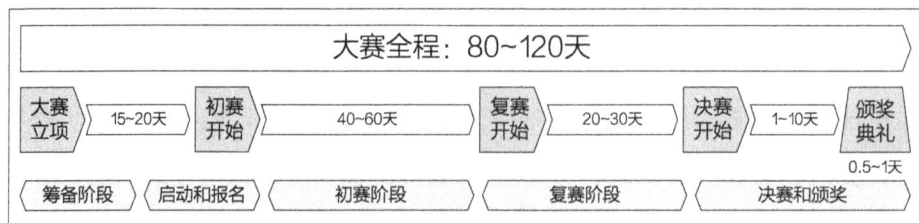

图9-4　大赛运营全景图

我们对大赛的每个关键节点都进行了分析，并提出以下需要特别关注的要点：

1. 宣传推广阶段，需要利用各种渠道和资源进行推广。我们采用了线上和线下相结合的报名方式，确保最大范围地传递赛事信息，并提高报名人数。

2. 初赛和复赛阶段，根据企业要求、工学现状以及学员分布情况，我们重点关注学员的赋能方式和方法。本次大赛全程采用在线训练营模式，课程安排包括6次在线直播，内容涵盖课程设计与开发及授课演绎与表达。每次直播后，学员有一周时间完成并提交作业，由外部专家针对共性问题进行点评和指导。为确保学员高质量及时完成作业，各战队队长需要组织学员至多媒体会议室，集中学习直播课程。

3. 启动与颁奖阶段，着重营造仪式感，以提高参与度和推广覆盖率。启动仪式的目标包括传递大赛主题、彰显领导重视、宣布大赛规则及激发报名热情。具体步骤包括在线上说明会上由业务领导宣讲大赛目的、价值和意义，促进学员报名。由运营班主任介绍赛制和流程，并由外部专家阐释评审标准、评委职责及赛事答疑。颁奖仪式是大赛的高潮，结合总决赛进行，包含专家评审打分、大众评审投票及颁奖环节，以推动学习成果的展示和推广。

4. 评审阶段，为确保评审标准的一致性，在比赛前需对所有参赛人员进行标准解读，确保对微课开发标准的理解一致，并对评委进行筛选和培训以达成标准共识。

选工具

在师课大赛的众创模式中，工具不仅指制作工具（如大纲撰写、PPT制作软件），还包括管理和课程设计工具。管理工具用于制订具体的运营计划，明确每日运营任务。课程设计工具涉及课程内容设计的方法，如选题工具、萃取工具表、课程大纲模板等。考虑到需要将AIGC大模型等技术融入课程开发，我们精选了大语言模型全程匹配提示词框架和示例，尽可能降低课程开发难度。开发工具包括视频和PPT生成模型，为学员提供质效提升的支持。

建平台

本次项目要求学员录制10分钟迷你课作为大众评审材料。为满足此需求，我们搭建了大赛专版页面，提供选手登录和课件上传路径，便于投票和评审工作的展开。

通过本次项目运营会议的分析，我们整理出18张大赛运营工具表单，辅助大赛的全程运营。

项目实施与改进措施

在项目实施过程中，目标与实际情况常出现不一致，这需要制定紧急措施以减少项目损失。在本次项目的执行阶段，我们遇到了两个关键问题。

问题一：在线方式如何保证效果

根据前期的风险分析，说明会对本项目的重要性非常关键。然而，业务副总未能参与大赛说明会，导致员工对项目的重视程度下降。考虑到临时调整时间存在风险，最终由外部专家和班主任完成项目启动说明会。

这导致在随后的三场在线赋能辅导中，效果未达预期。通过数据统计分析，发现参加在线训练营的员工仅为报名总人数的60%，且缺乏全程参与和统计渠道，导致提交课程大纲的数量和质量欠佳。

鉴于此，项目组紧急召开节点会议，参加者包括人力资源总监及核心战队队长。会议内容包括：汇报项目成果、分析问题并制定对策、明确下一阶段任务。

经过讨论，问题锁定在学习率和触达率上。学习率低是由于缺乏内部监督机制，触达率低则因为缺少有效的跟踪与指导。针对这些问题，我们制定了以下对策：

1. 责任督导：项目组长与上级领导沟通后，要求战队队长负责监督成员完成学习任务，由运营班主任统计各战队学习情况。

2. 考核机制：对已完成任务的学员进行考试，设定90分为基准线。由于时间紧，我们使用AIGC工具快速生成题库。随后，由运营班主任组织学员考试，要求一周内完成，并截图提交成绩。

3. 反馈与改进：辅导老师针对每份作品撰写200~300字的点评建议，反馈给员工。员工根据建议调整大纲并重新提交，直至通过审核。

问题二：AIGC工具的应用如何在提效同时保证质量

AIGC在课程设计和开发中确实能提高效率。我们通过MAP模型分析，为学员在课程选题、目标撰写、大纲撰写和PPT制作过程中提供了充足的提示词框架和案例，但成果质量未达预期。

经过分析，有两个原因：一是企业工学矛盾严重，员工为了应付任务，不愿修改；二是学员技术水平薄弱，无法判断AIGC生成结果的优劣，误以为其设计更好，加重惰性。

针对这些问题，我们采取了以下措施：

1. 反馈问题与改进建议：通过在线直播反馈共性问题，并给出改进建议。

2. 详细分析与个人反馈：对每位学员的课件从选题、结构、内容、策略和创意五个维度撰写约1000字的改进建议。通过群内语音反馈，并将文字内容发送给学员。由项目运营班主任和战队队长跟踪促使修改。

3. 双重审核机制：提交作业需要经过外部专家和战队队长的二次审核。战队队长在审核前接受外部专家的指导，明确审核重点和要求。

项目成果

该项目历时三个月，顺利交付，不仅超预期地完成了80门面授课程的开发，还培养了近百人的内训师队伍，同时为企业建立了内训师管理机制。

项目总结与启发

在实施师课共建的大赛中，我们总结出以下关键要点。

分析大赛项目的运营风险

在项目前期，即使企业内部已确定策划方案，仍需要对大赛项目进行运营分析，以确保项目的顺利实施。需要事先对各项工作做好筹备，做到"先思后行"。"思"是指根据分析会的目标，提前明确各准备工作的关键要点，分析影响大赛目标的风险因素，并制定有效可行的运营方案，以确保后续项目运营的顺利执行。

规避AIGC工具应用的风险

企业在利用AIGC工具进行课程开发时，不应只关注其效率提升，还需重视课程品质。除了匹配课程设计与开发的工具清单和方法模板，还需关注企业的工学矛盾和员工能力水平。新手应先掌握方法，再使用AIGC工具助力；而熟手可以直接应用AIGC工具提高效率，但要强调内容和工具之间的关系。

案例三

某保险行业岗位人效提升项目

项目背景

在经济环境面临多重挑战的背景下，降本增效成为企业发展的重要手段，岗位人效作为企业人效的重要组成部分，成为企业研究和实践的重点方向。

在此期间，我们团队交付了一个非常具有代表性的项目。服务对象是一家国内头部寿险公司，该公司在过去两年中组织了两届企业微课大赛，内部涌现出了一批优秀的微课开发师，并积累了数百门企业微课。

基于前两届企业微课大赛的成功，公司希望继续挖掘岗位优秀人才，丰富优质课程体系，形成岗位绩效支持资源，为业务人员赋能，从而提升员工的业务水平。具体需求如下：

1. 锁定岗位精准绘图，场景应用助力效能。通过锁定关键业务条线的目标岗位，梳理出基于目标岗位体系的微课选题，并对选题内容进行场景化开发，绘制匹配该岗位的学习地图。

2. 结合现状匹配最佳，有效赋能品质产出。充分考虑学员的现状，以深度萃取内容为导向，确保内容的丰富性与实用性。赋能方法将以线下为主，线上为辅，确保学员的最终输出成果符合项目需求。

3. 品控策划稳定运营，新老衔接做好传承。通过企业微课大赛的前期策划指导，做好过程品控，输出针对性强的大赛运营方案，并充分发挥往届学员的优势，做好新老衔接和往届学员的参与度。

项目思考与设计

在制定产品方案的过程中，为寻找能够支撑实践的理论依据，我们深入分析了企业人才结构的现状与挑战，并特别关注了德雷福斯技能能力水平分级模型的应用及其在企业人力资源管理中的重要性。

该模型将技能能力水平划分为五个层级，如图9-5所示。我们发现，许多企业中大量员工处于较低的技能层级，这直接导致企业整体人效水平不高，从而影响企业的竞争力和发展潜力。

通过深入分析，我们认识到每个岗位上的员工都必须具备相应的工作逻辑、专业知识以及团队协作能力，这是他们胜任岗位的基础。只有当员工能够独立完成工作、主动寻求专家意见并指导他人时，才能被视为真正胜任其岗位。进一步而言，我们将员工技能水平划分为"胜任"和"精通"两个关键层次，认为只有达到这两个层次的员工才能被视为企业的真正人才。对于更高层级的"专家"及以上级别的人才，企业需要通过内部培养或外部引进的方式加以发掘和吸纳，以便为企业创造更大的价值。

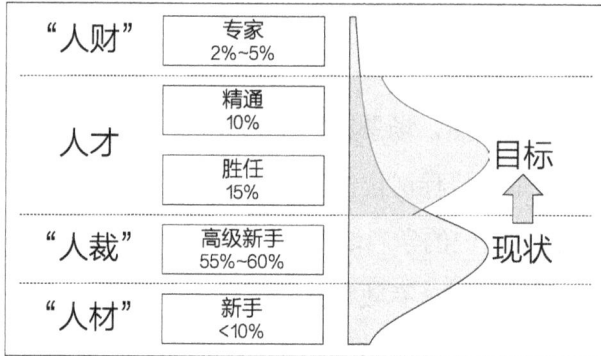

图9-5　德雷福斯技能能力水平分级

本模型不仅揭示了许多企业面临的人才结构问题，也为我们指明了提升企业人效的基本路径，即通过系统性的培训与发展计划，将大量的"高级新手"提升至"胜任"或"精通"的水平，如图9-6所示。

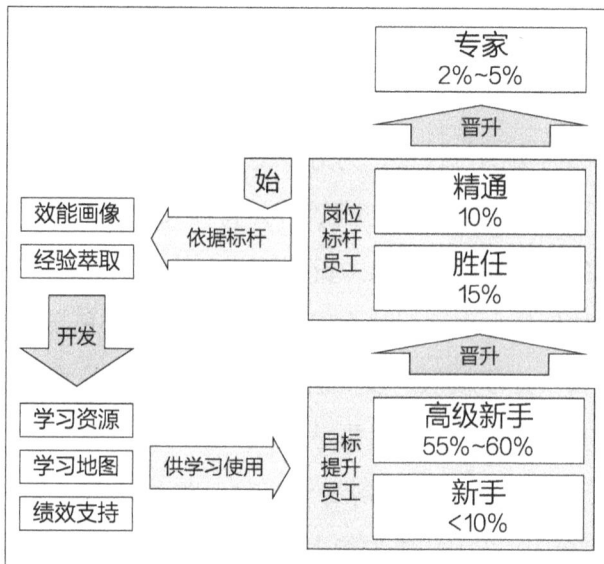

图9-6　企业人效提升路径图

基于以上分析，为有效培养大量具备精通和胜任水平的员工，并显著提升人效，我们应遵循一套明确的逻辑框架。在这一框架中，首先应将焦点放在已经表现出精通或胜任水平的员工身上。我们坚信，每个岗位上都应存在这样的优秀人才；如果缺乏这类人才，企业的发展势必会受到阻碍。

在评估过程中，如发现某一层面的员工普遍表现不佳，应挑选出表现相对优秀的个体，将其作为标杆。接下来进行详细的岗位画像分析，包括理解这些优秀员工的工作模式、所完成的任务、所需的支持以及必备的知识和技能等。

基于这些绩优员工的具体情况，我们提炼出关键的经验和特点，将其转化为学习资源，并进一步开发绩效支持系统。该系统为每个岗位提供定制化的学习路径，帮助员工快速掌握必要的技能，从而提升其工作绩效。

基于项目目标和岗位人效提升价值环，我们结合企业的战略背景与发展方向，对项目进行了五个阶段的规划设计。这五个阶段分别是：选择岗位进行体系化微课主题梳理、微课内容萃取与设计、微课开发与精品提升、提供岗位学习地图绘制建议、AI绩效支持测试。各阶段的成果与本届微课大赛策划深度融合，并在实施过程中根据组织服务、学员状况、环境影响等因素进行适当调整。具体阶段规划如下。

阶段一：选择岗位进行体系化微课主题梳理

基于项目目标，我们计划评估并确定两个目标岗位进行试点。个险区域经理岗位作为主要试点岗位，续收业务部主管作为辅助试点岗位。我们对目标岗位进行资料分析和远程访谈，利用岗位效能画布工具，通过岗位效能画像工作坊及后续验证的方式，梳理出两个关键岗位的微课开发主题，并形成编码规则，以用于下一阶段的微课萃取与设计，如图9-7所示。

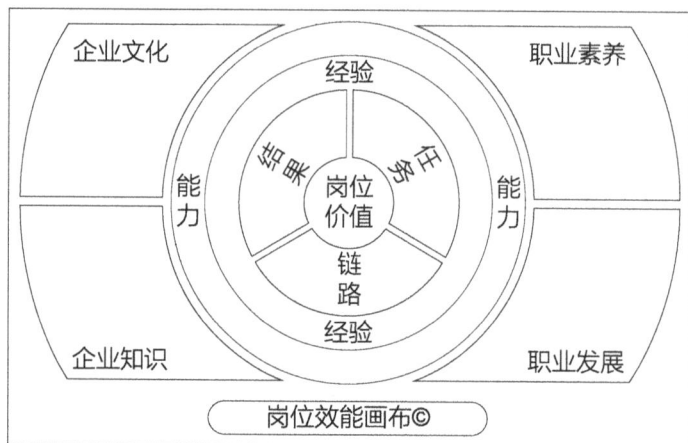

图9-7 岗位效能画布

阶段二：微课内容萃取与设计

我们根据任务标签分类，提供萃取任务分配建议，并内部指定微课萃取与设计人员，组织为期3天2晚的"微课萃取与设计面授工作坊"进行赋能，目标是萃取出符合项目要求的微课内容。为保障整体目标的达成，我们采取了两项措施：一是邀请分管业务的领导对内容进行现场验证；二是对于未能在工作坊内完成任务的人员，返回岗位后持续提供内容验证支持，确保完成两个目标岗位的全部微课开发脚本。

阶段三：微课开发与精品提升

为了高质量、高效率地产出这些微课脚本，我们通过发动企业微课大赛的方式，组织指定开发人员对微课脚本进行开发制作。一期通过在线教程自学的方式完成全部微课，二期则通过对学员制作能力和区域分布情况的评估，选拔50位优秀选手参加为期3天2晚的"精品微课提升工作坊"。为降低开发难度，我们提供统一的制作素材和模板，确保完成全部精品课程。

阶段四：提供岗位学习地图绘制建议

为了确保开发的学习资源能够体系化、精准地支持员工的具体工作，我们根据目标岗位的萃取内容，提供了绘制图像化的岗位学习地图的建议。

阶段五：AI绩效支持测试

"绩效支持"旨在为员工或团队提供完成工作所需的信息、知识、经验、工具与流程步骤等方面的支持，帮助其更快、更好地达成目标、提升绩效。借助嵌入AI技术的知识管理平台，企业能够更为场景化、及时化、个性化地为员工提供绩效支持。我们计划在知识管理平台上利用萃取成果，建立AI辅导助手，使企业员工在实际工作场景中遇到问题时，能够随时学习并获得针对性解答。

项目实施与改进措施

阶段一：选择岗位进行体系化微课主题梳理

本阶段的重点是完成体系化微课主题梳理，通过以下三个关键节点任务完成。

节点一：评估目标岗位

在此节点，专家组共收集了两个关键业务条线的10个关键业务岗位的资料，包括与各岗位匹配的职责、标准作业程序和考核办法等。企业项目负责人在选择岗位时面临困难，需要建议以选定最合适的两个岗位。最终，我们通过"岗位价值大小""标准化程度""岗位人员覆盖范围"三个维度进行分析，并结合企业的实际情况和侧重，确定了本项目的目标岗位。分析如下：

岗位价值大小：从收集的资源中，涉及的岗位都是业务条线的核心岗位，岗位职责都非常明确，也是支撑企业业务的重要岗位。所以在该维度上，三组岗位价值均具有代表性。

标准化程度：岗位任务标准是否有清晰的标准作业程序，内容是否详尽，能否指导业务操作。续收部门因为当年同步进行了标准化梳理，所以在文件详尽程度上更占优势。

岗位人员覆盖范围：信息采集表明全国有数百个大区，组训与专员覆盖人数相对更多。

基于以上分析，最终确定了区域经理岗和续收岗作为项目试点。

节点二：前期素材分析

专家组通过阅读材料与远程访谈，确定面授工作坊的实施内容。具体包括：阅读目标岗位现有的岗位职责、KPI、业务流程等文件，了解基本情况；通过远程会议访谈岗位专家和直线领导，了解他们对岗位角色、职责、工作重点等方面的意见与建议，并据此对工作坊流程进行调整。

节点三：岗位效能画像工作坊

在该节点，我们通过工作坊的方式，为来自两个关键岗位的十余名专家和直线领导，进行为期两天的"岗位效能画像"赋能。在外部专家引导下，共同完成了两个目标岗位的价值分析、工作任务分析和微课开发主题梳理。

阶段二：微课内容萃取与设计

本阶段我们的重点工作是完成全部数量并保证质量的微课脚本，通过以下三个关键节点完成任务。

节点一：工作坊筹备

为了确保萃取成果有效支持业务开展并精准匹配场景，我们采取以下措施：一是提供工作坊分组建议；二是为工作坊定制课件，包括任务场景案例分析和涉及的经典模型库，以支持内容开发的逻辑性和深度。

节点二：现场工作坊

在这一节点，我们通过工作坊的形式，为来自两个关键岗位的近60位学员提供了赋能，组织了为期3天2晚的"系列微课内容萃取与设计"工作坊。在专家导师的引导下，现场完成了近百份"快速任务分析表""微课脚本""匹配试题"，并在后续的任务中完成了剩余的成果。

节点三：成果验证

通过阅读脚本文件，我们为剩余微课的开发脚本提供了调整建议。这些脚本需要经过导师的审核，并且要求内部业务专家和直线领导同时进行审核，以确保最终完成全部微课开发脚本。

阶段三：微课开发与精品提升

本阶段的重点是完成全部课程的开发，通过发动大赛的方式，保证生成30+精品微课。

节点一：精品微课工作坊筹备

在该节点，我们通过举办大赛的方式，为两个目标岗位招募更多的微课开发人员，分配微课选题。我们组织开发人员学习在线教程，并提供了系列化的微课开发模板。此外，我们还录制了15分钟的剪映文字转语音视频教程。

在该节点，共完成了280门微课开发作品的初稿。外部专家对这些开发作品进行了评估，并筛选出参加精品工作坊的人员。我们还定制了精品工作坊的辅导课件。

节点二：精品微课提升工作坊

在该节点，重点是我们的专家组对近50名精品微课开发人员进行赋能，对作品进行加工和改进，最终形成符合项目要求的精品微课。

阶段四：提供岗位学习地图绘制建议

在该阶段，我们对两个目标岗位的工作流程、业务场景以及已开发的微课主题等进行再分析，确定各岗位的关键线索，提供岗位学习地图指导建议，最终完成岗位学习地图的绘制，为员工提供更精准的业务场景支持。

阶段五：AI绩效支持测试

在该阶段，我们将生成的微课开发脚本转化为AI数据集，并创建了个险区经理AI机器人。通过反复调试，我们发现该助手在回答业务问题时，能够先调用专属数据库的内容进行解答，为学员提供及时的业务答案。尽管由于技术限制，当前效果尚未理想，但我们相信随着技术的发展，能够创造出非常出色的AI业务助手，为岗位培养提供持续支持。

项目挑战与对策

在项目实施过程中，我们不仅积累了宝贵的经验，也遇到了一些典型的挑战。针对这些挑战，我们制定了相应的对策，以确保项目顺利执行。具体挑战及对策如下。

挑战一：内容萃取工作坊阶段，如何兼顾作品质量和数量以达成目标

工作坊涉及两个目标岗位，现场必须完成100多个微课开发主题脚本。由于两个岗位的业务内容差异较大，在保证质量的同时达成数量目标存在较大挑战。以下是该挑战的具体表现与对策：

1.模型导入：鉴于微课萃取人员的技能水平不一，而现场需要处理大量主题，我们通过标签分类将选题划分为会议管理、活动管理等八大类。精选四个关键标签下的对应模型，通过模型嵌套，确保内容充实且逻辑合理。

2.三轮验证：为了保证脚本层次分明和内容精准，我们依次由导师、直属领导、业务部门领导进行审核。通过三轮验证后，确保输出符合预期目标。

3.组队分配：在面授工作坊实施前进行分组，每组课题属于同一标签，便于内部研讨。每位萃取人员负责2~3个微课主题，这样可以快速应用前面的方法，提升撰写效率。

4.共享进度：由于参与者对知识的吸收程度不同，开发进度不一。我们通过腾讯文档共享开发进度，让导师实时监控，同时为进度较慢者提供一对一辅导。

挑战二：精品微课开发阶段，如何通过现场工作坊完成全部精品微课作品

在这一阶段，精品微课的数量超出了预期目标，为了确保完成度，我们采取了以下措施：

1. 人才选拔：在选拔精品工作坊人员时，我们更注重邀请区域内的优秀人才参与，以提升现场人员的整体水平。

2. 定制模板：我们为开发人员提供了微课场景模板，这些模板包含了场景背景、人员、结构等元素，以帮助他们快速选择和应用。

3. 优化套路：在原有精品微课工作坊的基础上，我们提供了9个场景套路，聚焦于场景动画的特点，以支持快速复制和转化为成果。

挑战三：AI助手如何回答更精准

在训练AI机器人的过程中，我们面临了许多挑战，这导致AI助手的回答不够精准。为了确保能达到应用预期，我们不断尝试各种手段，并进行了如下调试：

1. AI数据集格式的调试：最初直接将微课脚本作为数据集，效果并不理想。后来我们将其转换为Markdown格式（Markdown是一种轻量级标记语言，用于格式化文本）并提炼关键词，这大大改善了调试效果。

2. 设置对话机器人：我们对机器人的信息、知识库学习、对话初始化进行了调试，包括助手身份的定义、欢迎语的设置、错误提问的处理以及语言风格的调整，以确保AI助手的表现更符合预期。

项目成果

截至目前，项目已超出预期目标，产出的成果涵盖了两个目标岗位的全套文件，包括"岗位价值描述""岗位绩效指标库""岗位任务列表""岗位关键任务分析""微课开发主题列表""微课快速任务分析表""微课脚本""测试题""微课PPT制作文件""精品微课视频"等。

在项目实施过程中，企业业务领导提供了大力的支持与合作。参与工作坊的人员普遍认为，目前的成果和课程开发将为他们的工作带来有力的支持。同时，技术学习为精品微课开发人员提供了更多方法，参训学员愿意将这些方法应用到工作中，这有助于实现方法的有效传承。

项目启发与未来建议

项目试点的成功为后续项目提供了可复制的经验。通过对该项目的反思，我们提出了以下启发与建议。

做好经验沉淀与传承

为确保培训项目的成功实施，必须为每个阶段保留管理与运营文件。这些经验对于新项目的策划与运营至关重要，同时也为培训管理部门的后续工作奠定了基础。

关注内容的应用转化

企业在多届微课大赛中积累了一批在线学习内容。在下一阶段，除了开发新内容，应重点关注已有内容的应用，并争取更多业务部门的认可与参与。同时，通过主题推送及混合式学习等措施，培养学员的学习习惯，提升内容的应用价值。

构建企业智慧大脑

在继续完善在线学习资源的同时，可借助AIGC等新技术提升建设效率，推动资源的有效应用和体系的动态更新。企业专属知识库是构建智慧大脑的重要组成部分，这些数据库将为塑造企业的核心竞争力提供支持。

附　录

在撰写本书的同时，我们也在积极开展相应项目在企业与组织中的落地实施，目前已有多个经验证成功、成熟且有效的AIGC落地项目计划。经过三位作者的多次授课，参与学习的内训师纷纷表示"突破""实用""竟然如此""自己升级了"。

在附录中，我们将这些计划方案整理出来，供读者希望在自己的企业中，通过AIGC来促进人效提升和培训师培养时参考。

附录A

用AIGC升级内训课程开发与教学呈现

注：本项目可根据需求，安排2天或3天面授，其中2天版本包括完整的课程设计开发过程，而3天版本增加了1天的授课技巧及现场演练展示。

项目背景

在AI浪潮汹涌的当下，企业内训师的角色正经历着前所未有的变革。他们不仅是知识的传递者，更是企业适应未来、引领创新的关键力量。"用AIGC升级内训课程开发与教学呈现"课程，正是为企业内训师量身定制的升级修炼秘籍。

在AI技术的推动下，企业内训师不仅要精通传统的课程开发与授课技巧，更要具备利用AIGC工具进行高效课程设计与互动教学的能力。这门课程深刻洞察了AI时代的趋势，并通过系统化的学习，帮助内训师构建起MAP核心能力模型，明确了AI时代的目标与方向。同时，课程还深度融合了ADDIE教学设计模型等经典方法，以及即时更新的AIGC工具清单和教程，使内训师能够站在技术的前沿，开发出更符合企业需求、更具互动性和吸引力的内训课程。

面对日益激烈的市场竞争和不断变化的员工学习需求，企业引进这门课程显得尤为必要和急迫。它不仅能够帮助企业内训师提升个人能力，实现与人工智能的协同进化，更能够显著提升企业培训的效果与效率，为企业的长远发展注入源源不断的动力。通过这门课程的学习，企业内训师将能够更好地应对AI时代的挑战，引领企业员工共同成长，为企业的持续创新和繁荣发展奠定坚实的基础。

项目收益：企业内训师与人工智能的协同进化

悟道——构建企业内训师在AI时代的核心能力模型

在AI时代，企业内训师不仅要能够设计开发课程，还应具备对前沿技术的敏锐洞察力。本课程总结了企业内训师在AI时代的三大核心能力要求，形成MAP模型，帮助内训师在日新月异的变化中明确目标与方向。

明法——掌握内训课程设计开发的经典流程与方法

本课程以ADDIE教学设计模型为流程主线，并在课程设计开发过程中，提供九大教学设计相关经典模型方法。这些能够助力内训师站在大师的肩膀上，以规范的流程开发出符合企业要求的内训课程。

优术——提升使用AIGC的互动对话技巧

在与AIGC交互时，优质的输入才会获得满意的结果。本课程提供与AIGC互动的三大原则、六级应用技巧，以及20组以课程设计为场景的提示词模板，帮助企业内训师快速提升与AIGC交互的能力技巧。

御器——获取即时更新的AIGC工具清单及教程

AIGC工具是人类迄今为止进化最快的工具之一。本课程提供即时更新的AIGC工具清单及教程，帮助企业内训师准确把握技术发展方向，随时获取最新、最合适的AIGC工具。

项目信息

学员对象

企业内训师、HR、培训经理、业务专家。

学习周期

3天面授（含授课技巧）或2天面授（仅课程设计开发）。

学习形式

面授讲解+实操练习+辅导点评。

学习资源

- 内训课程开发全套表单。

- 内训课程套件模板。

- 用AIGC升级内训课程开发教学案例。

- 课程开发资源素材包。

- AIGC工具清单。

- AIGC课程开发实操手册。

- AIGC工具在线课程（即时更新）。

- 本课程配套AI智能体。

课程大纲（3天版）

第一天：基础认知和课程开发（上）

破冰导入

- 破冰体验：有效教学的体验。

- 培训价值"三才阵法"——企业培训的"课""师""价值"。

- 企业内训师在AIGC时代的基础能力模型——MAP。

- 经典教学设计模型——ADDIE。

- 会说话就会用AI——AIGC快速入门。

- 一图看清课程开发中常用的AIGC工具。

- AIGC应用的原则与能力模型。

【Analysis】用AIGC辅助调研培训需求

课程收益的确定与分析：

- 访谈法

  □ 用访谈法分析培训需求。

  □ 用AIGC撰写访谈大纲与AIGC实时记录工具。

- 问卷法

  □ 用问卷法收集培训需求。

  □ 用AIGC快速生成问卷与分析。

- 资料法

  □ 用资料法收集培训需求。

  □ 用AIGC批量分析资料文档。

- 观察法

  □ 用观察法收集培训需求。

  □ 用AIGC编制观察清单并整理。

【Design】用AIGC升级课程设计

- 目标先行——设定课程教学目标

  □ 教学目标的撰写规范。

  □ 用AIGC辅助撰写课程教学目标。

- 结构清晰——梳理课程结构大纲

  □ 梳理课程大纲的基本原则：金字塔原理。

  □ 库伯学习圈——让课程大纲符合认知过程。

    ☐ 用AIGC辅助梳理课程大纲。

- 内容充实——收集课程所需内容

    ☐ 常见课程内容类型及收集方法。

    ☐ 用AIGC展开整理课程知识与各类内容。

- 策略得当——设计匹配学习习惯的教学策略

    ☐ 教学事件与教学策略的匹配——加涅教学九步法。

    ☐ 用AIGC丰富课程教学策略。

第二天：课程开发（下）

【Development】用AIGC制作课程资料

- 授课演示——制作授课所需PPT

    ☐ 授课PPT的制作标准原则。

    ☐ 授课PPT的制作技巧。

    ☐ 用AIGC快速生成授课PPT。

    ☐ PPT素材补充——AI生图获得精致且版权无忧的图片。

    ☐ PPT素材补充——AI生成视频快速制作多媒体素材。

    ☐ 关键知识点改造——AI写歌让记忆更深刻。

- 培训师手册——课程标准化复制的关键

    ☐ 培训师手册的内容与编制方法。

    ☐ 用AIGC多维度提升编制效率。

- 学员手册——给学员详尽的学习资料

    ☐ 学员手册的内容与编制方法。

    ☐ 投喂AIGC辅助编制学员手册。

    ☐ 智能辅导助手——永远在线的辅导老师。

【Evaluation】用AIGC评估培训成果

培训评估的真相与价值：

- 反应评估——评估培训被接纳程度
  - □ 反应评估的常用方法与要点。
  - □ 用AIGC生成评估问卷与分析问卷结果。
- 学习评估——评估学员学习成果
  - □ 学习评估的常用方法与要点。
  - □ 用AIGC生成考试题库并批阅分析。
- 行为评估——评估学员实际行为转变
  - □ 行为评估的常用方法与要点。
  - □ 用AIGC审阅点评行动报告。
- 价值评估——评估培训对组织的价值贡献
  - □ 价值评估的常见情况与思路。
  - □ 用AIGC分析业务数据。

【Promotion】用AIGC助力课程宣发

- AIGC生成常规课程宣传资料——课程介绍/培训师介绍/课程通知。
- 宣发物料不花钱——AIGC生成课程海报与培训师形象照。
- 课程宣发更多样——五分钟用AIGC生成课程简介视频。
- 突破传统宣发包——用AIGC为你的课程写一首主题歌。

第三天：授课技巧

【Implementation】课程呈现"六脉神剑"

- 少商剑——有备无患培训前准备
  - □ 授课前的三大准备事项。
  - □ 课前调研重构学员的学习体验。
  - □ 精准定制每一次培训的专属内容。
- 商阳剑——灵性开场营造能量场
  - □ 开场登台法则。

☐ 灵性开场三件事。

- 中冲剑——气场全开感染力修炼

  ☐ "一起桑巴舞"首印原则。

  ☐ 培训师呈现风格定位。

  ☐ 培训师仪容着装注意事项。

  ☐ 手势、眼神、肢体语言的运用。

  ☐ 声音的修炼。

- 关冲剑——沉着授课步步可为营

  ☐ 授课内容熟悉三境界。

  ☐ 链接现场人、物、事。

  ☐ 媒体道具综合运用。

- 少冲剑——巧妙互动有效做引导

  ☐ 有效提问的原则与技巧。

  ☐ 培训现场应答应变技巧。

  ☐ 引导学员完成课堂讨论。

- 少泽剑——完美收官能量久延续

  ☐ 峰终定律——为学习体验完美收官。

  ☐ 课程收尾四核心。

  ☐ 培训结尾"小甜点"。

- 出剑——授课技巧练习、汇报呈现与辅导

回顾总结

- 培训内容回顾总结。

- 未来培训与工作展望研讨。

- 结课仪式。

课程大纲（2天版）

第一天：基础认知、需求分析和课程设计

破冰导入

- 破冰体验：会说话就会用AI——AIGC快速入门。
- 企业内训师在AIGC时代的基础能力模型——MAP。
- 经典教学设计模型——ADDIE。
- 一图看清课程开发中常用的AIGC工具。
- AIGC应用的原则与能力模型。

【Analysis】用AIGC辅助调研培训需求

课程收益的确定与分析：

- 访谈法
  - □ 用访谈法分析培训需求。
  - □ 用AIGC撰写访谈大纲与AIGC实时记录工具。
- 问卷法
  - □ 用问卷法收集培训需求。
  - □ 用AIGC快速生成问卷与分析。
- 资料法
  - □ 用资料法收集培训需求。
  - □ 用AIGC批量分析资料文档。
- 观察法
  - □ 用观察法收集培训需求。
  - □ 用AIGC编制观察清单并整理。

【Design】用AIGC升级课程设计

- 目标先行——设定课程教学目标
  - □ 教学目标的撰写规范。

   □ 用AIGC辅助撰写课程教学目标。

- 结构清晰——梳理课程结构大纲

   □ 梳理课程大纲的基本原则：金字塔原理。

   □ 库伯学习圈——让课程大纲符合认知过程。

   □ 用AIGC辅助梳理课程大纲。

- 内容充实——收集课程所需内容

   □ 常见课程内容类型及收集方法。

   □ 用AIGC展开整理课程知识与各类内容。

- 策略得当——设计匹配学习习惯的教学策略

   □ 教学事件与教学策略的匹配——加涅教学九步法。

   □ 用AIGC丰富课程教学策略。

第二天：课程开发/实施/评估/宣发

【Development】用AIGC制作课程资料

- 授课演示——制作授课所需PPT

   □ 授课PPT的制作标准原则。

   □ 授课PPT的制作技巧。

   □ 用AIGC快速生成授课PPT。

   □ PPT素材补充——AI生图获得精致且版权无忧的图片。

- 培训师手册——课程标准化复制的关键

   □ 培训师手册的内容与编制方法。

   □ 用AIGC多维度提升编制效率。

- 学员手册——给学员详尽的学习资料

   □ 学员手册的内容与编制方法。

   □ 投喂AIGC辅助编制学员手册。

【Implementation】用AIGC提升互动体验

- 让课堂更有趣——用AIGC设计课堂互动游戏

　　□ 用AIGC脑暴游戏方案。

　　□ 用AIGC编制游戏说明书。

- 视频更为生动——AI剪辑制作教学视频素材

　　□ AI生成视频。

　　□ AI剪辑视频。

- 把知识唱出来——押韵加旋律更易记忆
- 智能辅导助手——永远在线的辅导老师

　　□ 复刻声音创建智能体。

　　□ 复制智慧创建智能体。

- 其他互动体验提升方法

【Evaluation】用AIGC评估培训成果

培训评估的真相与价值：

- 反应评估——评估培训被接纳程度。
- 学习评估——评估学员学习成果。
- 行为评估——评估学员实际行为转变。
- 价值评估——评估培训对组织的价值贡献。

【Promotion】用AIGC助力课程宣发

- AIGC生成常规课程宣传资料——课程介绍/培训师介绍/课程通知。
- 宣发物料不花钱——AIGC生成课程海报与培训师形象照。
- 课程宣发更多样——五分钟用AIGC生成课程简介视频。
- 突破传统宣发包——用AIGC为你的课程写一首主题歌。

回顾总结

- 培训内容回顾总结。
- 未来培训与工作展望研讨。
- 结课仪式。

附录B
用AIGC高效开发微课

项目背景

在企业发展的征途中，专属微课不仅承载着知识的传递，更是企业智慧与文化的重要传承工具。AIGC技术，作为推动未来企业成长的新动力，在微课开发领域的应用已经成为每位前瞻性员工的必备技能。

"用AIGC高效开发微课"工作坊，由企业专属微课品类开创者——刘妈导师团精心策划，结合多年沉淀的微课开发经验与最新AIGC工具的强强联合，为企业量身打造了一套全新的、能够实现降本、增量、提效的微课开发方案。

项目收益

通过"用AIGC高效开发微课"工作坊，企业将获得的收益

- 20门以内基于实际工作场景的企业专属微课全套资料。
- 20组以内基于岗位的体系化微课主题清单。
- 40份以内源自资深员工的经验萃取成果。

通过"用AIGC高效开发微课"工作坊的学习，学员将获得的收益

- 企业微课的高效开发技能。

- 组织经验萃取的底层心法。
- 可扩展到其他工作领域的AIGC工具应用核心能力。

项目信息

学员对象

企业中层及以下在职人员年龄不超过40岁。

学习周期

7天在线预习+3天2晚面授工作坊+工作坊后（2~3周内）1次在线辅导。

学习形式

面授讲解+实操练习+辅导点评。

学习资源

- 93门在微课开发在线课程全程支持。
- 38门+即时更新的AIGC在线课程随时学习。
- 微课开发工具表单模板。
- 优秀微课参考案例。
- 微课开发资源素材包。
- AIGC工具清单。
- AIGC微课开发实操手册。
- 本课程配套AI智能体。

课程大纲

第一天：基础认知和微课设计

破冰——企业专属微课认知与AIGC体验

- 体验企业专属微课的基本特征。

- AIGC工具初试体验。

- 共创企业微课应用场景。

- 认知"好"微课的标准。

轻萃取——确认微课选题与详细内容

- 明收益——确定微课开发的收益与主题。

- 解任务——基于岗位的工作任务分析。

- 萃内容——基于工作分析的经验萃取。

链智能——AIGC工具应用指导与辅助萃取

- AIGC的应用原理与原则。

- AIGC的有效对话提示词模型。

- 用AIGC完成体系化微课选题梳理。

- 用AIGC辅助完成任务分析。

- 用AIGC辅助完成与内容萃取。

精设计——完成微课教学设计

- 定目标——设定微课教学目标。

- 选三点——梳理微课结构大纲。

- 写脚本——撰写微课开发脚本。

- 用AIGC辅助完成微课教学设计实操。

第二天：微课视频制作

快制作——完成微课视频制作

- 速打底——用AIGC工具快速生成微课视频底稿。

- 补素材——利用多媒体AIGC工具补充视频所需素材。

- 快剪辑——综合应用工具完成微课视频剪辑与导出。

- 实操制作——辅导学员完成微课作品制作。

第三天：微课精进与评审

作品精进

现场一对一辅导、答疑精进微课作品。

微课作品观摩

- 讲解微课评审的标准和方法。

- 以小组形式，对微课作品进行相互评审。

微课作品展示点评

- 优秀作品展播及点评。

- 复习课程中的要点。

- 发现学习过程中的盲点给予辅导。

工作坊回顾总结与展望

- 表彰优秀学员与微课作品。

- 回顾总结工作坊过程与成果。

- 展望研讨企业微课、经验萃取与AIGC工具在更多工作领域的应用。

附录C

AIGC助力职场工作效能倍增

项目背景

在信息化浪潮汹涌的时代，职场人正面临着前所未有的挑战与机遇。本课程"AIGC助力职场工作效能倍增"应运而生，旨在为职场人士解锁AIGC技术的无穷魅力，助力提升工作效率。我们将通过生动的案例和实践操作，让你轻松入门AIGC，掌握其核心应用，从而在职场中脱颖而出。

无论你是职场新手还是资深人士，本课程都能为你带来前所未有的收获。通过本课程的学习，你将学会如何运用AIGC技术快速完成烦琐的工作，释放更多精力去专注于创新和价值创造。同时，你还将领略到AIGC在多媒体生成、办公场景综合应用等方面的神奇魅力，让你的职场生涯更加丰富多彩。

项目收益

大幅提升工作效率，轻松应对繁重的工作任务

AIGC技术的运用将帮助你快速完成文档处理、数据分析等烦琐工作，让你有更多时间专注于核心业务和创新思考。

掌握前沿技能，增强职场竞争力

随着人工智能技术的不断发展，AIGC已成为职场必备技能之一。本课

程将帮助你深入了解AIGC的原理和应用，让你在职场中脱颖而出，成为行业领军人物。

拓展创新思维，开启职场新篇章

本课程将带你领略AIGC技术的无限魅力，激发你的创新思维和创造力。你将学会运用AIGC技术解决复杂问题，探索新的工作方式和业务模式，为职场发展注入新的活力。

项目信息

学员对象

企业在职员工。

学习周期

1~2天（工具体验与应用深度区别）。

学习形式

面授讲解+实操练习+辅导点评。

学习资源

- AIGC工具清单。
- AIGC工作应用实操手册。
- AIGC在线课程（即时更新）。

课程大纲

AIGC初体验

- 案例：用AIGC实现1%成本与4000%效率。
- 破冰体验：会说话就会用AI——AIGC快速入门。

AIGC快认知

- 职场箴言：职场人如何面对AIGC时代。

- 一图看清常用AIGC工具。

- 与AIGC完美协同的核心原则。

掌控AIGC智慧脑——大语言模型的究极应用

- 招聘你的免费智能秘书团队——常用AIGC大语言模型选择。

- 如何获取精准的答案——四要素让AIGC写出你要的文案。

- AIGC比你更会"抄作业"——两步数据投喂完成六大类工作任务。

- 与时俱进的AIGC应用——会"上网"的秘书更聪明。

- 1分钟读完20万字——AIGC分析文档数据的超能力。

- 智能秘书养成记——用自己的知识培养专属助手。

成为AIGC艺术家——多媒体生成工具应用

- 10分钟节省1800元——数字写真快速生成。

- 人人都是设计师——2分钟完成10张海报。

- 不再花钱买版权——几句话搞定文章配图。

- 不懂乐理也能写歌——用AIGC秒做音乐。

- 自媒体创作神器——麦克阿瑟都在用的AI视频剪辑工具。

办公场景综合应用——让AIGC成为你的全能助手

- 开会记录无须纸笔——用AIGC语音转写顺便提炼生成纪要。

- 干活的做PPT也能逆袭——5款PPT生成AIGC工具。

- 职场AIGC写作高手——5大专精领域的AIGC写作工具。

课程回顾与总结

课程核心内容回顾、更多工具参考、应用展望。

后记

2024年12月20日，我收到了出版社关于本书终审通过的通知。这本书经过近半年的创作、修改和审核，终于可以与读者见面了。这也是一次长达十年的长跑。在我过往的认知中，出书是一件严肃而重大的事，以至于我曾错过了为中国人民大学"培训经理专业认证"项目出书的机会，也错过了为"中国企业微课大赛"出书的机会。

站在研究与实践的角度，前两个项目的沉淀都远远超过了当前这本《AIGC培训师课程开发全攻略》。但从另一个维度来看，能在这么短的时间内快速成书，也得益于过去十年对企业培训的深入思考和实践。更何况，我确定AI即将带来一个时代的改变，错过它将是终身的遗憾。

AI带来的改变首先是生产工具的改变，继而是生产方式和思维方式的改变。借助AI，人们的能力得到了大幅度的扩展和提升。因此，有人说未来十年，使用AI的人和不使用AI的人之间将存在人与猴子般的差距。最终，AI将改变现有的生产关系，从而重塑社会的整体结构。

在本书立项之初，出版社也担心AI的飞速发展是否会使本书很快"过时"。的确，现在看来，我们的书才刚出版，书中介绍的很多工具就已经发展出新的功能，变得更加强大。但我想说，本书并不是以如何应用AI工具为核心的，书中提及的MAP模型，恰恰强调了"人"在其中发挥的重要作用。

因此，在本书的最后，我要再次提醒读者：AIGC不仅仅是一种工具或技能，它要求我们每个人主动挑战自己的习惯，改变思维模式，以便拥抱即将到来的崭新时代。

感谢我的创作团队，赵明星老师和许海星老师，我们已有近十年的紧密合作，本书的成果来自团队无数次的思想碰撞与深入探索。感谢为本书撰写推荐语的各位前辈，他们中包括我的导师和合作伙伴，他们也是本书的首批读者，为本书提供了宝贵的建议。感谢电子工业出版社经管分社的总编辑晋晶，自我首次与她交流写作构想到今日已有八载，今日终于得以完成。若无她耐心细致的指导和始终如一的支持，本书或许无法呈现于读者面前。感谢阅读至此的读者，期望本书能为你带来启发与助益，并期待收到你的意见和建议。我的电子邮件地址为：105065277@qq.com。

2025年1月8日

反侵权盗版声明

电子工业出版社依法对本作品享有专有出版权。任何未经权利人书面许可，复制、销售或通过信息网络传播本作品的行为；歪曲、篡改、剽窃本作品的行为，均违反《中华人民共和国著作权法》，其行为人应承担相应的民事责任和行政责任，构成犯罪的，将被依法追究刑事责任。

为了维护市场秩序，保护权利人的合法权益，我社将依法查处和打击侵权盗版的单位和个人。欢迎社会各界人士积极举报侵权盗版行为，本社将奖励举报有功人员，并保证举报人的信息不被泄露。

举报电话：（010）88254396；（010）88258888

传　　真：（010）88254397

E-mail:　dbqq@phei.com.cn

通信地址：北京市万寿路 173 信箱

　　　　　电子工业出版社总编办公室

邮　　编：100036